上海市
公共图书馆行业发展报告
2020

DEVELOPMENT REPORT OF
SHANGHAI PUBLIC LIBRARY

上海图书馆
上海市图书馆行业协会 编

上海科学技术文献出版社
Shanghai Scientific and Technological Literature Press

编委会

《上海市公共图书馆行业发展报告（2020）》

主　　编：陈　超　林　峻

副 主 编：葛　菁　吕玉洁

执行主编：陆依君

编写组成员（以姓氏笔画为序）：

马　春	王晓樱	卢　伟	卢秋勤	叶　静	朱晔慧
刘　岩	汤肖峰	孙　健	芦羿云	李　君	李易喆
李　洁	李　莉	杨圣洁	应智慧	张晓文	张　谦
张　燕	陆志俊	陆依君	陆　燕	陈　诚	陈　亮
邵继群	茅来娣	郁伟东	罗天雨	房芸芳	赵彦静
侯慧娴	施　丽	施静华	宣寅颖	袁文岚	夏　玲
钱　虹	高小燕	唐　倩	黄　莺	康燕芳	彭莹真
葛　菁	谢　影	樊世佳	潘立敏	薛　芸	魏　云
濮麟红					

前言

《上海市公共图书馆行业发展报告2020》(以下简称《行业发展报告》)是上海市公共图书馆行业在新时期将《中华人民共和国公共文化服务保障法》(以下简称《公共文化服务保障法》)和《中华人民共和国公共图书馆法》(以下简称《公共图书馆法》)的精神融入公共图书馆行业分析、行业研究的新尝试。《行业发展报告》提供翔实的基础数据,以全面展现上海市公共图书馆建设的现状;并精选一批创新案例,以加强本市各级、各类公共图书馆之间的相互了解和资源共享,促进公共图书馆科学的发展和管理。希望《行业发展报告》能为各级相关主管部门制定政策、指导工作提供借鉴,为各级公共图书馆科学决策提供依据,为业界专家及图书馆馆员开展行业研究提供基础,为改善服务、满足读者需求提供参照,为广大市民了解本市公共图书馆的运行和事业发展提供渠道和窗口。

2020年,突如其来的新冠疫情深刻地影响了人们的生活,也给图书馆的传统服务带来了巨大挑战。面对疫情,本市公共图书馆积极贯彻落实习近平总书记关于疫情防控工作的指示精神,倡议奋战在抗疫一线的图书馆和图书馆员们"齐心协力共克时艰,暂缓线下强化线上,分批复工防护一线,未雨绸缪确保安全",并率先在全国图书馆界提出"线上服务不停摆"的口号,切实履行社会责任,不断创新服务形态,最大限度地满足疫情期间读者的阅读需求,丰富市民的文化生活。全市图书馆人携手抗"疫",转"危"为"机",实现了逆境中的良好发展,收获了社会各界和广大读者的点赞,也为后疫情时代的发展探索了转型的方向和路径。

2020年是"十三五"规划的收官之年,也是上海率先建成现代公共文化服务体系的决胜之年。"十三五"期间,上海地区的公共图书馆行业依托建设卓越全球城市的战略定位，延续"十二五"的快速发展趋势，持续探索创新，业务稳步增长，服务不断提升，文化辐射力和社会影响力进一步加强，为全市图书馆事业新一轮的高质量发展奠定了坚实的基础。

2020年度的《行业发展报告》，总共十二章节。前五个章节涵盖"总体发展""体系建设""资源建设""服务效能""人力资源"，依托行业协会年报数据，在保持行业及区域数据延续性与可比性的基础上，对本市年度公共图书馆的行业发展态势进行客观解析。后七个章节汇集"图林战'疫'不孤'读'""'十四五'规划展宏图""数字服务谋新篇""融合发展谱新曲""全社会参与提能效""长三角联动攀新高""全龄友好服务跨鸿沟"，聚焦20多个专项调研和特色案例，探讨上海市公共图书馆行业的服务创新与发展转型。

《行业发展报告》犹如蹒跚的幼儿，编撰工作还存在许多不足之处，有待不断地打磨和完善。在《行业发展报告》组织编撰过程中，我们深深感到，这是一项十分有意义和重要的工作，是推进图书馆行业发展的一项基础性工作，值得我们为之坚持付出。本书的编撰工作得到了上海图书馆协调辅导处、读者服务中心、研究室、团委、上海科学技术文献出版社、本市各级各类图书馆的大力支持和帮助，他们为《行业发展报告》的问世付出了辛勤的劳动，在此谨向他们表示衷心的感谢。另外，《行业发展报告》的数据来源于上海市图书馆行业协会的业务统计、上海市中心图书馆"一卡通"业务系统、《上海统计年鉴2020》等，得益于本市各级公共图书馆日常业务工作的累积，在此对于各级公共图书馆在数据采集中的大力支持和紧密合作一并表示衷心的感谢。囿于较短的报告编写周期及编撰工作组的研究能力和学术水平，报告中难免存在疏漏之处，欢迎各方专家、学者提出宝贵意见。

"十四五"的发展和弦已经鸣响，站在新的历史起点上，上海市公共图书馆将继往开来，在知识服务的道路上秉持初心、群策群力，用创新的思路打开局面，用开放的视野拓展空间，用改革的办法破解难题，在服务全国、长三角和上海发展的大局中奋楫新时代，实现图书馆人的共同梦想。

《上海市公共图书馆行业发展报告（2020）》编委会

2021年11月

目录
CONTENTS

第一章 总体发展 —— 12
- 一 | 发展综述 —— 13
- 二 | 发展特点 —— 23
- 三 | 问题对策 —— 33

第二章 体系建设 —— 36
- 一 | 基本概况 —— 37
- 二 | 主要成效 —— 39
- 三 | 问题与思考 —— 47
- 四 | 建议与对策 —— 53

第三章 资源建设 —— 56
- 一 | 购置经费 —— 57
- 二 | 新增藏量 —— 62
- 三 | 馆藏情况 —— 64

第四章 服务效能 —— 74
- 一 | 服务读者 —— 75
- 二 | 书刊流通 —— 79
- 三 | 数字服务 —— 87
- 四 | 读者活动 —— 103
- 五 | 参考咨询 —— 113

第五章 人力资源 — 118

一 | 馆员数量 — 119

二 | 学历结构 — 123

三 | 职称结构 — 125

四 | 学术研究 — 127

五 | 队伍建设 — 129

第六章 图林战"疫"不孤"读" — 132

一 | 抗疫工作有序部署 — 133

二 | 线上服务钟摆不停 — 134

三 | 线上活动精彩纷呈 — 136

四 | 志愿服务下沉一线 — 139

五 | 科学管理提升效能 — 143

第七章 "十四五"规划展宏图 — 146

一 | 聚精会神谋发展　砥砺奋进谱新篇
　　——上海图书馆"十四五"规划制定与发展前瞻 — 147

二 | 乐学　乐创　乐享
　　——上海少年儿童图书馆新馆建设规划 — 151

三 | 打造精神家园　铸就文化高地
　　——上海市浦东图书馆"十四五"高质量发展规划 — 154

四 | 智慧化　一体化　高品质　有内涵
　　——上海市嘉定区图书馆"十四五"发展规划 — 159

五 | 连接一切　无处不在
　　——上海市长宁区图书馆"十四五"发展目标 — 163

六 | 完善体系　创新服务　提升品牌
　　——上海市静安区图书馆"十四五"发展目标 — 166

七 | 锻长板　强体系　在融合之中更纯粹
　　——上海市徐汇区图书馆"十四五"规划初步设想 — 169

八 | 破圈·踏浪 用"智慧"奏响时代强音
　　——上海市杨浦区图书馆"十四五"发展思考 —— 172

九 | 全方位赋能，打造公共文化服务的"青浦模式"
　　——上海市青浦区图书馆"十四五"发展思考 —— 175

十 | 建设书香人文空间 打响松江文化品牌
　　——上海市松江区图书馆"十四五"及新馆建设规划 —— 179

第八章
数字服务谋新篇 —— 182

一 | 把握发展机遇，构筑服务新媒体矩阵 —— 183
二 | 下沉数字资源，提升数字服务质效 —— 195
三 | 化被动为主动，积极探索线上服务 —— 199
四 | 汇聚文化资源，构建云端服务新空间 —— 204

第九章
融合发展谱新曲 —— 208

一 | 文教结合，构建青少年服务生态圈
　　——上海市嘉定区图书馆文教结合项目可持续
　　发展的思考 —— 209

二 | 跨界融合，再造主题"悦"读新空间
　　——上海市浦东图书馆主题分馆建设的探索与实践 —— 216

三 | 有故事、有品质、有温度、有精神
　　——上海市杨浦区图书馆推进文旅融合发展的
　　探索与实践 —— 223

四 | 文旅融合助力打造"经典黄浦"
　　——上海市黄浦区明复图书馆文旅融合试点工作的
　　回顾与展望 —— 229

五 | 促进"诗与远方"的时代融合
　　——浅谈上海市普陀区图书馆文旅融合创新发展之路 —— 233

六 | 文明修身　文化寻根
　　——上海市松江区图书馆全民阅读链接全域文旅资源 —— 238

七 | 书香文化助力乡村振兴开新局
　　——上海市崇明区图书馆助推乡村振兴的实践和思考 —— 242

第十章　全社会参与提能效 —— 248

一 | 多元主体协同治理
　　——上海市公共图书馆服务社会化专业化建设现状调研 —— 249

二 | 提升服务效能、彰显公益文化
　　——上海图书馆志愿者服务侧记 —— 259

三 | 携手打造"我的图书馆"
　　——上海市静安区图书馆开启"读者融合"阅读
　　　　服务新模式 —— 264

四 | 拓展服务外延，助推全民阅读
　　——上海市奉贤区图书馆社会组织合作的探索与实践 —— 269

五 | 心灵的交汇　思想的碰撞
　　——上海市浦东图书馆"陆家嘴读书会" —— 274

六 | 行是知之始　知是行之成
　　——上海市宝山区大场镇图书馆"行知读书会" —— 279

第十一章　长三角联动攀新高 —— 286

一 | 开启图情"加速度"　服务新发展格局
　　——上海市公共图书馆行业长三角联动发展纪实 —— 287

二 | 诵读经典　点亮童心
　　——上海市宝山区图书馆长三角儿童文学阅读联盟 —— 292

三 | 示范区引领阅读推广"同城待遇"
　　——上海市青浦区图书馆长三角一体化阅读联盟 —— 296

四 | 智慧互联　开放共享
　　——上海市杨浦区图书馆长三角网借服务联盟 —— 301

第十二章
全龄友好跨鸿沟

一 | 跨越数字鸿沟　享受智能化便利 —— 306
　　——上海市公共图书馆行业为老服务纪实 —— 307

二 | 书香扶残、智慧助残、服务慧残
　　——上海图书馆无障碍阅读服务 —— 311

三 | 文韵"蔬"香满市集
　　——上海市虹口区图书馆菜场书屋项目 —— 315

四 | 阅读、分享、成长、快乐
　　——上海市长宁区少年儿童图书馆长耳兔阅读俱乐部 —— 320

五 | 志愿同行共筑亲子阅读平台
　　——上海市闵行区图书馆"闵图妈妈小屋"亲子阅读系列活动 —— 324

六 | 由绘本爱上阅读
　　——上海市金山区图书馆绘本阅读系列品牌活动 —— 328

附录1　上海市公共图书馆行业2020年度大事记 —— 333

附录2　统计指标说明 —— 343

第一章
总体发展

2020年是"十三五"规划的收官之年，也是上海率先建成现代公共文化服务体系的决胜之年。上海地区的公共图书馆行业依托建设卓越全球城市的战略定位，以新实践、新理念、新技术、新服务激发新的活力和动能，为全市图书馆事业新一轮高质量发展奠定了坚实的基础。截至2020年底，全市共有市、区、街道（乡镇）三级公共图书馆238家，实际使用建筑面积62.17万平方米。按常住人口计算，每10万人拥有馆舍数1.5个、实际使用面积2 499.7平方米、从业人员15.35位。全市人均购书专项经费达9.8元，人均馆藏拥有量3.69册/件，人均图书拥有量1.91册，人均外借量0.54册次。

一 | 发展综述

2020年是中华民族伟大复兴进程中具有里程碑意义的关键一年，是全面建成小康社会和"十三五"规划的收官之年，也是上海率先建成现代公共文化服务体系的决胜之年。"十三五"时期，上海市公共图书馆事业延续了"十二五"时期的快速发展趋势，新实践、新理念、新技术、新服务层出不穷，在经济社会发展和人民享受美好精神文化生活方面的作用进一步凸显，得到了社会各界的广泛支持与认可，为图书馆事业的新一轮发展奠定了坚实的基础。

在这一年里，突如其来的新冠肺炎疫情使全球发生了翻天覆地的变化，深刻地影响和改变了人们的生活方式，也使这个"关键之年"变得更加非同寻常。面对疫情"大考"，本市各级各类图书馆从业人员积极贯彻落实习近平总书记关于疫情防控工作的指示精神，切实履行社会责任，不断创新服务形态，以自己的专业特色、亮点服务、有序管理、科学防控，扎实稳步推进各项工作，实现了逆境中的良好发展，提交了一份出色的战"疫"答卷，彰显了图书馆人的社会责任与使命担当。

截至2020年底，上海市共有市、区、街道（乡镇）级公共图书馆238家，从业人员3 818人；文献藏量总计9 184.15万册/件，其中"上海市中心图书馆'一卡通'服务体系"（以下简称"一卡通"）文献藏量3 363.99万册；外借总量1 345.4万册次，总流通人次约为1 198.22万，外借总人次近260万。

（一）基础设施

1. 机构数量

上海市公共图书馆服务体系依托于"一卡通"服务架构，以市、区、街道（乡镇）级成员馆构成三级公共图书馆服务网络，形成市、区两级总分馆工作机制；以各区街道（乡镇）级图书馆、社区文化活动中心为分馆，居委图书室、农家书屋

（村委图书室）等为基层文化服务点，以多种形态、多元模式向基层延伸。

截至2020年底，上海市共有市、区、街道（乡镇）级公共图书馆238家，其中市级公共图书馆2家、区级公共图书馆21家、街道（乡镇）级公共图书馆215家；另有居委图书室1 647家、农家书屋（村委图书室）1 333家。

表1.1　2020年上海市各区公共图书馆基础设施情况[①]

区域	常住人口数（万人）	公共图书馆馆舍数（个）[②]	每10万人公共图书馆馆舍数（个）
黄浦区	66.20	13	1.96
徐汇区	111.31	14	1.26
长宁区	69.31	14	2.02
静安区	97.57	27	2.77
普陀区	123.98	12	0.97
虹口区	75.75	11	1.45
杨浦区	124.25	18	1.45
闵行区	265.35	31	1.17
宝山区	223.52	27	1.21
嘉定区	183.43	50	2.73
浦东新区	568.15	68	1.20
金山区	82.28	13	1.58
松江区	190.97	20	1.05
青浦区	127.14	19	1.49
奉贤区	114.09	14	1.23
崇明区	63.79	21	3.29

数据说明：① 各项指标数据中不包括市级图书馆相关数值。
　　　　　② 各区公共图书馆馆舍数，包括各区馆独立馆舍数、下辖街道（乡镇）分馆馆舍数以及具有独立空间的城市书房，不包括24小时自助设备服务点、居委图书室、农家书屋（村委图书室）、职工书屋等其他基层服务点。
资料来源：上海市图书馆行业协会；上海市统计局《上海市第七次全国人口普查主要数据公报（第二号）》。

2. 服务面积

截至2020年底，上海市的市、区、街道（乡镇）三级公共图书馆实际使用房屋建筑面积达62.17万平方米，其中市级馆总计14.49万平方米，区级馆总计31.6万平方米，街道（乡镇）级馆总计16.08万平方米。书库方面，市级馆使用面积约达

5.58万平方米，区级馆使用面积约达3.83万平方米；阅览室方面，全市各级图书馆的成人书刊阅览室使用面积总计约13.7万平方米，少儿书刊阅览室使用面积总计为4.57万平方米，约为成人书刊阅览室使用面积的1/3，电子阅览室使用面积总计为3.34万平方米。

为更好地服务读者，一批新馆建设、旧馆修缮项目有序推进。如建造中的上海图书馆（上海科学技术情报研究所）（以下简称"上海图书馆"）东馆建设取得阶段性成果，2020年底完成幕墙外立面封闭，预计于2021年底建成试开放；上海少年儿童图书馆新馆进入建设收官阶段，2020年4月完成主体结构封顶，预计于2021年底竣工；长宁区少年儿童图书馆积极落实西馆建设；奉贤区图书馆、黄浦区明复图书馆、虹口区图书馆曲阳分馆（上海影视文献图书馆）经修缮改造重新对外开放；青浦区图书馆"新装上线"少儿部，借阅区面积、图书、阅览座席等服务硬件配置大幅提升；静安区图书馆天目中路分馆改建完成竣工验收；徐汇区图书馆、黄浦区图书馆启动馆舍整体改建；杨浦区图书馆少儿分馆稳步推进房屋修缮、消防配套等全面升级改造；松江区图书馆建设人文松江活动中心等。这些项目将继续拓展全市公共图书馆服务面积，打造全新城市公共阅读空间。

建设中的上海图书馆（东馆）

表1.2 2020年上海市各区人均拥有公共图书馆建筑面积[①]

区域	常住人口数（万人）	实际使用房屋建筑面积（平方米）[②]	每10万人拥有公共图书馆建筑面积（平方米）
黄浦区	66.20	25 317	3 824.32
徐汇区	111.31	14 258	1 280.93
长宁区	69.31	30 459	4 394.60
静安区	97.57	29 097	2 982.17
普陀区	123.98	43 161	3 481.29
虹口区	75.75	17 046	2 250.30
杨浦区	124.25	29 067	2 339.40
闵行区	265.35	28 192	1 062.45
宝山区	223.52	24 206	1 082.95
嘉定区	183.43	29 993	1 635.12
浦东新区	568.15	107 984	1 900.63
金山区	82.28	12 401	1 507.17
松江区	190.97	18 395	963.24
青浦区	127.14	22 220	1 747.68
奉贤区	114.09	21 200	1 858.18
崇明区	63.79	23 805	3 731.78

数据说明：① 各项指标数据中不包括市级图书馆相关数值。
资料来源：上海市图书馆行业协会；上海市统计局《上海市第七次全国人口普查主要数据公报（第二号）》。

3. 开馆时间

根据《上海市公共图书馆管理办法》规定，市级综合性图书馆每周开放时间要在70小时以上，区级综合性图书馆每周开放时间要在63小时以上，独立建制的少年儿童图书馆每周开放时间要在36小时以上；市、区两级图书馆应当每天（包括节假日）向读者开放，独立建制的少年儿童图书馆周六、周日和学生寒暑假期间每天的开放时间不得少于8小时。2020年市、区两级公共图书馆因受疫情闭馆影响，各馆周开放时间较2019年有所下降，馆均周开放69小时；独立建制的少年儿童图书馆馆均周开放56小时；街道（乡镇）级图书馆馆均周开放时间60.6小时，其中黄浦区街道（乡镇）级图书馆平均周开放时间最长。

表1.3　2020年上海市街道（乡镇）公共图书馆馆均周开放时间

区域	街道（乡镇）级图书馆数（个）	馆均周开放时间（小时）
黄浦区	10	69.3
徐汇区	13	60.3
长宁区	10	65.7
静安区	14	65.8
普陀区	10	65.9
虹口区	8	69.1
杨浦区	12	58.8
闵行区	13	63.3
宝山区	12	59.4
嘉定区	12	43.7
浦东新区	36	64.0
金山区	11	57.6
松江区	17	55.9
青浦区	11	57.3
奉贤区	8	56.0
崇明区	18	57.6

资料来源：上海市图书馆行业协会。

长宁区少年儿童图书馆（西馆）

（二）经费保障

2020年，上海市的市、区、街道（乡镇）级公共图书馆财政拨款总额较前两年有所上升。其中，市级图书馆财政拨款总额123 558万元，区级图书馆财政拨款总额64 758.68万元，街道（乡镇）级图书馆财政拨款3 976.02万元；财政拨款用于在建馆舍基建投入的比重高达42.2%。

表1.4　2018—2020年上海市公共图书馆财政拨款总额

单位类型	2018年（万元）	单位数（个）	2019年（万元）	单位数（个）	2020年（万元）	单位数（个）
市级图书馆合计	94 153.2	2	88 845.8	2	123 558	2
区级图书馆合计	61 284.5	21	66 007.0	21	64 758.68	21
街道（乡镇）级图书馆合计①	3 576.1	218	4 766.6	215	3 976.02	215

数据说明：① 街道（乡镇）级图书馆财政拨款总额包括购书专项经费、活动经费，未包括人员经费，其中活动经费为社区文化活动中心总体活动经费。

资料来源：上海市图书馆学会、上海市图书馆行业协会。

表1.5　2020年上海市公共图书馆在建馆舍基建拨款情况

单位名称	基建拨款占财政拨款总额比重（%）
上海图书馆（上海科学技术情报研究所）	60.3
上海少年儿童图书馆	80.4
上海市黄浦区明复图书馆	8.8
上海市静安区闸北少年儿童图书馆	29.4
上海市普陀区图书馆	28.2
上海市虹口区图书馆	11.1
上海市青浦区图书馆	17.7

资料来源：上海市图书馆行业协会。

（三）人力资源

2020年，上海市的市、区、街道（乡镇）三级公共图书馆总计从业人员3 818人，同比减少1.2%。市级图书馆从业人员数量同比增长3%，区级图书馆人员数量同比减少4.5%，街道（乡镇）级图书馆人员数量与2019年基本持平。

全市公共图书馆馆均从业人员16人，其中馆均在编人员11.7人。市级图书馆馆均从业人员470人，其中馆均在编人员432人；区级图书馆馆均从业人员73.2人，其中馆均在编人员54.7人；街道（乡镇）级图书馆馆均从业人员6.2人，其中馆均在编人员3.6人。

学历方面，市、区两级图书馆在编馆员均以本科及以上学历为主。市级图书馆中，本科学历占比57.75%，硕士及以上学历占比30.67%；区级图书馆中，本科学历占比70.76%，硕士及以上学历占比10.79%。街道（乡镇）级图书馆从业人员中，本科学历占比39.97%，大专学历占比33.33%。

职称方面，正高与副高级职称主要集中在上海图书馆。市级图书馆以中级职称人员为主，占比47.53%；区级图书馆和街道（乡镇）级图书馆以初级及无职称人员为主，其中区级图书馆占比58.83%、街道（乡镇）级图书馆占比97.84%。

（四）资源建设

2020年，上海市公共图书馆购书专项经费总额为24 369.4万元，其中市级图书馆2家，购书专项经费137 690万元；区级图书馆21家，购书专项经费7 756.5万元；街道（乡镇）级图书馆215家，购书专项经费2 843.86万元。区级图书馆中，购书专项经费投入最高的前三位为浦东图书馆、静安区图书馆、宝山区图书馆。在文献购置方面，市级图书馆新增藏量购置费8 540.7万元、区级图书馆5 680.9万元；市级图书馆新增数字资源购置费524万元、区级图书馆1 296.3万元。在区级图书馆中，年度文献购置经费高于1 000万元的有1家，11家图书馆年度文献购置经费在200万元至500万元之间，低于50万元的有2家。

截至2020年底，全市拥有文献馆藏总计9 184.15万册/件，当年新增藏量239.42万册/件；其中"一卡通"文献藏量3 363.99万册/件，占总藏量比重为36.6%。市、区两级图书馆共有数字资源馆藏3 276.94TB，其中市级图书馆769.89TB、区级图书馆馆藏2 507.05TB。区级图书馆中，数字资源馆藏总量列前三位的分别为嘉定区图书馆、浦东图书馆、闵行区图书馆。

（五）服务效能

1. 流通服务

2020年，上海市中心图书馆"一卡通"服务体系持续有新成员加入，进一步拓展了服务范围,提升了服务能级。全年新办各类读者证约11.5万张,年末累计读者持证总数611.8万张,上海市市民持证率达24.6%。

全市各级图书馆外借总量1 345.4万册次,其中市级图书馆181.5万册次、区级图书馆577.5万册次、街道(乡镇)级图书馆586.4万册次。全市总流通人次1 198.2万,外借总人次近260万。区级图书馆中,长宁区图书馆、杨浦区图书馆、静安区图书馆人均外借量列前三位,分别为1.44册/人、0.78册/人、0.73册/人。

2. 数字服务

2020年,上海市的市、区两级公共图书馆网站访问量合计约6 851万页人次,同比增加22.1%。数字资源服务方面,市级图书馆数字资源检索量逾2 961万次,浏览量超过4 024万次,下载量近1 300万篇次;区级图书馆数字资源检索量总计超过1 033万次,浏览量近2 349万次,下载量近350万篇次。

2020年,上海图书馆完成"随申码"与办证系统、二维码读者证等多接口改造,实现"随申码"诚信免押金办证、"随申码"借书等场景应用。上海少年儿童图书馆进一步开发微信公众号、官方网站的服务功能,落实一站式网上服务系统信息化项目,培育"全天候"的少儿阅读服务平台。疫情期间,全市公共图书馆纷纷加大线上渠道开发和供给力度,借助新媒体优势,通过全面升级微信公众号服务、加强和丰富线上资源建设、积极探索"互联网+文化旅游服务"的有效模式、相继上线各类服务APP和小程序、打造特色多媒体视听文化品牌等,为读者提供全方位的资源服务和丰富多元的阅读体验,并取得显著的服务成果。以"微融合新常态"为主题的第七届图书馆微服务研讨会首次采用线上视频会议和网络直播相结合,深入交流研讨图书馆微服务的现状和未来发展趋势;聚焦"全媒融合,用DH解构历史之美"的第五届上海图书馆开放数据竞赛全面升级为国际赛事,引领和推动历史人文开放数据在数字人文领域的创新和应用。在互联网、大数据、云计算、物联网、人工智能等新技术迅猛发展的背景下,上海市公共图书馆持续推进移动数字阅读平台建设,跨平台适配各类型移动终端和互联网终端;推动"微阅读"平台接入微信、支付宝、市民云、阿基米德社区、各类企业机构微信公众号及APP等平台;深耕"微阅读""微文堂""听书馆""悦视频"等新媒体品牌建设;推出"历史人文大数据平台"等各类数字人文特色资源库及应用平台;继续深化微信、微博、支付宝城市服务等新媒体平台建设与宣传,并通过强化与社会机构和专业内容提供商的合作,积极探索短视频阅读和数字阅读微站服务。

3. 读者服务

2020年,上海市各级图书馆共组织讲座2 906场次,参与人次908.03万;举办展览1 183场次,参与人次1 070.1万;开展读书活动5 835场次,参与人次313.51万;举办少儿活动4 668场次,参与人次280.66万(以上数字包含线上线下服务)。

全年结合文化、社会热点,联合社会各界融合抖音、微信、微博等多个线上媒体平台,在疫情特殊时期通过线上线下相结合的方式,确保各类服务"不停摆"、活动"不打烊",使市民读者在渐行复苏的城市角落随时体味阅读活动的无穷乐趣。在线新春年俗展、在线主题图书展、名家线上讲堂、抗疫主题征文、诗文朗诵作品线上展、战疫竞答等活动为疫情中的人们送上文化慰藉,携手广大读者向逆行者致敬,为中国加油;围绕上海市中心图书馆建设20周年、上海市民文化节、"4·23世界读书日"、阅读马拉松、上海书展等主题开展的一系列阅读推广活动,在为读者提供精神食粮、丰富文化生活的同时,也充分发挥了公共图书馆引导市民阅读、传播文化知识、提升市民文化素养的优势与作用。

4. 志愿者服务

2020年,上海市公共图书馆携手社会力量,积极防控疫情,充分展现了图书馆人的责任担当。疫情期间,全市公共图书馆牢牢把控疫情防控各道防线,合理安排有限的人力资源,参与机场、宾馆、社区等抗疫一线的各类防疫志愿服务,并积极向疫区捐赠抗疫防护物资,为筑起"战疫"堡垒贡献力量。与此同时,各级公共图书馆进一步整合社会资源,加大志愿实践团队培育力度,助力全民阅读推广和服务。上海图书馆制定了志愿服务标准,以"一本管理服务手册、一套视觉形象系统、多个品牌志愿服务项目"为抓手,弘扬志愿服务精神,着力打响上图志愿服务品牌,不断提升志愿者服务基地的服务质量;金山区图书馆持续开展"领读人计划",孵化出一批基层读书社群,将更多的阅读活动延伸到基层和每一个家庭;宝山区图书馆招募暑期"小小志愿者",通过安排并指导小志愿者体验图书馆员的工作,培养孩子们"奉献、友爱、互助、进步"的志愿者精神;虹口区图书馆探索涵盖居民、菜场摊主和志愿者的共建模式,策划开展共建活动,推动菜场书屋助力书香社区建设;青浦区图书馆关注残障人士、老年人等群体的阅读需求,联合社区、组织机构及志愿者团体提供延伸服务,以多途径保障社会特殊群体的文化权益……据统计,截至2020年底,上海市各级公共图书馆共有志愿者服务队伍833支,志愿者26 012人。社会各方的支持和参与有效丰富了公共图书馆文化服务方式,提升公共图书馆的服务效能,为公共图书馆的建设增添新的活力和动能。

表1.6　2020年上海市公共图书馆志愿者队伍情况

单位类型	志愿者服务队伍数（支）	志愿者服务队伍人数（人）
上海市合计	833	26 012
市级图书馆合计	95	1 342
区级图书馆合计	201	7 652
街道（乡镇）级图书馆合计	537	17 018

资料来源：上海市图书馆行业协会。

上海少年儿童图书馆（新馆）

二 | 发展特点

为响应"文化强国""长三角一体化发展"等国家战略部署，贯彻《中华人民共和国公共文化服务保障法》《中华人民共和国公共图书馆法》等法规要求，践行《关于全力打响"上海文化"品牌加快建成国际文化大都市三年行动计划2018—2020年》《上海市公共图书馆"十三五"发展规划》《上海市中心图书馆"十三五"发展规划》等规划目标，2020年上海市公共图书馆行业聚焦服务体系建设、服务模式创新、特色活动推广、新兴技术应用、文化品牌培育、区域联动合作等方面，展现出符合上海"创新发展先行者"定位的高度行动力和行业活力，积极推动图书馆事业走向高质量发展新阶段。

（一）图书馆总分馆制建设稳步推进

上海市公共图书馆区级总分馆制建设自2018年启动以来，有力地促进了公共图书馆服务体系向城乡基层的延伸和拓展。截至2020年底，全市总分馆协议机构数已达272家，"一卡通"建设协议机构数254家，服务网点数380个，实现了市级、区级、街道（乡镇）级公共图书馆的全覆盖；市、区两级图书馆及两个试点街道（乡镇）级图书馆（宝山区大场镇图书馆、嘉定区嘉定镇街道图书馆）的成人、少儿"一卡通"单次最大外借册次由10册提高至15册，"一卡通"服务范围进一步拓展，全市公共图书馆服务能级进一步提升。

近年来，在区级总分馆制建设进程中，各区在按行政区划搭建起公共图书馆三级服务网络的基础上，稳步发展，呈现出两个较为鲜明的特色：一是因地制宜，注重聚合本地优质资源夯实基层服务基础；二是加强合作，积极引入社会力量参与提升公共服务水平，使总分馆体系出现了多元化的结构形态和服务模式。此外，以用户需求为导向的主题分馆建设凸显亮点。如浦东新区定位目标读者群体，引领主题空间打造领域转型，截至2020年底，已相继推出融书房、名人主题分馆、科技主题分馆、国际象棋主题分馆、运动主题分馆、世集主题分馆、船文化主题分馆、影像主题分馆、南书房、艺术主题分馆等"十大主题分馆"以及航伽水上运动文化驿站等文化服务空间；徐汇区针对不同社区居民的阅读需求，启动智慧阅读"灯塔书房"服务，在整体主旨风格统一的基础上，每家"灯塔书房"都具有个性鲜明的区域特色，实现了新型阅读平台打造和服务理念升级；虹口区制定街道分馆"一馆一特色"创建工作方案，以凉城新村街道分馆为试点，开展"凉师医友"健康家园特色创建工作，并在此基础上确定各分馆重点打造的特色活动及着力建设的主题品牌。这些基于特色服务创新形成的实践成果，赢得了市民读者的普遍欢迎和赞誉，形成了图书馆建设的区域品牌优势，进一步彰显了自身服务的独特价值和魅力。

（二）服务模式转型驱动体验升级

2020年初，新冠疫情发生后，上海市公共图书馆在上海图书馆发出的"致上海市中心图书馆成员馆的一封信"的倡议下，"齐心协力共克时艰，暂缓线下强化线上，分批复工防护一线，未雨绸缪确保安全"，在下沉社区参与一线防疫志愿服务的同时，创新服务模式，通过充分利用微信、微博、抖音等新媒体矩阵，积极开展线上读者服务和阅读推广活动，确保"线上服务不停摆"，努力为读者提供优质的远程知识传递和精神文化产品。

线上战"疫"凝聚人心。嘉定区图书馆、宝山区图书馆推出了在线新春年俗展、在线主题图书展、名家线上开讲等活动，为疫情中的人们送上文化慰藉；长宁区图书馆、徐汇区图书馆、黄浦区图书馆策划了绘画、诗文朗诵作品的线上展示，向逆行者致敬，为中国加油；杨浦区图书馆开展了网上"战疫竞答"活动，面向社会宣传普及防疫知识；奉贤区图书馆、松江区图书馆以及杨浦区少儿分馆开展了抗疫主题征文、手抄报绘画征集等活动，邀请广大读者，用笔记录抗疫故事、用书传递人间温情。

远程服务升级体验。浦东图书馆、徐汇区图书馆、虹口区图书馆等借助新媒体优势，融合多个线上媒体平台，为读者提供了丰富多元的阅读体验；黄浦区图书馆、静安区图书馆、松江区图书馆以文旅融合的形式开展阅读推广活动，积极探索"互联网＋文化旅游服务"的有效模式；普陀区图书馆、杨浦区图书馆深耕文化品牌建设，着力打造体现信息时代特点的全民阅读品牌；宝山区图书馆、闵行区图书馆精心策划线上亲子阅读系列活动，积极探索阅读的多媒体视听展现；嘉定区图书馆、青浦区图书馆、长宁区图书馆加强和丰富线上资源建设,坚持向读者推介、提供优质馆藏数字资源,帮助读者尽享数字化转型给公共文化服务带来的便利。

面对疫情造成的服务形态变化,全市公共图书馆敏锐把握其中所蕴藏的转型契机,准确识变、科学应变、主动求变,积极开展闭馆期间远程服务举措的总结提炼,将疫情带来的冲击和压力转化为服务模式转型、服务质量提升的机遇和动力。根据上海图书馆的专题调研显示,疫情期间,上海市中心图书馆成员馆中,100%的市级、区级馆,92.7%的街道(乡镇)级馆开展了形式多样的线上服务,在为广大读者送去非常时期的人文关怀的同时,也为后疫情时代的发展探索了转型的方向和路径。

(三)全民阅读推广活动蓬勃开展

2020年,上海市公共图书馆围绕上海市中心图书馆建设20周年、上海市民文化节、"4·23世界读书日"、阅读马拉松、上海书展等主题开展阅读推广活动,充分发挥公共图书馆引导市民阅读、传播文化知识、提升市民文化素养的优势与作用。

普陀区图书馆·苏州河书房

中心图书馆建设谱新章。2020年是上海市中心图书馆成立20周年,中心馆面向全体馆员和广大读者,以线上活动、线下展览、问卷调查等多种形式,加强与社会各界的互动交流,在追忆往昔、守望今朝的同时,围绕明确发展理念、优化管理机制、深化技术应用、提升馆员素养、加强读者互动等主题,组织开展了上海市中心图书馆20周年事业发展座谈会、读者座谈会、上海市中心馆20周年宣传微站线上答题和线下打卡、2020年科技情报服务宣传周、上海市中心图书馆第四届职工岗位"新"技能大赛、上海市中心馆20周年主题征文征物等一系列活动,进一步凝聚了共识、强化了合力,对上海市中心馆在新起点上实现新发展起到了积极的促进作用。在此期间,中共上海市委宣传部副部长高韵斐出席了上海市中心图书馆20周年事业发展座谈会,肯定了上海市中心图书馆20年的发展及取得的成果,并对未来发展提出新目标新要求:优先满足人民需求,全面落实社会主义现代化国际大都市建设要求;围绕文化品牌战略,着力构建全媒体立体式全民阅读服务体系;稳扎稳打效用优先,扎实推进长三角地区文化体验的"同城待遇"。

市民文化节又掀阅读潮。2020年上海市民文化节以"我的小康我幸福"为主题,充分考虑市民大众在疫情防控期间和疫后的文化需求,首次以"云启动"的方式链接千家万户。本市各级图书馆以市民文化节与图书馆密切相关的"我的健康我做主"知识大赛、青少年传统文化知识大赛、"侬好!小康"创意设计大赛、"全面奔小康"知识大赛、魔都老建筑视频大赛等活动为抓手,积极落实承办、协办等工作,并通过发动辖区内社区文化活动中心、街道(乡镇)级图书馆、共建单位参与比赛,图书馆微信公众号等媒体平台持续宣传推广等方式扩大活动覆盖面和影响力,引导公众了解和用好红色文化、海派文化、传统文化,在全社会营造和培育"全民阅读、终身学习"的浓厚氛围,积极打造"文化小康嘉年华"。

"4·23世界读书日"再升级。2020年,受疫情影响,本市公共图书馆及时转变服务方式,在世界读书日期间,为读者献上了精彩纷呈的互联网"文化盛宴"。上海图书馆推出"追梦,读享未来"阅读季"上图之夜——阅读点亮城市"特别直播,带领读者"云逛馆""云逛展"。浦东图书馆启动"书香温润浦东,阅读通达未来"第十届浦东图书馆读书节,同步直播"寻找最美书香人"主题活动,使读者触摸到了浓厚的网络书香气息。徐汇区图书馆联合"汇悦读书香联盟"10家实体书店,携手开展"'书'醒:阅读的春天"世界读书日徐汇区主题活动,为市民带来阅读乐趣和文化福利。宝山区图书馆邀请著名主持人阎华携手多位名家,组织"把春天读给你听"文学沙龙,举办"你的诗情有几分"诗词竞赛、"7天亲子共读"等线上活动，为读者呈上不一样的阅读体验。黄浦区图书馆策划以"闯关悦读黄浦线上趣味知识竞答"为主题的阅读推广活动，通过趣味知识竞答的形式，提高读者的科学文化素养。闵行区图书馆推出"4·23探寻传统文化，品味经典书韵"线上竞答活动，将社会主义核心价值观与中华优秀传统文化相结合，以网络答题闯关的形式，向大众普及推广中国文学、传统文化、历史地理、百科常识等。

阅读马拉松开启新模式。"上图杯"阅读马拉松是引导读者感受阅读魅力、传递阅读力量的有效载体。2020年春季"阅马赛"受疫情影响从线下转至线上举行，以"我的战疫"为主题的赛事活动得到了全国338家公共图书馆的积极响应和支持，其中湖北地区有98家。下半年举办的"长三角阅读马拉松大赛"，共1 070名选手参赛。苏浙皖三地读者携手并席，通过专注而安静的阅读，向社会展示了理性和科学的力量，向世界传达了执着而郑重的宣示：在任何时候、任何情况下，我们都不会放弃阅读。

上海书展书香溢申城。为进一步发挥上海书展弘扬主流文化价值、倡导全民阅读活动的功能，上海书展期间，在疫情常态化防控背景下，各级公共图书馆充分发挥文化阵地优势，不断提升服务能级，组织开展了一系列线上线下的展览展示、文化讲座、新书分享等活动。上海图书馆特别策划"馆员带你逛书展"系列阅读推广直播活动，将书展现场搬到线上，展示了图书馆员独特的选书角度和图书评荐，直播期间曾3次位列政务微博文化榜榜首。各区级总馆作为"2020上海书展"分会场，联合下辖街道（乡镇）分馆、城市书房等基层服务点，线上线下同步，活动精彩纷呈：如宝山分会场的"魔法真绘玩"系列活动、崇明分会场的"书香瀛洲"全民阅读周活动、虹口分会场的"我身边的书房——新时代虹口市民阅读分享会"、静安分会场的"第九届静安读书周"、青浦分会场的"农家书屋重点出版物"样书展和农民自主选书活动、徐汇分会场的"穿越都市邂逅文脉"2020徐汇定向阅马邀请赛、长宁分会场的"书香长宁阅读悦心"精品图书展销会等，吸引了众多市民读者的积极参与，在炎炎夏日里构成了全民阅读一道靓丽而独特的风景。

（四）文化服务品牌培育方兴未艾

打造文化服务品牌是图书馆提升服务效能、提高读者阅读体验的重要途径。为贯彻落实中央精神和市委市政府"上海文化"品牌三年行动计划战略部署，满足市民日益增长的精神文化需求，近年来，上海市公共图书馆行业从读者需求多元的实际出发，悉心培育和打造了一批形式多样、特色鲜明的文化服务品牌，进一步提升公共图书馆的服务效能和社会影响力。

特色文化品牌为读者送上丰厚可口的"精神大餐"。静安区图书馆推出"悦读静安"文化讲坛品牌，聚集作家作品、辞译享世界、家族家风、中医文化、光影之约等系列及各类线上线下文化展览，深受读者欢迎。杨浦区图书馆的"书香下午茶"以传统文化为主线，通过编撰研学笔记、拍摄专题视频、开展线上直播等多种形式，传承中华经典，弘扬优秀文化。普陀区图书馆精心策划"苏州河书房""有声图书馆"等阅读品牌，着力推广普陀非物质文化遗产、苏州河工业文明、"赤色沪西"红色文化等特色文化资源。上海图书馆打造"上图首发"品牌，举办《上海图书馆藏唐绍仪中文档案》《元本资治通鉴》《翁同龢日记》（修订本）等8场"上图首发"活动，不断揭示近年来历史文献整理研究的重要成果，坚持高质量地满足读者的阅读和研究需求。

少儿阅读品牌建设也是上海公共图书馆服务的重中之重。宝山区图书馆打造"童心筑梦"宝山儿童文学名家工作室、"陈伯吹儿童文学"等品牌，通过弘扬文化，传承经典，引领儿童感受文学的魅力，激发孩子阅读和写作的兴趣。青浦区图书馆设计开展"小鸡book"爱·智慧阅读成长计划，面向不同年龄段的未成年人推出阅读探究课和启蒙绘本故事会，引导少年儿童享受阅读的乐趣。奉贤区图书馆的老字号品牌"523故事会""非遗小课堂"坚持疫情期间"不打烊"，全年共举办线上"523故事会"41期、"非遗折纸小课堂"40期，深受小朋友的喜爱。上海少年儿童图书馆升级"无边界"的特色阅读活动品牌，以"悦读心连心"为主题，策划"上海童话节"暑期系列活动；长宁区少年儿童图书馆创新长耳兔阅读俱乐部项目活动内容和形式，聚焦"基础阅读""深度思考""综合表达"三方面，精选国内外优质获奖绘本开展线上直播授课。闵行区图书馆融合"抖音""微信""微博"等多个线上媒体平台，在闭馆期间继续开展特色品牌"闵图妈妈小屋"阅读推广活动，使大小读者通过参与一系列线上互动、分享、推荐，在渐行复苏的城市角落体味线上阅读活动的乐趣。

关注特殊群体的文化需求。金山区图书馆携手金山区残疾人联合会开展"阅读有你——金山区残障人士阅读推广人培育计划"，让更多的残障人士通过阅读充实自己、提高自己，更好地融入社会；同时，联合各界社会力量成立"爱心书香联盟"，打造公益扶贫平台，助力家境困难的学子成长成才。徐汇区图书馆积极为视障读者提供阅读服务，并通过对口援建图书捐赠支持推进"不孤独乡村图书馆"和"全民环保阅读中国行"公益项目，满足当地农村留守儿童的阅读需求。

积极探索文化创意产品开发。根据《"十三五"时期全国公共图书馆事业发展规划》规定，结合文化传承保护、打响文化品牌、壮大文创产业的需要，上海图书馆于2019年起，启动文化创意产品开发工作，推出了"上图文创"系列。2020年，"上图文创"发布了"小校场年画"系列和"徐家汇藏书楼"共计20个品类、60种文创产品。其中，"五谷丰登"料理盘在"2020上海特色伴手礼"测评活动中荣登榜首。在宣传推广方面，"上图文创"通过积极参加第三届长三角国际文化产业博览会等展会活动，多渠道有效提升了品牌的影响力。"上图文创"在整理、修复、保护优秀文献的同时，让馆藏资源"活起来"，为图书馆促进文化的创造性转化与创新性发展提供了有力探索和有益尝试，也为更好地传承历史、弘扬中华传统文化贡献了力量。

（五）新兴技术应用赋能智慧服务

近年来，随着以5G网络、人工智能、大数据、云计算、物联网、区块链等新一代信息技术为代表的新一轮科技革命和产业变革进一步深入发展，数字技术更加全面融入社会交往和日常生活。在此背景下，上海市公共图书馆积极应用现代信息技术，不断创新图书馆公共文化服务方式渠道，加快推进数字化、网络化、智能化建设，推进无线射频识别（RFID）技术、人工智能、融媒体、虚拟现实等新阅读体验技术在各类服务场景的广泛应用，加速智慧图书馆建设，助推全民阅读无处不在，让优质文化资源与便捷公共服务触手可及。

智能阅读惠民服务不断升级。2020年，在基于RFID技术的图书馆智能化设备在全市各级公共图书馆中广泛应用、自助借还设备与24小时图书馆在市区两级公共图书馆中得到普遍使用的基础上，上海市公共图书馆进一步探索拓展智能化设备的升级应用，在服务范围和质量方面有了新的突破。杨浦区图书馆"书界"公共智能服务点年内新增10处，总量达41处，服务效能显著提高。长宁区图书馆在疫情期间适时推出智能预约借书柜，读者可以进行线上预约后前往图书馆输入取件码领取图书，满足了非常时期市民读者的安全借阅需求。中央电视台、《人民日报》、《中国文化报》、《文旅中国》、《文汇报》等媒体报道了该项创新举措。

新一代集成管理系统及技术生态建设初见雏形。结合上海图书馆二期系统建设，推进新一代智慧图书馆服务平台FOLIO落地服务。基于FOLIO的下一代图书馆服务平台项目成果初显，FOLIO馆藏管理（典藏）系统正式上线，新系统优化了业务流程，实现了对馆藏资产从验收到剔旧全生命周期的精细化管理。推动"一网通办"在全市公共图书馆服务领域的落地落实,完成"随申码"与办证系统、二维码读者证等多接口改造,推进二维码和"随申码"办证、借还书等场景的应用。

全媒体服务成效显著提升。在全市公共图书馆范围内构建覆盖数字阅读、数字讲座、数字展览、有声电子书等的全媒体阅读服务体系,深化移动阅读品牌建设。尤其在疫情期间,全市公共图书馆纷纷加大线上渠道开发和供给力度,取得了显著的服务成果。杨浦区图书馆在区级图书馆中率先实现"手机借书"和读者证网上申办服务,给读者提供安全便利的借阅体验;奉贤区图书馆全面升级微信公众号服务平台,提供读者线上活动预约、资源搜索、微信点书、打卡积分等功能,提升读者对图书馆公众号的使用黏性;静安区图书馆积极探索"互联网+文化旅游服务"的有效模式,相继上线微网站、"文博非遗"专栏、"阅读静安"及静安文旅公益配送小程序,为读者提供更好的移动阅读体验;青浦区图书馆每月通过微信、微博等平台发布数字资源使用指南及宣传推广内容,充分发挥公共图书馆特色化信息服务功能,促进公共文化服务方式多元化、社会化。

黄浦区明复图书馆

（六）特色文化资源建设亮点纷呈

2020年，上海市公共图书馆在传统阵地服务的基础上，继续深耕"红色文化、海派文化、江南文化"资源建设，以古籍保护与揭示、地方文献挖掘与开发、经典文化传承与推广为抓手，承担行业职责，彰显行业优势，不断激活文化遗产生命力，助力"上海文化"品牌建设和城市精神弘扬。

加大古籍保护与揭示力度。上海图书馆馆藏宋刻本《杜工部草堂诗笺》等63部善本古籍入选第六批《国家珍贵古籍名录》，在数量和质量上均名列前茅，体现了国内古籍收藏重镇的深厚底蕴。金山区图书馆通过开展馆藏珍本文献高精度数字化工作、编著《故纸溢芬：金山图书馆藏南社名家手稿珍品图录》，举办"'缥缃呈彩'江南藏书文化·金山特展"，出版历史文化精品图书《金山丛话》等举措，梳理和展示了金山传统文化的精粹。奉贤区图书馆整理出古籍及民国图书近200册，邀请专家进行专业指导，制定形成"奉贤区图书馆古籍保护、利用初步方案"。普陀区图书馆成立历史文献中心，统筹开展古籍文献捐赠、整理、保护、研究、宣传工作，并通过加强业内交流和学习，不断完善古籍文献保护研究工作机制。

持续挖掘和开发地方特色文献。奉贤区图书馆聚焦地方书籍、地方报纸、本土非遗、言子讲坛等四大主题内容打造地方文献资源库平台；嘉定区图书馆编撰《秦瘦鸥纪念文集》，纪念嘉定文人，传承嘉定文脉；浦东图书馆立足浦东地方文献中心建设，多处走访征集纸质和数字地方文献，完成"浦东开发开放三十周年资料汇编"丛书（含《经济中心建设》《金融中心建设》《贸易中心建设》《航运中心建设》《科创中心建设》5个分册）汇编工作；青浦区图书馆印制《青浦历史名人著作选辑》、建设青浦地方志数据库，弘扬青浦文化；杨浦区图书馆平凉分馆深掘市政特色资源，通过推送专题推文、举办"双线"展览等形式，有效促进了资源的推广和利用。

坚持传承与推广经典文化。在中国共产党成立100周年来临之际，全市公共图书馆立足中华优秀传统文化的传承和弘扬，以红色文化资源建设和利用为抓手，努力"讲好党的故事、讲好中国故事、讲好上海故事"。普陀区图书馆携手区作协共同策划出版《星火沪西》报告文学集，以"红色起点、光荣历程"为主题，弘扬革命精神，书写普陀红色历程，献礼建党百年；上海图书馆与上海宋庆龄研究会签署战略合作协议，立足"十四五"发展，共同打造具有社会影响、体现底蕴、专业、能力、韧劲的宋庆龄文献数据平台，深入挖掘上海的红色文化内涵，为上海红色文化的深度研究和宣传提供真实可靠的历史文献资料支撑。

（七）长三角区域合作联动持续深化

为深入贯彻"长三角一体化发展"国家战略，切实落实《长江三角洲区域一体化发展规划纲要》指导精神，全面提升区域公共文化服务水平，上海市公共图书馆行业持续深化与长三角公共图书馆之间的合作联动，推动长三角区域图情服务高质量发展。2020年，各级公共图书馆充分发挥信用服务、视障服务、少儿阅读、网上联合知识导航等专业联盟的作用，与长三角区域内各公共图书馆有效开展合作，联合举办"长三角阅读马拉松大赛"、"红色文化"游记征集、"爱我中华·走进长三角——百姓话小康看未来征文摄影大赛"、"奇思妙想·创意书脸"长三角（摄影）联创荟等多项阅读推广活动，并着重围绕适应长三角一体化发展需求的科学的图书馆工作方法，加强了理论研究和实践探索。在第三次长三角地区公共图书馆战略合作年会上，与会各方结合各自服务优势和特点，交流了"十四五"时期的发展目标和规划制定设想，并就进一步推进落实"城市阅读一卡通"建设达成共识，明确了深化区域合作的基本框架和重点内容。上海图书馆、南京图书馆、浙江图书馆和安徽省图书馆共同发布了"城市阅读一卡通"倡议书，号召各馆通力协作、开放创新，共同实现"借阅办证零门槛，文献传递无边界，个性服务通全域，通借通还重实效"，得到三省一市区域内全部地市级图书馆的积极响应和社会各界的强烈反响。根据倡议书精神，杨浦区图书馆携手苏浙皖11家图书馆，发起成立了"长三角公共图书馆网借图书服务联盟"；青浦区图书馆与吴江图书馆、嘉善图书馆围绕长三角生态绿色一体化发展示范区建设要求，探索以社会保障卡为服务载体，共同推动图书馆服务的同城待遇，为进一步促进阅读在区域内的无障碍流动做出了有益的尝试。

三 | 问题对策

近年来，上海市公共图书馆行业正努力朝着实现一体化、均等化和智能化三大指向深度发展，在数量规模、服务意识、服务效能、服务创新等方面都取得了显著的成效。然而，在事业蓬勃发展过程中，我们也清醒地认识到尚存一些痛点、难点和堵点，需要一起正视并通过进一步改革与创新予以破解。

（一）顶层设计——加强基本保障

近几年，全市公共图书馆财政拨款总额稳中有升，在资金的分配上，已有意识地向街道（乡镇）级图书馆、居（村）图书室等基层服务点倾斜，但区域之间、各馆之间的发展并不均衡。部分馆舍由于经费保障缺乏，导致基础建设、空间布局、人力资源等方面存在明显不足，同级别馆点之间服务能力落差较大。与此同时，受新冠疫情影响，财政支出面临的较大压力将会挤压政府支持公共文化事业优先发展的空间，致使资金问题成为未来一段时期公共图书馆发展面临的重大挑战之一。

在经费压力增大、不确定因素增多及外部并不友好的大环境下，公共图书馆要增强忧患意识和紧迫感，尽快完善政策顶层设计，推动出台上海市公共图书馆相关条例、修订《上海市公共图书馆管理办法》和《上海市公共图书馆行业服务标准》等一系列相关服务标准、政策及规范性文件，为图书馆开展基本公共文化服务的发展资金提供保障，并通过开拓企业赞助、捐赠等多元化的资金筹措渠道，加快公共文化机构公益性收费相关制度及标准建设，鼓励社会资本依法进入公共文化服务事业。同时，各图书馆要加强统筹协调，在预算编制、执行、资源合理配置、中长期财政规划管理、跨年度预算平衡机制等方面着力，厉行节约，确保在经费有限的条件下实现服务质量和效能的最大化，彰显图书馆的社会价值。

（二）差异定位——满足多元需求

公共图书馆作为文献知识的传播载体，其清晰的功能定位有助于全面覆盖服务对象、优化资源配置、精准对接服务、满足个性化需求，从而产生良好的服务效果。经过多年总分馆服务体系建设的努力探索和实践，目前，上海已经形成比较稳固的市、区、街道（乡镇）、居（村）"四级"公共文化设施网络，基本形成中心城区10分钟、郊区15分钟的公共文化服务圈，有效打通公共文化服务"最后一公里"。然而，随着服务体系建设的深化延伸和不断拓展，各层级服务点功能定位叠加、资源未得到充分合理利用、联盟制总分馆体系欠缺常态化合作机制等问题也逐渐凸显，这对本市各级公共图书馆服务功能定位的明确和落实提出了更高的要求。

基于总分馆服务体系建设的上海市中心馆三级馆服务在功能定位上应各有侧重：市级图书馆（如上海图书馆）应立足研究型服务，成为公共文化资源型平台性机构，鼓励社会力量、内容资源、数字资源、人力资源向市级平台集聚；区级图书馆应侧重体验式服务，兼具资源型平台和枢纽型平台的双重功能；街道（乡镇）级图书馆（包括社区文化活动中心）应保障普及文化服务，通过广泛吸纳多元主体协同共建，进一步整合融合各方资源，丰富服务内容供给，功能定位由原来的终端平台转变为向上对接区总馆、向下面向居（村）的枢纽型平台，承担起辐射居（村）"四级设施"的任务。

（三）数字加持——赋能智慧服务

近年来，在智慧城市建设和数字社会建设的大背景下，本市公共图书馆迎来了新的发展机遇，也面临着新的挑战。在图书馆数字化转型推进过程中，纸本文献与数字资源联动机制还有待完善；线上服务的实践和研究尚处于起步阶段；数字服务有效供给及推广不足，总分馆缺乏协同性、服务手段单一；基于新兴技术的无感认证、二维码、第三方支付平台等应用场景普及相对滞后于读者预期。

"十四五"时期，本市公共图书馆将积极融入数字化转型大局，瞄准现代智能技术的发展方向，在现有基础上进一步提高数字化转型发展的策源能力，提升包括阵地服务、场馆建设、资源服务等在内的读者服务综合承载能级：通过自助设备、"随申码"、社保卡、网上借阅等新技术应用实现"阵地服务数字化"；利用系统平台升级、引进听书服务等手段助力"空间再造"，实现"场馆建设智慧化"；借助一站式平台打造促进资源整合共享，实现"资源服务平台化"，探索出一条图书馆智慧服务的创新前行之路。

（四）人才建设——促进稳定发展

人才队伍建设是图书馆建设的生命线。图书馆总分馆制的建设、数字化转型等工作的可持续开展，亟需大量专业、高素质人才的参与和支持。近年来，上海市公共图书馆各级从业人员总数均保持增长，大学本科以上学历人员比例明显上升，人才结构逐步优化，但仍有两个问题较为突出：一是高层次专业人才有限。高级职称图书馆员总体比例偏低，且大多集中在上海图书馆，人才分布不均衡。二是人才队伍稳定性较差。各区图书馆，尤其是街道（乡镇）分馆普遍存在人员紧缺、流动性大、专业程度低等问题，这几乎成为阻碍基层图书馆发展的沉疴痼疾，难以得到有效解决。公共图书馆人才激励措施不足，成长平台有限、固定编制缺乏等因素，导致从业人员流动性大、年轻员工成长动力不足、专业队伍人才结构不合理等影响图书馆健康发展的矛盾长期存在。

合理规划人力资源、创新人才引进机制、改革人才评价制度、优化人才激励机制、完善人才培训体系，造就一支数量合理、结构优化、专业性强、素质优良的图书馆工作队伍，是公共图书馆可持续发展的重要保障。

撰稿人	陆依君，上海图书馆（上海科学技术情报研究所）协调辅导处，副研究馆员。研究方向：公共图书馆数字资源建设与推广。

第二章
体系建设

2020年，上海市公共图书馆服务体系在提前完成区级图书馆总分馆制建设的基础上，以推动地方图书馆立法为目标，本年度的体系建设报告重点聚焦街道（乡镇）级图书馆，探索上海市公共图书馆服务体系基层服务网络建设之路。通过回顾总结2018年以来上海市公共图书馆区级总分馆体系的建设工作，深入挖掘服务体系建设过程中的成效和亮点，以期为后续公共图书馆服务体系高质量发展提供思路和借鉴。

一 | 基本概况

"十三五"期间,上海市公共图书馆行业全面对标中央和上海构建现代公共文化服务体系及公共文化领域重点改革的目标要求,按照文化和旅游部、国家新闻出版广电总局等五部委《关于推进县级文化馆图书馆总分馆制建设的指导意见》的要求,结合上海实际,于2018年制定发布了《关于推进上海市区级图书馆总分馆制建设的实施意见》,并且提前一年完成区级总分馆制建设,构建完成"3+X"(3级+多元)的区级总分馆制架构,实现公共文化资源在区域内的联动共享,大力提升了公共文化的服务效能。

截至2020年,本市共有2家市级公共图书馆,21个区级公共图书馆,其中区级总馆17个[①],街道(乡镇)级分馆215个,城市书房61个,24小时自助服务设备112台,体系内签约或挂牌的居(村)级基层服务点2 980个。

普陀区图书馆·少儿互动阅读区

---

① 黄浦区在卢湾、黄浦两区合并后仍保留原卢湾区区划内的图书馆总分馆管理体系,因此上海市拥有16个行政区,17个区级图书馆总馆。

表2.1 2020年上海市各级公共图书馆总分馆服务体系概览

行政级别	类型	服务机构数[1]（个）	行政区划情况[2] 数量（个）	行政区划情况[2] 图书馆（室）覆盖率（%）
市	市级公共图书馆	2	——	——
区	区级公共图书馆	21	16	100
街道（乡镇）	街道（乡镇）级公共图书馆[街道（乡镇）分馆]	215	215	100
跨居（村）	城市书房	61	——	——
跨居（村）	24小时自助设备服务点	112	——	——
跨居（村）	流动车服务点	16	——	——
跨居（村）	创新型服务点[3]	285	——	——
居委	居委图书室[居（村）级基层服务点]	1 647	4 563	36.1
村委	农家书屋（村委图书室）[居（村）级基层服务点]	1 333	1 562	85.3
其他	职工书屋及传统延伸服务点	3 652	——	——
总计		7 344	——	——

数据说明：① 市、区、街道（乡镇）级为图书馆机构数量；居（村）级为提供借阅服务的图书室数量。

② 街道（乡镇）及以上行政级别已经实现100%全覆盖，居（村）基层服务点完成能级提升达到标准后纳入服务体系，存在退出机制。

③ 创新型服务点主要包括嘉定区百姓书社、周末书房，宝山区众文空间，静安区"灰引力"，长宁、杨浦、虹口、闵行、崇明、徐汇、普陀、奉贤等区的创新阅读空间。

资料来源：上海市图书馆行业协会；上海发布《上海市行政区域情况统计表》http://sh.bendibao.com/news/202115/236185.shtm.

二 | 主要成效

（一）完成优质均等阅读空间布局

1. 街（镇）分馆打造阅读服务新枢纽

自"十一五"时期开始，上海按行政区域设置社区文化活动中心；同期，上海市中心图书馆体系向街道（乡镇）延伸，至2010年实现街道（乡镇）级图书馆"一卡通"业务全覆盖，初步实现阅读空间均等化布局。"十二五"期间，街道（乡镇）级图书馆成为社区文化活动中心阅读服务的主力担当，街道（乡镇）的图书馆服务标准初步规范、服务能力逐步提升。"十三五"期间，随着区级总分馆制建设的推进落实，街道（乡镇）级图书馆成为区图书馆分馆，各区总馆先后加强了区域内"统一标识、统一挂牌、统一业务要求、统一资源配送、统一数字服务、统一绩效考核"等制度建设，街道（乡镇）分馆的功能定位由原来的终端平台转变为枢纽平台，逐步承担起辐射居（村）"四级设施"的任务。在服务规模上，不乏诸如浦东新区周浦镇傅雷图书馆、闵行区新虹街道图书馆、宝山区大场镇图书馆等面积超3 000平方米的街道（乡镇）级图书馆，在建中的闵行区江川图书馆规划面积达1.6万平方米，可辐射整个闵行南部区域；在服务特色上，嘉定区"找嘉书房"一书房一特色、金山区"一镇一品"，以长宁区新泾镇图书馆为代表的部分街（镇）馆已经能够参与镇史资料收集及镇志的编写；在服务枢纽功能上，越来越多的街道（乡镇）分馆通过集体外借推进居（村）图书室服务。

表2.2　2020年上海市街道（乡镇）公共图书馆发展情况

所属区名	街道（乡镇）图书馆数（个）	馆均阅览室面积（平方米）	馆均总藏量（万册/件）	少儿文献占比（%）	馆均购书专项经费（万元）
黄浦区	10	535.6	3.72	19.3	8.18
徐汇区	13	463.4	4.79	18.5	13.58
长宁区	10	442.3	5.31	18.7	12.30
静安区	14	470.6	4.71	17.5	10.24
普陀区	10	543.3	5.62	16.5	9.49
虹口区	8	419.7	3.90	17.0	9.40
杨浦区	12	586.3	5.55	18.9	10.55
闵行区	13	482.7	5.67	22.0	35.81
宝山区	12	679.6	6.16	27.4	15.50
嘉定区	12	660.0	9.72	22.4	30.54
浦东新区	36	549.3	6.35	21.2	11.68
金山区	11	246.8	4.47	11.9	6.11
松江区	17	349.7	2.79	27.2	6.75
青浦区	11	411.7	5.15	21.4	14.25
奉贤区	8	313.9	5.82	14.4	17.06
崇明区	18	220.4	1.33	20.5	6.04
全市合计	215	465.2	5.06	20.3	13.23

资料来源：上海市图书馆行业协会。

2. 城市书房成为城市文化新地标

2017年1月，嘉定菊园新区绿地天呈"我嘉书房"的开幕拉开了上海市公益性城市书房建设的序幕。截至2020年底，上海市共建成城市书房61家，30家嘉定"我嘉书房"，15家闵行"城市书房"，以陆家嘴"融书房"、张江镇"科学城书房"、南汇"南书房"等为代表的12家浦东城市书房，奉贤区南桥镇·阅贤坊、徐汇区"灯塔书房"构建起了上海市公共阅读的新空间。长期以来，公共文化服务项目建设注重追求标准化、数字化，或多或少疏漏了公共文化服务本身的复杂性以及社会大众需求的多样版性。① 以"我嘉书房"为代表的城市书房建设从文化治理的视角出发，充分发挥本市公共图书馆等文化资源优势，结合区域人口分布、经济发展等情况，因地制宜地提供精准便利、个性化的公共阅读服务，作为居住空间、工作空间之外的"第三空间"，为上海市公共文化服务体系建设注入了新活力。同时，多主体的参与，又进一步促进了资源与优势的整合，如何实现区、街道（乡镇）、社会主体多方的合作共赢成为公共阅读空间未来可持续发展的关键，目前"我嘉书房"、浦东的主题分馆正在积极鼓励有咖啡、茶艺、设计、少儿培训、运动、展览等专业背景的阅读空间合作方，通过打造可配送的文化活动辐射全区，推进文创设计等模式，形成一定的自我造血能力。

（二）实现社会专业资源初步聚合

总分馆制建设中，各区除按行政区划搭建起公共图书馆三级服务网络之外，同时注重聚合优质资源，吸纳多元服务形态，动员社会力量参与到公共文化服务中来，纳入总分馆体系，丰富总分馆制的结构和内涵。2020年度行业专项问卷调研显示，反馈问卷的20家区级图书馆中，有19家以部分购买服务的形式引入社会力量、参与公共文化服务社会化、专业化建设，社会化程度高达95%。186家填写问卷的街道（乡镇）级图书馆中，有104家街道（乡镇）分馆未向社会力量购买服务，55家向社会力量购买了部分服务，另外有27家街道（乡镇）馆由社会力量整体委托运营管理，占比分别为56%、29.5%和14.5%。街道（乡镇）分馆图书馆业务相较于区级图书馆，社会化和专业化程度相对有限。

通过政府购买服务是聚合社会专业资源的第一步，在区级总分馆制建设过程中，各区图书馆服务体系建设基本实现了从单一主体向多元主体转型，形成政府、社会、市场的良性互动，丰富了服务内容、强化了资源配置、提高了服务效能。如嘉定的"我嘉书房"建设，社会力量参与成为重要助力，探索实践了"政企合作、资源共享、文化增值、百姓受益"的建设模式，将书房的"可持续"良性发展作为当下必须面对和解决的重要课题。在合作过程中形成的价值观取向、社会回报方式、服务品牌打造等共识，进一步增强了社会力量参与图书馆服务的能动性。闵行的城市书房建设也注重盘活社会资源，引入"万科""碧江实业""闵行

---

① 中共上海市委创新社会治理加强基层建设工作推进领导小组办公室.《上海市基层社会治理创新典型案例汇编》. 2021年7月。

置业"等社会力量，携手优质社区资源，采用多方合作、盘活社会资源的创建模式实现共赢。徐汇区图书馆在"汇'悦'读书香联盟"和"灯塔书房"的建设过程中协同区党群中心、街道、房产物业、景区公司、文化场馆等不同业主方，活化存量空间；联动书店、出版社、咖啡店及其他社会文化机构，实现片区资源整合；邀请社区居民参与书房改建，培育文化志愿者，实现自我赋能。无独有偶，静安区图书馆开启了"读者融合"的阅读服务新模式，"河畔故事会"的故事妈妈、少年故事团为读者提供了一个成长的机会、一个实现自我价值的平台；静安区白领朗诵沙龙为读者提供了有归属的团体，让图书馆成为读者们"我的图书馆"。作为上海郊区最早成立阅读推广联盟的奉贤区图书馆，"图书馆+"模式无处不在，+教育事业单位、+实体书店、+市场化文化机构、+各类文化类协会、+阅读推广组织、+数据库提供商、+优秀阅读推广人、+分馆……让阅读的加法魔力为广大市民提供更优质、更便利的阅读体验，帮助市民养成阅读习惯，释放更多阅读正能量，引领阅读新时尚。

在推进全民阅读、建设书香社会的背景下，读书会如雨后春笋般涌现，成为图书馆阅读推广与社会各界深度交融的重要途径。具有图书馆背景的"陆家嘴读书会""行知读书会"是其中的佼佼者，它们不仅拉近了图书馆与读者之间的距离，激发了读者的阅读兴趣，也为读者提供了一个读书交流、文化学习、信息沟通和人际交往的多功能平台。

（三）完善智慧阅读生态体系建设

1."基建"先行推进RFID技术应用

截至2020年底，上海全部市、区两级图书馆都已实现"一卡通"流通图书RFID芯片全覆盖；51.63%的街道（乡镇）级图书馆图书加贴RFID芯片。其中嘉定区、闵行区、青浦区全部街道（乡镇）分馆实现图书RFID芯片覆盖，徐汇区、长宁区、奉贤区得益于区级总分馆制建设推动RFID芯片应用率快速提升。随着RFID技术的普及，结合网络通信技术和自动化控制技术，自助借还书、智能分拣、自动化盘点、高效资产管理成为可能，不仅提高了图书馆的管理效能，同时也为读者提供便捷、高效、多元化的阅读体验和创新服务奠定了基础。

表2.3　2020年上海市街道（乡镇）公共图书馆RFID技术应用情况

所属区名	街道（乡镇）图书馆数（个）	已应用RFID技术		已实现图书RFID芯片全覆盖	
		图书馆数（个）	占比（%）	图书馆数（个）	占比（%）
嘉定区	14	14	100.00	13	92.86
静安区	6	6	100.00	0	0.00
闵行区	14	14	100.00	12	85.71
青浦区	11	11	100.00	9	81.82
徐汇区	13	12	92.31	9	69.23
长宁区	10	9	90.00	8	80.00
奉贤区	9	8	88.89	8	88.89
黄浦区（原卢湾区）	4	3	75.00	2	50.00
松江区	17	7	41.18	3	17.65
金山区	11	4	36.36	0	0.00
浦东新区	37	11	29.73	6	16.22
宝山区	8	2	25.00	2	25.00
静安区（原闸北区）	9	2	22.22	2	22.22
崇明区	15	3	20.00	0	0.00
普陀区	11	2	18.18	0	0.00
杨浦区	12	2	16.67	2	16.67
虹口区	7	1	14.29	1	14.29
黄浦区	7	0	0.00	0	0.00
总体	215	111	51.63	77	35.81

资料来源：上海市中心图书馆分拣中心，上海市图书馆行业协会分析整理。

2. O2O模式打通服务"最后一公里"

起步于2000年的上海市中心图书馆服务体系通过"一城、一网、一卡、一系统"的业务模式，在体系内实现了"图书通还、读者证通借"功能。在公共文化服务高质量发展背景下，读者的阅读需求不断提升。随着"图书馆网借O2O"模式的出现，突破现有运行机制、提升服务体验的网借图书服务成为打通公共图书馆服

徐汇区图书馆·灯塔书房（衡复风貌馆）

务"最后一公里"的重要举措之一。浦东新区陆家嘴图书馆和杨浦区图书馆先后推出了"易悦读""书界"图书馆网借品牌，服务整合自助书柜、第三方智能快递柜、快递送书上门等方式，变革原有的借还流程，让图书借阅不再受制于时间、空间，让图书馆服务无处不在。截至2020年底，杨浦区图书馆网借服务已完成了47个预约借书取还书柜的部署。得益于自助设备对读者的免费性质以及街区、园区渗透的便利性，"书界"的服务规模已连续多年在长三角地区各城市中名列前茅。

3. 自助书柜成就公共阅读新网络

近年来，"智慧型""学习型"文明社区建设正在推动部分区和街（镇）另辟蹊径构建公共阅读新网络。据不完全统计，目前徐汇区的枫林街道、康健街道在"邻里小汇""康乐汇"等社区公共空间部署了近20台"智慧书吧"。长宁区北新泾街道新泾六村AI智慧社区建设过程中，将24小时智能书柜、电子书借阅机、朗读亭以及少儿智能书桌等产品加以整合，打造"升级版"居委智能图书室"植入"社区居民活动中心，这一智能化服务示范效应带动了区内华阳、新泾、天山等街（镇）公共服务的智能化联动；其中，华阳街道以网格化服务模式，在21个居民区设置了4个服务点，配备4台自助书柜，使智能化的阅读方式惠及周边社区百姓。这些小型智能书柜通常可以存储150本左右的图书，读者只要通过身份证或微信认证就能借还图书，在各自的书柜体系中可以通借通还，政府通过购买专项服务的形式，可以省却图书加工、资产管理、配备人员等环节，实现图书服务点的快速布局，成为现行公共图书馆服务体系的延伸与补充。

（四）丰富公共文化服务资源供给

各区将提升基层服务能力作为重点，通过各类资源的"下沉"式输送和流动，带动了社区文化活动中心，尤其是居（村）综合文化活动室的建设。杨浦区通过文化资源菜单式配送平台，将"我的小书房""欧洲之窗""行走杨浦"等品牌项目活动输送到基层服务点，丰富了基层服务的内容。浦东新区根据街道（乡镇）文化特点下沉服务资源，与陆家嘴、洋泾、三林街道共育品牌，合力打造金融、航运、民俗主题图书馆，受到白领人士等不同需求人群的欢迎。长宁区联合"樊登读书会"、"阿基米德传媒"、学校图书馆、书店、街道白领服务点以及街道图书馆和居民区图书室等32家成员单位，成立天山路街道阅读联盟，借助"知识服务大篷车"在机关单位、商圈楼宇、敬老院、部队干休所设立服务点，与社会力量协作推广全民阅读，助推文旅公共服务融合发展。金山区挖掘出一批来自社会各个领域的领读人，以此开展了金山区"领读人计划"，孵化一批基层读书社群，将更多的阅读活动延伸到基层、延伸到每一个家庭。

通过总分馆制建设，数字资源得到迅速下沉，提升了基层的公共文化服务效能。徐汇区图书馆推进落实了辖区内各街道（乡镇）分馆"一机一盒一平台"（数字阅读机、数字资源机顶盒和图书自助借还平台）建设，完成对区域内211家居村综合文化活动室"文化云盒"点位铺设，实现图书数字资源共享，确保分馆提供与总馆水平相当的基本服务。静安区图书馆在馆外建设了9座24小时自助图书馆，并通过智能移动阅读平台，把电子书刊、有声读物、视频节目等数字资源链接至40家分馆和基层服务点。长宁区图书馆开通了电子资源远程访问平台，将200万册电子书通过区级平台与基层馆共享，以实现资源利用最大化。奉贤区图书馆通过开发微服务系统平台，为区域内微图书馆、微书屋等基层服务点搭建起网络服务平台，为实现基层服务点的通借通还功能打下了基础。青浦区图书馆以"云+端"模式构建起移动阅读平台，为读者随时随地通过WIFI渠道在各类移动客户端上享受阅读服务创造了便利条件。

（五）挖掘区域特色助推文旅融合

总分馆制建设中，各区总馆积极指导各分馆围绕区域特点建设特色馆藏、提供特色服务；推动各分馆之间的经验交流和分享，优化城市文献布局，完善服务体系，实现差异化发展。虹口区图书馆指导各街道分馆依托地理位置、人文特色、社区资源等优势，因地制宜进行"一馆一特色"品牌创建，引导市民深入了解地方特色，全方位品读城市人文内涵。金山区图书馆挖掘地方特色文化，打造"一书一剧一馆"的阅读体验活动，将金山特有的历史文化遗产资源下沉到分馆，缓解了分馆及服务点资源不足的问题。宝山区图书馆与庙行镇图书馆合力建设陈伯吹少儿图书馆，打造本地少儿阅读特色服务，并与大场镇图书馆共同打造"行知读书会"服务点，发扬陶行知教育理念。静安区图书馆投入专项基金建设艺术分馆，打造一个集保存、阅览、展示、创造于一体的多功能空间。

青浦区图书馆·水上图书馆朝霞

摄影 万建初

三 | 问题与思考

（一）政府保障机制亟须完善

1. 图书馆地方立法有待提速

《中华人民共和国公共图书馆法》的研究制定始于2008年年初，历经10年，于2018年1月1日起施行，作为公共文化领域又一重要法律，具有划时代的里程碑意义。纵观全国，在公共图书馆服务和管理方面，至今已先后出台了7部地方性立法和10部地方政府规章。上海市于1996年出台的《上海市公共图书馆管理办法》，是全国最早出台的有关图书馆管理的地方政府规章，最近一次修订在2015年。而全球范围内，世界主要国家和地区在图书馆地方立法方面，不仅拥有量的优势，而且还具备质的水平。截至2010年，俄罗斯共有84个俄联邦主体颁布了图书馆法规；截至目前，美国的50个州和1个直辖特区都颁布了本辖区的图书馆法，主要以州立法的形式规定了图书馆设立的资格、董事会的权利、免费开放政策、民主决策管理等内容。

上海作为长三角城市群的龙头城市，应当加快法律层面和制度层面的顶层设计，尽快出台适应当前图书馆转型发展的地方性法规，立足公共文化服务体系建设，增强跨部门图书馆协同合作，加速各类图书馆数字化转型，通过立法手段实现制度设计，在保障公众权益理念、明确政府保障责任、量化政府保障标准、实现总分馆制创新等多方面体现先进性，打造具有海派特色的图书馆服务"联合品牌"，推动上海地区图书馆服务体系高质量发展。

表2.4 我国公共图书馆相关地方性法规及政府规章情况

地区	实施日期	立法名称	现行有效条款数	立法性质
广东省深圳市	1997年10月1日	《深圳经济特区公共图书馆条例》（试行）	已被修改	地方性法规
广东省深圳市	2019年9月5日	《深圳经济特区公共图书馆条例（2019修正）》	38	地方性法规
内蒙古自治区	2000年8月6日	《内蒙古自治区公共图书馆管理条例》	34	地方性法规
湖北省	2001年10月1日	《湖北省公共图书馆条例》	23	地方性法规
北京市	2002年11月1日	《北京市图书馆条例》	部分失效	地方性法规
四川省	2013年10月1日	《四川省公共图书馆条例》	46	地方性法规
广东省广州市	2015年5月1日	《广州市公共图书馆条例》（2020修正）	58	地方性法规
贵州省	2021年1月1日	《贵州省公共图书馆条例》	53	地方性法规
上海市	1997年1月1日	《上海市公共图书馆管理办法》	已被修改	政府规章
上海市	2003年3月1日	《上海市公共图书馆管理办法》（2002修正）	已被修改	政府规章
上海市	2004年7月1日	《上海市公共图书馆管理办法》（2004修正）	已被修改	政府规章
上海市	2010年12月20日	《上海市公共图书馆管理办法》（2010修正）	已被修改	政府规章
上海市	2015年5月22日	《上海市公共图书馆管理办法》（2015修正）	39	政府规章
河南省	2002年9月1日	《河南省公共图书馆管理办法》	28	政府规章
广西壮族自治区	2002年11月15日	《广西壮族自治区公共图书馆管理办法》	34	政府规章
浙江省	2003年10月1日	《浙江省公共图书馆管理办法》	34	政府规章
新疆维吾尔自治区乌鲁木齐市	2008年5月1日	《乌鲁木齐市公共图书馆管理办法》	40	政府规章
山东省	2009年6月1日	《山东省公共图书馆管理办法》	27	政府规章
江苏省	2009年7月1日	《江苏省公共图书馆管理办法（征求意见稿）》	36	政府规章
广东省东莞市	2017年3月1日	《东莞市公共图书馆管理办法》	57	政府规章
重庆市	2017年9月4日	《重庆市公共图书馆管理办法》	39	政府规章
广东省佛山市	2021年5月1日	《佛山市公共图书馆管理办法》	58	政府规章

资料来源：各地区人民政府及司法局门户网站http://www.pkulaw.cn/。

2. 服务、保障标准有待细化

上海市公共图书馆的发展仍存在一定程度的不均衡性，尤其在硬件设施、经费保障、人员配备、服务能级等方面存在较大差距。在硬件设施方面，闵行区江川图书馆规划面积达1.6万平方米，而最小的街道（乡镇）级图书馆实际使用房屋建筑面积仅126平方米。购书经费方面，目前仅《上海市基本公共文化服务目录清单》有年均人均新增馆藏量不少于0.1册/件的要求，但对于单馆的规范约束力相对较弱。在从业人员的配置方面，现行的行业标准中"每服务人口10 000~20 000人应配备1名工作人员"的标准设定比较多考虑中西部地区的客观情况，虽然也提出应以图书馆功能、馆藏规模、馆舍面积、服务范围及服务人口等因素为确定依据，但不具备可操作性。目前各级公共图书馆从业人员普遍存在队伍不稳定、专业水平不高的问题；特别是街道（乡镇）级图书馆，从业人员中有事业编制、有社工，还有招聘的临时用工人员，由于缺少编制额度、缺乏资质要求、没有职称评定，导致基层图书馆从业人员的配置存在较大随意性，且待遇差距较大，无法引进和留住专业人才。在业务推进方面，《公共文化服务保障法》中第三十一条明确指出，"公共文化设施开放或提供培训服务等收取费用的，应当报经县级以上人民政府有关部门批准；收取费用，应当用于公共文化设施的维护、管理和事业发展，不得挪作他用。"但在实际运营中，相关法律、法规及服务标准缺乏服务项目、收费标准、报备流程等公益性收费机制的表述，相关配套文件的缺位导致图书馆在押金、逾期费、赔偿及增值服务等项目的收费管理上缺乏共识和明确的执行路径。

杨浦图书馆

（二）服务供给能力有待提升

图书馆硬件设施更新的迟滞与市民日趋多元、个性、时尚化的公共阅读空间需求不相适应。相关统计数据显示，街道（乡镇）级图书馆所在的社区文化活动中心，建设及使用20年以上的有14个，建设及使用10~19年的有172个，两者合计占84.5%[①]，有些甚至从建成后就没有进行过更新维护，设施使用年限长导致安全隐患及功能老旧等情况突出。

针对青少年、老人和残障群体特殊需求的空间、馆藏资源比较有限。截至2020年底，49.8%的街道（乡镇）级图书馆少年儿童阅读空间不足100平方米，且大部分没有独立少儿借阅空间；仍有40家街道（乡镇）级图书馆尚未开通少儿"一卡通"功能，主要集中在崇明、松江和浦东南汇地区。目前在上海市中心图书馆"一卡通"体系内，可以检索到的、适合老人及视障读者的大字版资料总计1 428种、近6 000册，主要集中于上海图书馆与各区级图书馆，而作为服务社区老年群体主阵地的街道（乡镇）级图书馆总计仅有不到400册的零星馆藏。

街道（乡镇）级图书馆作为基层枢纽作用的能力有待提升。在面向四级居村数字阅读和活动资源供给方面，大部分依靠市、区两级的配送内容，依靠分馆自身整合资源向下辐射的能力尚显不足。

（三）区域发展不平衡尚待破冰

公共图书馆的办馆主体是政府，各级政府对公共图书馆的经费投入水平和重视程度都是影响本地区图书馆事业发展的重要因素。[②]一方面，上海市各区之间以及区域体系内的街道、乡镇之间经济发展水平存在差异，这种不平衡直接表现在图书馆的经费保障、人力资源投入等方面。以经费投入为例，上海市街道（乡镇）级图书馆馆均购书经费最高的区达35.81万元，最低的区馆均6.04万元，相差近6倍；个别街道（乡镇）馆的经费只能保障工作人员的工资，读者活动等其他服务难以开展，图书更新率甚至为零，与当前数字化转型、高质量发展的时代要求背道而驰，严重制约了行业的整体发展。另一方面，各级政府对于公共图书馆的重视程度

---

① 上海市公共文化服务工作联席会议办公室，上海市文化和旅游局.《公共文化服务高质量发展背景下的社区文化活动中心更新与提升计划研究问卷调研分析报告》[R]. 2020年8月。
② 吴昊. 县域公共图书馆体系化建设现状、问题与对策——以广东省为例[J]. 图书馆研究与工作. 2020（9）：5-10。

也直接影响地区公共图书馆的建设水平、发展速度和服务效能。在区级总分馆建设方面，以嘉定、徐汇、长宁、静安、崇明、青浦、奉贤等区为代表，不仅将图书馆总分馆制建设列入年度工作重点项目或国家公共文化服务体系示范区创建，同时由区文化局牵头，联合区发改委和区财政局印发推进区图书馆总分馆制建设的实施意见、实施方案等文件，合力研究解决资源整合、阅读活动配送等一系列重大问题，实现优质资源向基层倾斜和延伸。

（四）总分馆管理权责亟待破题

在目前各级财政分灶吃饭的大背景下，现有的图书馆总分馆服务体系多属于松散型的总分馆制，上海图书馆与区级总馆承担了全市和区域性的业务政策制定、系统开发运维及服务统筹规划的职责，而人、财、物、绩效考核等则仍由各级政府主导。从严格意义上来说，市、区、街道（乡镇）级图书馆并不具有上下级行政关系，各级馆之间只有业务服务和工作指导关系，区级总馆在人权、事权方面的话语权非常薄弱。这种责权分离的情况，会导致区总馆有心无力，既不利于基层图书馆的资源配置，也不利于业务的统筹管理。以深圳市宝安、龙岗、罗湖、盐田和佛山市禅城区为代表的广东省多个城区在这一轮的服务体系建设中积极探索推行紧密型垂直总分馆制，[1]即区总馆对分馆行使统一的人事、财务、资源及业务管理权，分馆馆长任命委派、运作经费等均由总馆负责统筹安排，这一变革彻底改变了目前街道分馆多头管理、"谁都管"又"谁都不管"的局面。[2]

上海虽然未能在人、财、物统一方面形成由点及面的机制突破，但也涌现出如浦东图书馆、徐汇区图书馆、黄浦区明复图书馆、嘉定区图书馆等一批勇立潮头的区级总馆。浦东图书馆与三林镇地方政府达成合作，在建设浦东图书馆三林懿德科艺主题分馆的同时，承担了社区文化活动中心的整体运营，开创了图书馆承接社区文化活动中心全委托运营之先河，也间接实现了总分馆人事、财务、资源的垂直管理。徐汇区图书馆和黄浦区明复图书馆借助闭馆装修的契机，将业务骨干派驻下辖分馆，加强阵地服务指导、提升资源共建共享、推进阅读活动联动、形成示范效应。嘉定区图书馆则为每一个"我嘉书房"配置一名专业馆员，负责场馆的业务咨

---

[1] 方玲. 县区级公共图书馆垂直总分馆建设实践与思考———以深圳市宝安区图书馆为例[J]. 图书馆界. 2021（1）：47-51.
[2] 张岩. 新时期公共图书馆事业亟待加强的四个领域[J]. 国家图书馆学刊. 2019（5）：80-88.

询、运行规划、总分馆辅导等内容，进一步推进公共图书馆服务的均等化发展。

随着党群服务中心、新时代文明实践中心先后提出市、区、街道（乡镇）、居（村）四级全覆盖的建设规划，社区文化活动中心作为文化条线与市民连接最为密切的空间阵地，成为党群服务中心、新时代文明实践中心在基层的重要载体，机构变革呼之欲出，机遇与挑战并存。党群服务中心、新时代文明实践中心、政务服务中心与社区文化活动中心的多中心融合发展，已经初步实现了"我中有你、你中有我"。嘉定区菊园新区社区就是其中的典范，由社区党群服务中心融合新时代文明实践分中心、社区文化活动中心、社区卫生服务中心、生活服务中心（我嘉餐厅、我嘉生活馆）、社区事务受理服务中心等，合力打造集政治引领、文明实践、卫生健康、文化服务、事务办理、人才服务于一体，融合共促的党群服务"核心功能圈"。在这一格局下，中心的独立事业法人地位得以巩固，管理人员编制得以保证，在一定程度上解决了社区文化活动中心多元建制、编制不足的问题；但同时，街道（乡镇）级图书馆从社区文化活动中心的独立部门演变为服务功能模块，区总馆与街道（乡镇）分馆的联系需要跨越更多的管理层级，对于阅读资源的区域统筹、流通服务的标准均等、专业服务的数字化转型带来了更大的协调难度。

（五）社会纽带作用有待加强

公共图书馆作为人们寻求知识的重要渠道之一，为个人和社会群体进行终身教育、自主决策和文化发展提供基本条件，它提供的不仅是空间、资源和服务，还应具有公共平台的纽带作用。在目前的实践中，上海的市、区级图书馆尚未出现全委托运营的情况，阅读推广活动、物业保安保洁、信息系统开发维护是市、区级图书馆中社会化专业化程度比较高的三个领域；相对而言，图书上架、文献编目加工、图书流通等图书馆传统业务的社会化程度则相对较低。由于具备一定资质和条件的优质社会主体数量比较有限，服务能力参差不齐，基层图书馆委托社会主体参与运营管理时，面临着"水土不服"的情况，如对区域内市民需求缺乏了解、与社区方面难以协调沟通等问题；部分街道（乡镇）负责人或对社会主体参与公共文化服务存在顾虑、扶持力度不够，或对服务目的、标准、规范、效果等缺乏全流程监督管理，一定程度上影响了社会主体与区域服务体系的融合。与政府购买公共服务不同，公共图书馆应该围绕各种公益目标凝聚各个领域、各类人群，以及一切有志于阅读推广的力量加入，这种合作不单纯是"合同买卖"关系，更是一种建立在共同目标与价值追求层面的"伙伴"关系，只有深入交流与磨合，才能凝聚共识、相伴同行。

四 | 建议与对策

习近平总书记在考察上海时指出,"人民城市人民建,人民城市为人民",要推动城市治理的重心和配套资源向街道社区下沉,要推进服务供给精细化,就要找准服务群众的切入点和着力点,对接群众需求实施服务供给侧改革,办好一件件民生实事。街道(乡镇)级图书馆作为公共图书馆的第三级服务网络,是构建覆盖城乡公共文化服务体系中的重要一环,其基数庞大且承担着向第四级基层服务点网络延伸的重要职责,作用和地位都不容忽视。未来,随着上海市公共图书馆服务体系内涵式发展的持续深入,各级图书馆要致力于全民阅读生态圈建设,密织一张"阅读无处不在"的公共文化服务网络,为城市发展赋能,激活城市活力,展现城市魅力,进一步彰显出卓越的城市文化软实力,更好地向世界展示上海国际大都市的风貌与品质。

(一)科学制定标准,增强发展动力

针对现有体系中各级图书馆分属不同建设主体的现象,应适时推进制定针对全市公共图书馆事业健康发展的地方性法规,着重政府保障责任、公共图书馆管理体制和运行机制、要素投入指标设计等方面的顶层设计。定期开展街道(乡镇)级图书馆评估,确立"以评促建、以评促改、以评促优"的原则,进一步优化评估指标,合理调整软硬件的分值比重,在保障投入的基础上重内涵建设,充分评价公共图书馆服务效率,满足文化需求。探索评估机制建设,引入第三方、邀请专家学者、读者代表共同参与评估,实现评估主体的多元化,真正从用户的角度来考察评判图书馆评估的内容和质量。建立激励机制,通过多渠道加强宣传获得示范馆荣誉的图书馆,弘扬它们先进的工作理念和成功经验,树立示范效应,为街道(乡镇)馆事业的可持续发展注入动力。

（二）完善培训制度，提高人员素养

发挥行业组织作用，进一步强化市、区两级培训指导职能分工，规范服务岗位配置，加强资源采访、阅读推广、新技术应用、流通服务创新等核心专业能力培育；实施在岗人员轮训和新增人员上岗培训；为中青年业务、学术骨干提供横向交流平台，以适应新时代全民阅读推广要求。在疫情常态化防控形势下，丰富岗位培训形式，推动系列"秒懂慕课"制作，以线上+线下的方式帮助馆员便捷、灵活地选择培训方式，完善区域总分馆体系内的实地带教培训机制建设，切实有效地解决当前基层图书馆人员流动性大、专业素养缺失的实际问题。

（三）重视空间再造，更新服务意识

"服务转型"和"服务创新"是图书馆实现空间再造过程中所秉持的核心理念，街道（乡镇）级图书馆要主动适应信息时代的发展要求，在有限的物理空间内强化功能，突破图书馆传统服务的边界，重新开发和利用闲置的空间资源，进行空间再造与功能重组。着力功能的调整与提升，在关注弱势群体的同时，兼顾不同年龄阶层人群的阅读需求，赋予基层图书馆以新的活力和能量。积极参与多中心共建共享融合发展，街道（乡镇）级图书馆要突破原中心的"条块分割"运作模式，提高文教、文旅、文体、文科、文商等的融合度，汇聚包括工会、共青团、妇联和教育、民政、科技等各系统的各类公共文化服务资源和力量。借力志愿服务平台，反哺公共文化服务，增强社区知识群众的凝聚力，将街道（乡镇）级图书馆打造成为社区读书学习阵地、人际交流合作乐园。

（四）借力数字赋能，提升服务能级

加强数字化资源的整合和利用，积极与市、区"文化云"及各类新媒体平台无缝对接，整合体系内优质原创推文，推进市、区、街道（乡镇）三级全媒体平台联动，实现市、区图书馆的各类数字资源下沉互通。完善一网通办"随申码"、社保卡、读者证二维码、电子学生证等图书馆应用全覆盖，通过数字赋能、智慧赋能，弥补因资源匮乏而造成街道（乡镇）级图书馆服务能力不足的现状。

（五）盘活社会资源，促进合作共赢

发挥区域公共图书馆总分馆体系中的枢纽节点作用，加强对有公益服务思想、有创新精神、有资源整合能力的社会主体的培育和扶持，或将阅读推广活动也纳入市、区两级活动配送平台,或通过项目化申请财政补助,进一步盘活服务、做增量,吸引社会力量积极参与全民阅读体系的建设和投入。加大对区域群体特点和阅读需求的调研力度,及时调整馆藏结构与活动内容,提供精准化的阅读服务,实现供需有效对接。基于自身资源优势找准抓手,用主题引领高质量发展,形成"一街镇一特色"百花齐放的主题馆模式,探索"效率+成本+资源禀赋"四级网格,构建层次更为丰富的城市阅读体系。从供给和需求两个纬度健全阅读服务征询与反馈机制,借力市、区级图书馆的理事会制度、街道(乡镇)层面的"议事会"制度,结合市文明办开展的年度文明行业测评,鼓励和引导社区群众参与公共阅读服务管理和民主自治;借力行业组织,完善风险防控、绩效管理、项目监督等标准化建设,有效解决社会力量参与建设的动力机制、准入机制、退出机制等问题,实现文化惠民的可持续性发展。

(六)鼓励有为有位,树立行业标杆

善于发现在街道(乡镇)级图书馆发展中敢于创新、积极拓展的领军人物,提供"走出去,请进来"的人才交流平台和机制,进一步拓宽馆员工作视野。善于总结成功经验,弘扬先进,树立典型,用"感情留人",用"编制待遇留人",增强基层图书馆员工的职业的向心力与归属感。

撰稿人	赵彦静,上海市杨浦区图书馆,副馆长,馆员。 研究方向:公共图书馆阅读推广。

第三章
资源建设

随着全媒体时代的到来，源自信息和知识开放、多向、交互的方式和特点，社会信息需求从内容到形式发生了颠覆式的变化，传统图书馆的信息资源建设模式，已经跟不上全媒体时代的发展步伐，需要从结构上进行变革和转型。更新信息资源建设理念、寻找新的对策和思路，成为图书馆亟须解决的问题。本年度的资源建设报告，主要从购置经费、新增藏量以及馆藏情况等三个方面进行总结。

一 | 购置经费

（一）购书专项经费总体情况

2020年，上海市、区、街道（乡镇）公共图书馆购书专项经费总额达24 369.4万元，比2019年减少8%。其中，上海图书馆和上海少年儿童图书馆由市级财政支持；区级财政支持的区级图书馆共计21家，馆均购书专项经费为369万元；街道（乡镇）级图书馆215家，馆均购书专项经费为13.23万元，跌幅为14.4%。

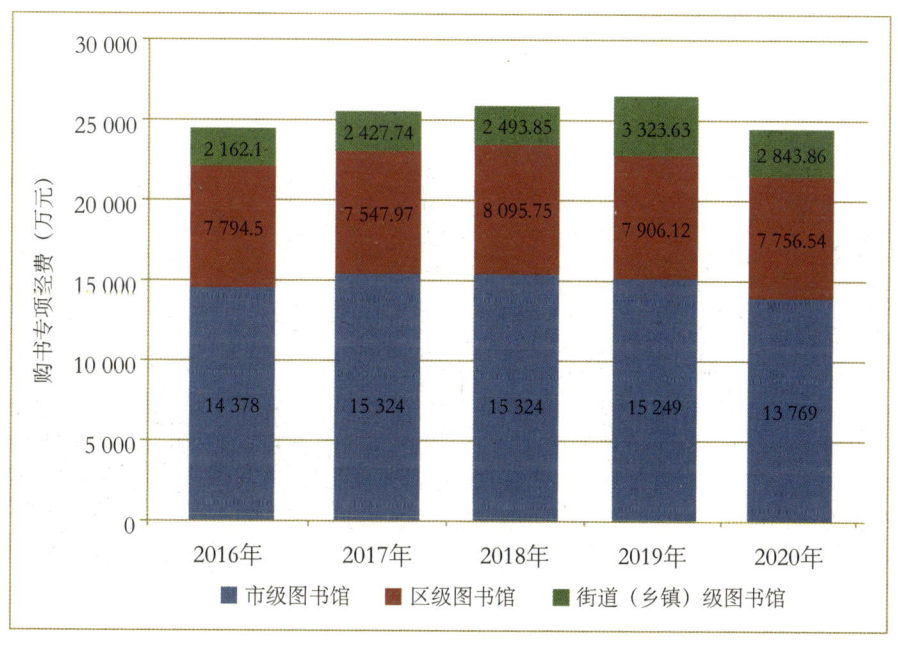

图3.1　2016—2020年上海市公共图书馆购书专项经费变动情况

资料来源：上海市图书馆行业协会。

（二）市级图书馆购书专项经费情况

2020年市级图书馆合计经费13 769万元，比2019年减少9.7%；上海少年儿童图书馆购书专项经费横向比较增幅明显，达到7.6%，而上海图书馆则有一定下降。

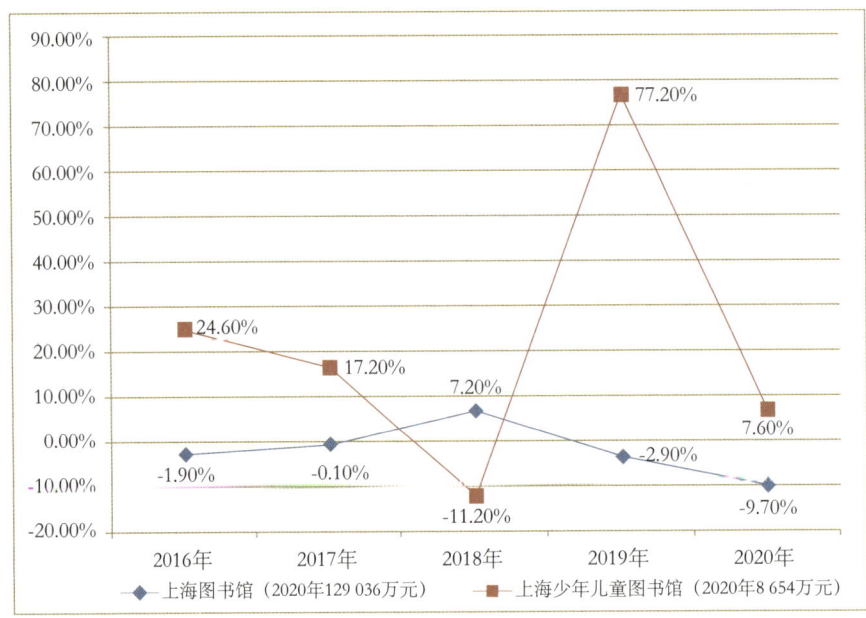

图3.2　2016—2020年上海市市级公共图书馆购书专项经费变化幅度

资料来源：上海市图书馆行业协会。

奉贤区青村镇钱桥城市书屋

（三）区级图书馆购书专项经费情况

2020年，上海市区级图书馆购书专项经费合计达7 756.5万元，同比微降1.9%；区级图书馆新增藏量购置费合计达5 680.9万元，新增数字资源购置费达1 296.3万元。

表3.1　2020年上海市区级公共图书馆购置经费情况

单位名称	单位数（个）	购书专项经费（万元）	新增藏量购置费（万元）	新增数字资源购置费（万元）
上海市黄浦区图书馆	1	200.0	200.0	57.7
上海市黄浦区明复图书馆	1	219.9	111.2	98.5
上海市徐汇区图书馆	1	322.5	206.4	82.6
上海市长宁区图书馆	1	298.0	265.9	23.7
上海市长宁区少年儿童图书馆	1	105.0	65.0	26.0
上海市静安区图书馆	1	760.0	499.6	139.9
上海市静安区闸北少年儿童图书馆	1	30.0	30.0	4.0
上海市普陀区图书馆	1	241.2	140.4	74.6
上海市普陀区少年儿童图书馆	1	32.0	25.0	2.9
上海市虹口区图书馆	1	245.0	164.0	30.0
上海市杨浦区图书馆	1	516.0	423.0	117.0
上海市闵行区图书馆	1	506.0	285.0	0.0
上海市宝山区图书馆	1	611.4	427.9	135.2
上海市嘉定区图书馆	1	534.6	341.7	17.0
上海市浦东图书馆	1	1 500.0	1 019.1	242.0
上海市浦东新区新川沙图书馆	1	88.6	51.8	25.3
上海市金山区图书馆	1	209.0	137.8	48.0
上海市松江区图书馆	1	450.0	513.8	49.9
上海市青浦区图书馆	1	349.3	279.8	69.5
上海市奉贤区图书馆	1	300.0	255.5	50.0
上海市崇明区图书馆	1	238.0	238.0	2.5
区级图书馆合计	**21**	**7 756.5**	**5 680.9**	**1 296.3**

资料来源：上海市图书馆行业协会。

2020年度，年文献购置经费小于50万元的皆为独立建制的区级少儿馆，11家区级图书馆文献购置经费集中于200万至500万之间；5家图书馆位于500万至1 000万之间。

表3.2 2020年上海市区级公共图书馆文献购置经费分布

年度文献购置经费[①]（万元）	单位数（个）	百分比（%）	向上累积百分比（%）
＜50	2	9.5	9.5
50~100	1	4.8	14.3
100~150	1	4.8	19.0
150~200	0	0.0	19.0
200~500	11	52.4	71.4
500~1 000	5	23.8	95.2
≥1 000	1	4.8	100.0

数据说明：① 下限包含，上限不包含。

奉贤区图书馆

（四）街道（乡镇）级图书馆购书专项经费情况

2020年度各区街道（乡镇）级图书馆合计经费2 843.86万元，同比减少25.3%。街道（乡镇）馆图书购置经费位居前五位的分别是闵行区、浦东新区、嘉定区、宝山区和徐汇区，经费最大值为465.57万元，最小值为67.23万元。

表3.3　2020年上海市街道（乡镇）级公共图书馆购书专项经费情况

所属区名	街道（乡镇）级图书馆数（个）	购置经费总额（万元）	馆均购置经费（万元）
黄浦区	10	81.80	8.18
徐汇区	13	176.50	13.58
长宁区	10	123.05	12.31
静安区	14	143.38	10.24
普陀区	10	94.94	9.49
虹口区	8	75.19	9.40
杨浦区	12	126.60	10.55
闵行区	13	465.57	35.81
宝山区	12	185.94	15.50
嘉定区	12	366.44	30.54
浦东新区	36	420.62	11.68
金山区	11	67.23	6.11
松江区	17	114.70	6.75
青浦区	11	156.70	14.25
奉贤区	8	136.50	17.06
崇明区	18	108.70	6.04

资料来源：上海市图书馆行业协会。

二 | 新增藏量[①]

（一）购书专项经费总体情况

2020年，全市新增文献馆藏239.42万册/件，其中市级图书馆新增藏量45.95万册/件，较2019年略有下降；区级图书馆馆均新增5.33万册/件，比2019年减少13.8%；街道（乡镇）级图书馆2020年新增藏量馆均0.38万册/件，比2019年减少25%。

表3.4　2020年上海市公共图书馆新增藏量情况

单位名称	单位数（个）	本年度新增藏量[①]（万册/件）
上海市合计	238	239.42
市级图书馆合计	2	45.95
上海图书馆（上海科学技术情报研究所）	1	17.4
上海少年儿童图书馆	1	28.55
区级图书馆合计	21	111.97
上海市黄浦区图书馆	1	0.18
上海市黄浦区明复图书馆	1	2.5
上海市徐汇区图书馆	1	4.24
上海市长宁区图书馆	1	7.35
上海市长宁区少年儿童图书馆	1	1.71
上海市静安区图书馆	1	6.41

---

① 本节中提到的新增藏量仅指2020年度各馆新增的文献馆藏。

(续表)

单位名称	单位数（个）	本年度新增藏量（万册/件）
上海市静安区闸北少年儿童图书馆	1	0.44
上海市普陀区图书馆	1	2.66
上海市普陀区少年儿童图书馆	1	0.91
上海市虹口区图书馆	1	3.89
上海市杨浦区图书馆	1	5.19
上海市闵行区图书馆	1	6.5
上海市宝山区图书馆	1	15.24
上海市嘉定区图书馆	1	8.15
上海市浦东图书馆	1	20.5
上海市浦东新区新川沙图书馆	1	1.42
上海市金山区图书馆	1	1.49
上海市松江区图书馆	1	10.67
上海市青浦区图书馆	1	5.44
上海市奉贤区图书馆	1	5.11
上海市崇明区图书馆	1	1.97
街道（乡镇）级图书馆合计	**215**	**81.5**

资料来源：上海市图书馆行业协会。

三 | 馆藏情况

本年度报告中馆藏情况统计分为文献馆藏和数字资源馆藏，文献馆藏指数字资源之外的传统馆藏，包括图书、期刊、报纸、缩微制品、录像录音光盘等视听资料、手稿等载体形式的文献，不包含电子文献。

（一）文献馆藏情况

1. 图书馆文献总藏量

2020年，上海市文献馆藏总计达9 184.15万册/件，人均馆藏拥有量达3.69册/件，其中人均图书拥有量达1.91册。

表3.5　2020年上海市公共图书馆文献馆藏总体情况

单位名称	单位数（个）	总藏量（万册/件）	按馆藏类型分				按服务对象分	
			图书（万册）	古籍（万册）	报刊（万件）	视听文献（万件/套）	盲文图书（万册）	少儿文献（万册）
上海市合计	238	9 184.15	4 743.98	199.81	399.97	121.6	1.98	693.35
市级图书馆合计	2	5 834.82	1 688.82	192.23	370.46	39.28	0.72	128.27
区级图书馆合计	21	2 217.95	2 077.88	7.58	29.51	82.32	1.26	340.56
街道（乡镇）图书馆合计	215	1 131.38	977.28	——	——	——	——	224.52

资料来源：上海市图书馆行业协会。

市级馆总藏量为5 834.82万册/件；其中，上海图书馆的家谱、化学化工文献资源、会议录文献资源、地图文献资源、专利文献资源、年鉴名录文献资源等的各类馆藏都形成了一定的规模。

表3.6 2020年上海市市级公共图书馆文献馆藏情况

单位名称	总藏量 （万册/件）	按馆藏类型分				按服务对象分	
		图书 （万册）	古籍 （万册）	报刊 （万件）	视听文献 （万件/套）	盲文图书 （万册）	少儿文献 （万册）
上海图书馆 （上海科学技术 情报研究所）	5 695.44	1 564.23	192.23	368.60	26.35	0.67	3.64
上海少年儿童图 书馆	139.38	124.59	0.00	1.86	12.93	0.05	124.63
合计	5 834.82	1 688.82	192.23	370.46	39.28	0.72	128.27

资料来源：上海市图书馆行业协会。

2020年，区级图书馆总计21家，总藏量为2 217.95万册/件，平均每家区级图书馆拥有105.6万册/件馆藏。其中图书藏量超过100万册的6家，80万~100万册的5家，60万~80万册的4家，低于60万册的6家。

表3.7 2020年上海市区级公共图书馆文献馆藏情况

单位名称	总藏量 （万册/件）	按馆藏类型分				按服务对象分	
		图书 （万册）	古籍 （万册）	报刊① （万件）	视听文献 （万件/套）	盲文图书 （万册）	少儿文献 （万册）
上海市黄浦区 图书馆	136.28	119.78	0.00	0.04	16.47	0.01	7.73
上海市黄浦区 明复图书馆	55.69	44.77	1.26	0.61	9.05	0.00	0.39
上海市徐汇区 图书馆	89.22	88.51	0.00	0.00	0.71	0.21	0.95
上海市长宁区 图书馆	78.48	76.99	0.03	0.04	1.42	0.02	8.05
上海市长宁区少 年儿童图书馆	50.76	39.81	0.00	0.00	1.11	0.06	39.75
上海市静安区 图书馆	110.79	97.55	0.00	1.37	4.53	0.07	14.61
上海市静安区 闸北少年儿童 图书馆	8.37	7.89	0.00	0.02	0.46	0.00	4.38
上海市普陀区 图书馆	76.80	74.22	0.00	1.40	1.18	0.00	7.69

（续表）

单位名称	总藏量（万册/件）	按馆藏类型分				按服务对象分	
		图书（万册）	古籍（万册）	报刊①（万件）	视听文献（万件/套）	盲文图书（万册）	少儿文献（万册）
上海市普陀区少年儿童图书馆	33.43	23.79	0.00	0.00	9.64	0.00	23.79
上海市虹口区图书馆	126.37	122.80	0.21	0.03	2.26	0.01	11.28
上海市杨浦区图书馆	140.07	134.63	0.00	0.00	5.32	0.06	26.01
上海市闵行区图书馆	152.94	150.56	1.01	0.56	0.81	0.08	19.92
上海市宝山区图书馆	99.20	93.42	1.20	3.02	1.13	0.01	20.87
上海市嘉定区图书馆	147.85	143.18	0.63	2.93	1.11	0.03	19.20
上海市浦东图书馆	472.33	441.97	0.00	13.41	16.95	0.43	53.73
上海市浦东新区新川沙图书馆	49.49	49.08	0.00	0.00	0.42	0.00	19.06
上海市金山区图书馆	48.64	44.74	0.92	1.26	1.73	0.02	3.89
上海市松江区图书馆	90.62	86.91	0.00	0.39	1.41	0.09	22.82
上海市青浦区图书馆	75.44	71.90	0.03	1.82	1.69	0.05	19.27
上海市奉贤区图书馆	96.13	91.81	0.01	0.17	4.14	0.10	12.13
上海市崇明区图书馆	79.05	73.56	2.28	2.44	0.78	0.01	5.04
合计	2 217.95	2 077.88	7.58	29.51	82.32	1.26	340.56

数据说明：① 按馆藏类型划分的报刊，指刊登当前事件的专题或综合新闻，每周至少出版一张并按年、月、日顺序或按编号排列的连续出版物；或指同一刊名下，按顺序号或按年、月、日出版的定期或不定期的连续出版物。包括报纸和期刊，按合订本计算，一个合订本为一件。报纸（日报、周报等）统一按月统计为册，如一种报纸一年计12件。由于部分区级图书馆不具备报刊典藏的条件和功能，因此各馆填报的报刊馆藏数量普遍较少，该数据并未体现各馆采购的、用于阅览或外借服务的报刊数量。报刊订购的种类数计划在下一年度的报告中予以揭示。

资料来源：上海市图书馆行业协会。

2020年度，上海市街道（乡镇）级图书馆总藏量为1 131.38万册/件，平均每个街道（乡镇）馆拥有5.26万册/件文献馆藏。各区街道（乡镇）馆馆藏总量排名前五位的分别是浦东新区、嘉定区、奉贤区、宝山区和闵行区。

表3.8　2020年上海市街道（乡镇）公共图书馆文献馆藏情况

所属区名	下属街道（乡镇）馆数量（个）	总藏量（万册/件）	按馆藏类型分 图书（万册）	按服务对象分 少儿文献（万册）
黄浦区	10	37.18	35.63	7.19
徐汇区	13	62.32	61.58	11.50
长宁区	10	53.07	50.13	9.90
静安区	14	65.96	60.53	11.52
普陀区	10	56.17	47.90	9.28
虹口区	8	31.21	27.08	5.31
杨浦区	12	66.54	57.80	12.57
闵行区	13	73.73	61.18	16.21
宝山区	12	73.87	65.02	20.25
嘉定区	12	116.65	99.30	26.08
浦东新区	36	228.63	211.07	48.46
金山区	11	49.16	40.32	5.87
松江区	17	47.39	40.46	12.87
青浦区	11	56.62	51.32	12.10
奉贤区	8	88.95	44.03	10.51
崇明区	18	23.93	23.93	4.90
合计	215	1 131.38	977.28	224.52

资料来源：上海市图书馆行业协会。

2."一卡通"文献馆藏

上海市中心图书馆"一卡通"体系内的馆藏资源（以下简称"一卡通"文献），此类文献的所有权分属于上海市中心图书馆各成员馆，但可以在全市范围内实现通借通还。

本节中提及的"一卡通"文献馆藏是按条码数量进行统计的馆藏，包含中外文图书、期刊、电子阅读器及音像制品，与上一节中提到的文献馆藏略有差别。

表3.9 2020年上海市"一卡通"文献馆藏情况

单位名称	单位数（个）	总藏量（万册）	"一卡通"文献藏量（万册）	"一卡通"占总藏量比重（%）
上海市合计	238	9 184.15	3 363.99	36.6
市级图书馆合计	2	5 834.82	984.64	16.9
上海图书馆（上海科学技术情报研究所）	1	5 695.44	923.83	16.2
上海少年儿童图书馆	1	139.38	60.81	43.6
区级图书馆合计	21	2 217.95	1 365.1	61.5
上海市黄浦区图书馆	1	136.28	27.48	20.2
上海市黄浦区明复图书馆	1	55.69	24.76	44.5
上海市徐汇区图书馆	1	89.22	64.85	72.7
上海市长宁区图书馆	1	78.48	45.98	58.6
上海市长宁区少年儿童图书馆	1	50.76	32.31	63.7
上海市静安区图书馆	1	110.79	82.6	74.6
上海市静安区闸北少年儿童图书馆	1	8.37	7.38	88.2
上海市普陀区图书馆	1	76.80	55.33	72
上海市普陀区少年儿童图书馆	1	33.43	8.63	25.8
上海市虹口区图书馆	1	126.37	99.92	79.1
上海市杨浦区图书馆	1	140.07	79.69	56.9
上海市闵行区图书馆	1	152.94	138.76	90.7
上海市宝山区图书馆	1	99.20	33.49	33.8
上海市嘉定区图书馆	1	147.85	147.22	99.6
上海市浦东图书馆	1	472.33	182.52	38.6
上海市浦东新区新川沙图书馆	1	49.49	20.79	42
上海市金山区图书馆	1	48.64	27.55	56.6
上海市松江区图书馆	1	90.62	86.91	95.9
上海市青浦区图书馆	1	75.44	69.63	92.3
上海市奉贤区图书馆	1	96.13	75.68	78.7
上海市崇明区图书馆	1	79.05	53.62	67.8
街道（乡镇）级图书馆合计	215	1 131.38	1 014.25	89.6

资料来源：上海市中心图书馆知识与服务管理系统；上海市图书馆行业协会。

（二）数字资源馆藏情况

2020年，市、区两级公共图书馆数字资源馆藏总量达到3 276.94TB，自建数据库127个。根据各馆提交的数字资源馆藏建设数据，区级馆数字资源馆均119.38TB，数字资源馆藏最多的达到684.95TB，最少的为3TB。位居前五位的区馆分别为嘉定区图书馆、浦东图书馆、闵行区图书馆、宝山区图书馆和青浦区图书馆。

表3.10　2020年上海市市、区两级公共图书馆数字资源馆藏情况

单位名称	单位数（个）	数字资源总量（TB）	其中	
			购置数据库（个）	自建数字资源库（个）
市级图书馆合计	2	769.89	——	53
上海图书馆（上海科学技术情报研究所）	1	734.07	158	52
上海少年儿童图书馆	1	35.82	10	1
区级图书馆合计	21	2 507.046	——	74
上海市黄浦区图书馆	1	18.5	14	2
上海市黄浦区明复图书馆	1	37.35	14	3
上海市徐汇区图书馆	1	35.77	15	3
上海市长宁区图书馆	1	34.3	52	4
上海市长宁区少年儿童图书馆	1	7.71	23	4
上海市静安区图书馆	1	68.25	63	5
上海市静安区闸北少年儿童图书馆	1	15.92	9	1
上海市普陀区图书馆	1	46	31	1
上海市普陀区少年儿童图书馆	1	3	5	0
上海市虹口区图书馆	1	32	12	2
上海市杨浦区图书馆	1	37.6	45	1
上海市闵行区图书馆	1	507.896	37	5
上海市宝山区图书馆	1	150	18	5
上海市嘉定区图书馆	1	684.95	25	5
上海市浦东图书馆	1	540.35	31	15
上海市浦东新区新川沙图书馆	1	6.5	23	2

（续表）

单位名称	单位数（个）	数字资源总量（TB）	其中	
			购置数据库（个）	自建数字资源库（个）
上海市金山区图书馆	1	47.83	29	1
上海市松江区图书馆	1	6.05	11	4
上海市青浦区图书馆	1	138.22	32	5
上海市奉贤区图书馆	1	33.85	19	4
上海市崇明区图书馆	1	55	28	2

数据说明：上海图书馆资源总量仅指自建数字资源库资源量，不包括自建书目文摘型数据库资源量。
资料来源：上海市图书馆行业协会。

近年来，公共图书馆在尊重版权的前提下，全力推进数字资源的便捷使用，为了让读者足不出户就可以获得数字文献服务，公共图书馆通过读者证验证等方式，向读者提供了大量可远程访问的数字资源，把"在馆"的图书馆资源变成"在线、在手、在家"的资源，以实现数字资源利用最大化，让读者随时随地享受图书馆的远程数字服务，使图书馆"无处不在"。

黄浦区明复图书馆·少儿阅览室

表3.11　2020年上海市市、区两级公共图书馆可远程访问数据库情况

单位名称	数据库总数（个）	可远程访问数据库（个）	可远程访问数据库占比（%）
上海图书馆（上海科学技术情报研究所）	210	117	55.7
上海少年儿童图书馆	11	6	54.5
上海市黄浦区图书馆	16	14	87.5
上海市黄浦区明复图书馆	17	15	88.2
上海市徐汇区图书馆	18	15	83.3
上海市长宁区图书馆	57	33	57.9
上海市长宁区少年儿童图书馆	27	27	100.0
上海市静安区图书馆	68	67	98.5
上海市静安区闸北少年儿童图书馆	10	6	60.0
上海市普陀区图书馆	32	21	65.6
上海市普陀区少年儿童图书馆	5	5	100.0
上海市虹口区图书馆	14	12	85.7
上海市杨浦区图书馆	46	43	93.5
上海市闵行区图书馆	42	8	19.0
上海市宝山区图书馆	74	74	100.0
上海市嘉定区图书馆	30	14	46.7
上海市浦东图书馆	46	23	50.0
上海市浦东新区新川沙图书馆	25	25	100.0
上海市金山区图书馆	30	30	100.0
上海市松江区图书馆	15	9	60.0
上海市青浦区图书馆	37	26	70.3
上海市奉贤区图书馆	23	19	82.6
上海市崇明区图书馆	30	19	63.3

资料来源：上海市图书馆行业协会。

（三）特色馆藏情况

保持多样的特色馆藏是图书馆藏书体系建设中的一个突出优势。特色馆藏不仅具备地域性、独特性、传承性等基础属性，同时还兼备民族性、更新性、多元性等专有属性。作为公共图书馆的核心部分，特色馆藏是提高自身核心竞争力的有力支撑，对确立公共图书馆的地区文化信息中心地位、传承本地区特色文化具有显著作用。上海市公共图书馆中，市、区两级公共图书馆提供盲文文献服务的有18家，占比78.3%；区馆中有地方文献收藏的18家，占比85.7%；有主题特色文献收藏的16家，占比76.2%。

表3.12　2020年上海市区级公共图书馆地方文献及主题特色馆藏情况

单位名称	地方文献（册）	主题特色馆藏（册）
上海市黄浦区图书馆	3 366	8 992
上海市黄浦区明复图书馆	4 022	23 786
上海市徐汇区图书馆	44 010	2 514　徐汇风貌、上海风情、人物传记、民国期刊等相关文献
上海市长宁区图书馆	3 885	32 632　医学类专题图书、智能科技专题图书、海派艺术专题图书
上海市长宁区少年儿童图书馆	0	64 851　中国五代儿童文学作家作品库、英文图书、教育教学类图书
上海市静安区图书馆	1 322	2 044　海关主题文献、商务印书馆版本主题文献
上海市静安区闸北少年儿童图书馆	0	210
上海市普陀区图书馆	6 576	6 576　普陀区本地文献、当代作家馆手稿、作家签名本、非签名本、作家寄语、书画、作家访谈录等
上海市虹口区图书馆	23 121	31 469　影视相关文献
上海市杨浦区图书馆	436	199　百年市政主题文献
上海市闵行区图书馆	12 286	2 352　非遗、艺术特藏
上海市宝山区图书馆	2 400	708　著名儿童文学家陈伯吹先生手稿、书信、著作等
上海市嘉定区图书馆	11 727	0　嘉定名人著作文献
上海市浦东图书馆	17 811	409 094　儿童文学作品作家主题、浦东名人主题、浦东开发开放主题、浦东地方文献

（续表）

单位名称	地方文献（册）	主题特色馆藏（册）
上海市浦东新区新川沙图书馆	2 013	0
上海市金山区图书馆	388	1 521　民国文化名人主题、江南藏书文化主题
上海市松江区图书馆	39 450	332　松江人文献、松江名人著作或松江相关文献
上海市青浦区图书馆	1 245	14 315　吴越文化文献
上海市奉贤区图书馆	2 000	0　奉贤古代名人仿真著作
上海市崇明区图书馆	1 018	0　崇明地方民俗专题

资料来源：上海市图书馆行业协会。

撰稿人	应智慧，上海图书馆（上海科学技术情报研究所）协调辅导处，馆员。 研究方向：公共图书馆文献资源建设。

第四章
服务效能

后疫情时代，公共图书馆的读者服务面临着许多挑战与机遇。挑战在于书刊流通与读者到馆受到一定程度的冲击，而机遇在于数字服务、咨询服务及各类读者活动开始全面朝着线上渠道发展。在上海市中心图书馆建设进程中，"以读者为本"是各项服务开展的基础，无论是技术创新，还是业务拓展，服务最终将回归到读者的切实需求上。2020年，上海市各级公共图书馆在深耕基础服务的同时，齐心协力，联合抗"疫"，形成全面、有效的服务保障体系。开放共享的馆藏数字资源、不断扩展的新媒体服务矩阵、更加专业的信息服务能力建设……特殊时期的图书馆焕发出强大的活力，助力读者牢筑精神防线，倾力引领有温度的阅读。

一 | 服务读者

（一）持证读者规模

2020年上海市公共图书馆的各类读者证累计达到611.8万张，同比增长4.9%；新办证数，约为11.5万张，同比降低55.6%。其中，市级馆持证读者数占总读者证数的60.1%，区级馆次之，为30.9%，最后是街道（乡镇）级图书馆；在新办证数方面，区级馆的办证数超过了市级馆，约达5.3万张。

2017年至今，上海市公共图书馆的读者证数每年呈增长态势。截至2020年底，上海市民持证比率达24.6%，同比增长0.5个百分点，表明每4~5个上海市民中，就有一人持有图书馆读者证，可以尽享图书馆提供的各类服务。

宝山图书馆

表4.1 2020年上海市公共图书馆读者证数

单位名称	读者证数（张）	当年发证数（张）
上海市合计	6 117 917	114 642
市级图书馆合计	3 675 340	42 984
上海图书馆（上海科学技术情报研究所）①	3 637 953	41 430
上海少年儿童图书馆	37 387	1 554
区级图书馆合计	1 890 686	53 394
上海市黄浦区图书馆	31 654	45
上海市黄浦区明复图书馆	7 385	658
上海市徐汇区图书馆	29 312	34
上海市长宁区图书馆	52 638	7 513
上海市长宁区少年儿童图书馆	9 541	705
上海市静安区图书馆	59 931	1 809
上海市静安区闸北少年儿童图书馆	1 503	2
上海市普陀区图书馆	74 266	615
上海市普陀区少年儿童图书馆	2 631	139
上海市虹口区图书馆	68 277	2 179
上海市杨浦区图书馆	60 925	3 058
上海市闵行区图书馆	135 404	2 439
上海市宝山区图书馆	166 378	7 218
上海市嘉定区图书馆	113 937	4 335
上海市浦东图书馆	759 744	13 256
上海市浦东新区新川沙图书馆	18 065	402
上海市金山区图书馆	52 359	656
上海市松江区图书馆	93 724	2 028
上海市青浦区图书馆	52 595	4 209
上海市奉贤区图书馆	77 487	1 732
上海市崇明区图书馆	22 930	362
街道（乡镇）级图书馆合计	551 891	18 264

数据说明：① 上海图书馆年报公布的2020年底上海图书馆累计读者证为548.5576万张、当年新增读者证为10.6192万张，包括了上海市中心图书馆所有"一卡通"外借读者证，为避免重复统计，本表中上海图书馆的数据经过调整，扣除了市少儿、区级图书馆和街道（乡镇）级图书馆"一卡通"外借读者证。

资料来源：上海市图书馆行业协会。

相较于2019年，2020年各区持证率总体变化幅度不大，在±1%差值以内波动。读者证市民持证率排名前三位的区域依次是浦东新区、嘉定区和长宁区，均超过10%。2020年，浦东新区的读者证数仍保持领先地位，突破88万张，同比增长5.6%。嘉定区街道（乡镇）级图书馆的读者证数超过区级图书馆的读者证数2.8万张，其余区域的区级馆读者证数均高于街道（乡镇）级图书馆。

表4.2　2020年上海市各区公共图书馆读者证市民持证率情况

区域	区级图书馆读者证数（张）	街道（乡镇）级图书馆读者证数（张）	各区读者证数（张）[1]	常住人口（万人）	持证率[2]（%）
黄浦区	39 039	8 263	47 302	66.2	7.15
徐汇区	29 312	23 262	52 574	111.31	4.72
长宁区	62 179	15 187	77 366	69.31	11.16
静安区	61 434	20 426	81 860	97.57	8.39
普陀区	76 897	17 196	94 093	123.98	7.59
虹口区	68 277	6 480	74 757	75.75	9.87
杨浦区	60 925	30 621	91 546	124.25	7.37
闵行区	135 404	47 920	183 324	265.35	6.91
宝山区	166 378	44 078	210 456	223.52	9.42
嘉定区	113 937	142 010	255 947	183.43	13.95
浦东新区	777 809	107 840	885 649	568.15	15.59
金山区	52 359	14 442	66 801	82.28	8.12
松江区	93 724	17 918	111 642	190.97	5.85
青浦区	52 595	37 102	89 697	127.14	7.05
奉贤区	77 487	11 816	89 303	114.09	7.83
崇明区	22 930	7 330	30 260	63.79	4.74

数据说明：[1] 各区读者证数为本区级、街道（乡镇）级公共图书馆发行或办理的读者证数合计值，不包括各区内市级图书馆的读者证数。
　　　　　[2] 持证率 = 各区读者证数（张）/各区常住人口数（人）
资料来源：上海市图书馆行业协会；上海市统计局《上海市第七次全国人口普查主要数据公报（第二号）》。

图4.1 2018—2020年上海市各区公共图书馆读者证市民持证率

（二）持证类型分布

近年来，上海市公共图书馆"一卡通"读者证数量总体呈上升趋势，成人证数量高于少儿证数量。其中，少儿证的占比呈逐年上升趋势，少儿证数量同比增长了7.5%。由于上海图书馆与市教委于2014年4月21日合作签署了"中小学生电子学生证作为上图读者证"协议，以同步电子学生证的形式，确保了每年超过10万人以上的新增入学学生读者；成人证的增速呈逐年下降趋势，2020年成人证增长率为3.5%，同比约降低了4个百分点。

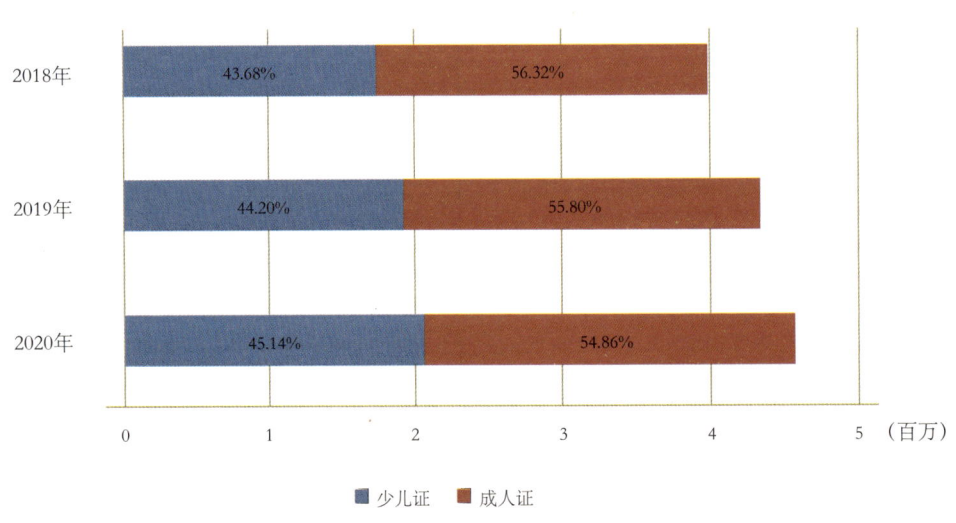

图4.2 2018—2020年上海市公共图书馆"一卡通"读者证成人/少儿证分布

二 | 书刊流通

文献借阅作为公共图书馆面向大众的一项基本服务，长期以来一直是馆藏建设与服务的重点。基于书刊的流通数据能够直观地反映纸质馆藏文献的利用情况，通过分析读者的阅读偏好有助于了解阅读需求，优化馆藏结构、提升服务质量。2020年受新冠疫情闭馆的影响，书刊流通数据在上半年出现下跌。尽管在疫情防控常态化下，上海市各级公共图书馆积极应对，做好书刊消毒、进馆预约、自助借还等工作，并于10月底在市、区两级图书馆实现借书额度升至15册，但书刊流通数据在短期内难以迅速回升，与往年同期相比差距较大。

（一）书刊流通概况

1. 分层级流通情况

2020年受新冠疫情影响，各级馆的流通数据均有所下降。图书外借总量约为1 345.4万册次，同比下降62.6%，其中，街道（乡镇）级馆的外借总量最大，占上海市外借总量的43.6%；区级馆的外借总量次之，约为577.5万册次，占上海市外借总量的42.9%；市级馆外借总量约为181.5万册次，占比13.5%。外借总量达到百万级的有浦东图书馆和上海图书馆。在外借总人次方面，上海市公共图书馆外借总人次约260万，同比下降了63.7%。区级馆中，浦东图书馆外借人次最多，达29.7万人次，其次是杨浦区图书馆，外借人次达到17.2万人次。考察单次平均外借册次，独立建制的少年儿童图书馆的数据表现相对较好，约为6~7本。相较于2019年，浦东新区新川沙图书馆的单次平均外借册次上升明显，由原先的3~4本上升至5~6本。

相较于外借人次对各类型文献（不包括数字资源）的外借业务统计，总流通人次扩大了其概念范围，将读者到馆接受各类型服务的人次纳入该指标之中。由于新冠疫情初期各公共图书馆纷纷闭馆，以及在疫情常态化下实行场馆人流控制等原因造成了数据的明显下跌。2020年总流通人次同比降低75.8%，约为1 198.2万人次，各层级总流通人次均出现大幅度的下降，下降率均超过70%。其中，街道（乡镇）级馆的总流通人次最多，占总流通人次的43.5%，比区级馆约多出4万人次，排名前五位的区级图书馆由高到低依次是浦东图书馆、徐汇区图书馆、奉贤区图书馆、闵行区图书馆和嘉定区图书馆。

表4.3　2020年上海市公共图书馆总流通人次及书刊外借总体情况

单位名称	总流通人次（人次）	外借总量（册次）	外借总人数（人次）
上海市合计	11 982 205	13 453 992	2 599 753
市级图书馆合计	1 587 988	1 814 822	396 828
上海图书馆（上海科学技术情报研究所）	1 052 114	1 278 386	310 568
上海少年儿童图书馆	535 874	536 436	86 260
区级图书馆合计	5 176 960	5 774 720	1 238 253
上海市黄浦区图书馆	79 452	23 592	6 111
上海市黄浦区明复图书馆	26 737	41 689	9 818
上海市徐汇区图书馆	475 892	34 151	16 999
上海市长宁区图书馆	151 352	356 219	74 259
上海市长宁区少年儿童图书馆	118 917	255 935	40 542
上海市静安区图书馆	188 491	440 343	81 740
上海市静安区闸北少年儿童图书馆	11 274	2 985	650
上海市普陀区图书馆	205 271	137 585	27 470
上海市普陀区少年儿童图书馆	19 901	30 775	4 648
上海市虹口区图书馆	320 872	304 484	68 569
上海市杨浦区图书馆	330 313	554 790	172 366
上海市闵行区图书馆	394 160	438 486	82 694
上海市宝山区图书馆	252 451	218 240	61 197
上海市嘉定区图书馆	362 316	399 211	70 676
上海市浦东图书馆	926 689	1 416 524	296 833
上海市浦东新区新川沙图书馆	82 355	98 845	16 676

（续表）

单位名称	总流通人次（人次）	外借总量（册次）	外借总人数（人次）
上海市金山区图书馆	246 432	146 435	27 753
上海市松江区图书馆	231 685	359 228	63 407
上海市青浦区图书馆	131 514	64 151	16 194
上海市奉贤区图书馆	401 306	291 412	72 707
上海市崇明区图书馆	219 580	159 640	26 944
街道（乡镇）级图书馆合计	5 217 257	5 864 450	964 672

资料来源：上海市图书馆行业协会。

2. 分区域流通情况

2020年，各区、街道（乡镇）图书外借总量（不包括市级图书馆）中排名前三位的区域为浦东新区、嘉定区、长宁区，大部分区域的图书外借总量降至30万至100万册次。受疫情影响，2020年人均外借量出现断崖式下跌，且上海市所有区域的平均每册藏书年流通次数均下降至1次以下。

表4.4　2020年上海市各区公共图书馆外借情况

区域[①]	常住人口数（万人）	区、街道（乡镇）图书外借总量（万册次）	人均外借量（册/人）[②]	平均每册藏书年流通次数（图书外借率、图书借阅率）（次）[③]
黄浦区	66.20	19.88	0.30	0.10
徐汇区	111.31	27.72	0.25	0.18
长宁区	69.31	99.56	1.44	0.60
静安区	97.57	71.55	0.73	0.43
普陀区	123.98	62.19	0.50	0.43
虹口区	75.75	38.55	0.51	0.26
杨浦区	124.25	97.30	0.78	0.51
闵行区	265.35	86.03	0.32	0.41
宝山区	223.52	60.88	0.27	0.38
嘉定区	183.43	126.16	0.69	0.52
浦东新区	568.15	259.29	0.46	0.37

（续表）

区域[1]	常住人口数（万人）	区、街道（乡镇）图书外借总量（万册次）	人均外借量（册/人）[2]	平均每册藏书年流通次数（图书外借率、图书借阅率）（次）[3]
金山区	82.28	27.93	0.34	0.33
松江区	190.97	45.65	0.24	0.36
青浦区	127.14	32.13	0.25	0.26
奉贤区	114.09	72.12	0.63	0.53
崇明区	63.79	36.98	0.58	0.38

数据说明：① 区、街道（乡镇）图书外借总量为区级、街道（乡镇）级图书馆借阅流通量合计值，不包括区内市级图书馆。

② 人均外借量（册/人）＝该区区级馆、街道（乡镇）馆外借量之和（万册次）/常住人口数（万人）

③ 平均每册藏书年流通次数＝该区、街道（乡镇）图书外借总量（万册次）/该区图书藏量（万册）

资料来源：上海市图书馆行业协会；上海市统计局《上海市第七次全国人口普查主要数据公报（第二号）》。

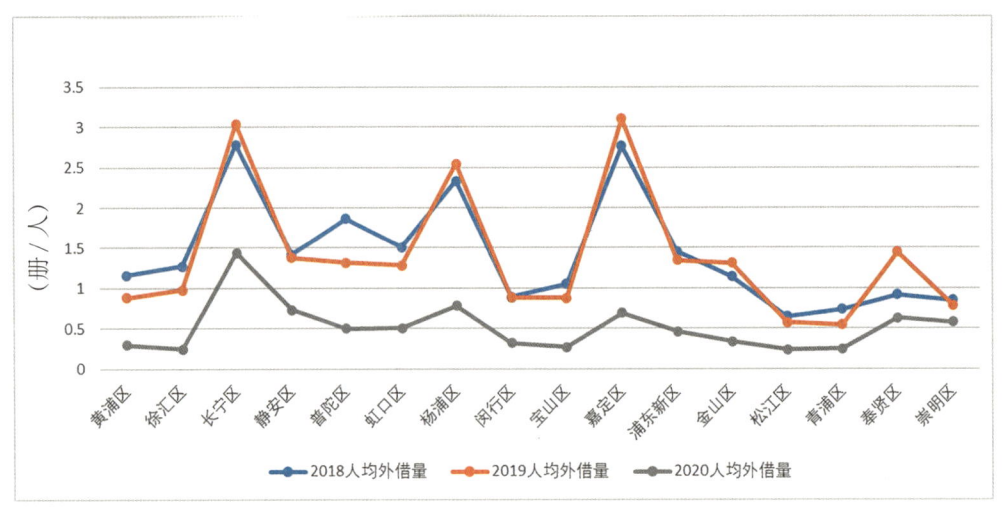

图4.3　2018—2020年各区域人均外借量情况

从各区域的图书外借类型来看，2020年少儿外借量排名前三位的区域从高到低依次是浦东新区、普陀区和嘉定区，均超过20万册次；少儿外借量占区、街道（乡镇）图书外借总量的比重较高的依次是普陀区、青浦区和闵行区，其中普陀区少儿外借量占比超过50%。集体外借量排名前三位的区域依次是普陀区、奉贤区和嘉定区，分别为27.09、21.85和17.58万册次，这三个区域的集体外借占比也相对较高；在上海市16个区域中，有12个区域的集体外借占比低于10%，其中松江区通过单独设立专项资金的方式将图书送往基层，因此全区的集体外借总量不足5 000册。

表4.5　2020年上海市各区公共图书馆外借类型情况

区域[①]	区、街道（乡镇）图书外借总量（万册次）	其中少儿外借量（万册次）	少儿外借占比（%）	其中集体外借量（万册次）	集体外借占比（%）
黄浦区	19.88	3.09	15.5	0.62	3.12
徐汇区	27.72	5.61	20.2	1.55	5.59
长宁区	99.56	15.16	15.2	10.61	10.66
静安区	71.55	8.74	12.2	2.47	3.45
普陀区	62.19	31.94	51.4	27.09	43.56
虹口区	38.55	1.55	4.0	0.62	1.60
杨浦区	97.30	11.78	12.1	5.25	5.40
闵行区	86.03	23.19	27.0	4.81	5.59
宝山区	60.88	16.03	26.3	1.82	2.99
嘉定区	126.16	24.01	19.0	17.58	13.93
浦东新区	259.29	38.21	14.7	2.28	0.88
金山区	27.93	5.11	18.3	0.46	1.65
松江区	45.65	3.38	7.4	0.14	0.31
青浦区	32.13	12.55	39.1	1.92	5.98
奉贤区	72.12	18.87	26.2	21.85	30.30
崇明区	36.98	8.44	22.8	3.09	8.36
合计	1 163.92	227.65	19.6	102.16	8.78

数据说明：① 区、街道（乡镇）图书外借总量为区级、街道（乡镇）级图书馆借阅流通量合计值，不包括区内市级图书馆。

资料来源：上海市图书馆行业协会。

（二）读者借阅偏好[①]

通过提取上海市中心图书馆知识管理与服务系统中的流通数据，以及IPAC书目查询系统中的检索数据，本节将从读者的年龄分布、图书主题等方面分析借阅偏好。

---

① 上海图书馆.《上海市公共图书馆2020阅读报告》[R]. 2021年4月.

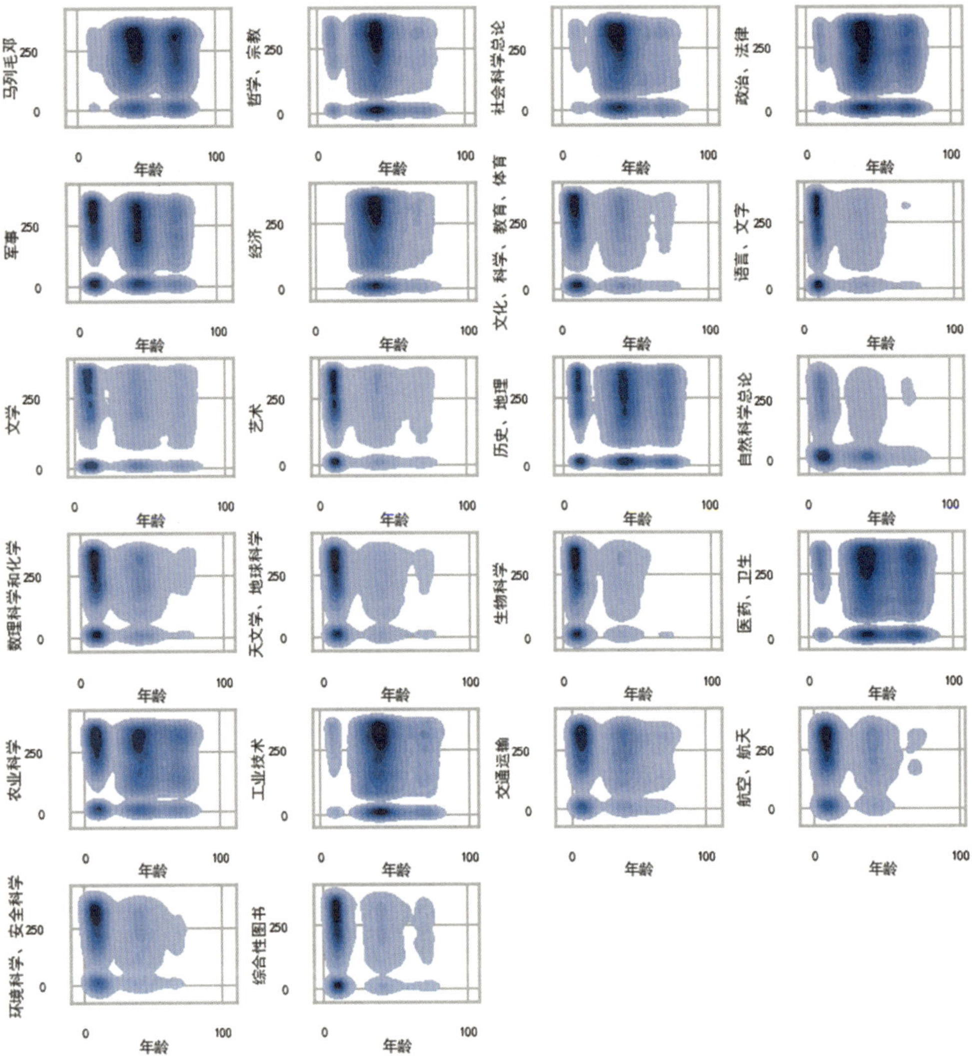

图4.4　2020年借阅大类读者年龄与借阅时间分布

在各大类不同年龄的借阅热力分布中，共有22个图书的基本大类，其横坐标为读者的年龄，纵坐标为一整个自然年的日期序号。颜色越深，表示该区域借阅的读者分布密度越高。可以发现，不同大类主题的图书中，读者的分布有着显著的差异。青少年读者群体，与科学、科普相关主题的分布较多，如数理科学和化学，天文学，地球科学，生物科学，航空、航天等类目；中青年读者群体广泛分布在哲学、宗教，社会科学总论，经济，工业技术等类目；此外，马列毛邓，政治、法律，医药、卫生等主题图书馆均受到中青年和老年读者群体的欢迎。从时间序列来看，受新冠疫情的影响，2、3月的各大类读者分布都开始减少甚至消失。在此期间，部分类目如文学、艺术、历史、地理等各年龄段的颜色为白色。

图4.5　2020年热门检索词

基于IPAC书目查询系统的日志,从中提取出2020年所有的检索词分词,对所有词性为名词、代词等定义规则的中外文词语进行统计、排序之后,生成词云图。字体越大表明被读者检索的次数越多。2020年热门检索词主要有"中国""上海""世界""管理"等,热门检索词涉及的主题范围很广,热门图书的书名也是读者经常查询的检索词。

图4.6　2020年成人及少儿借阅图书的关键词

根据成人读者和少儿读者在2020年借阅的所有图书名称，进一步提取其中的主要特征词，从而生成借阅图书关键词的词云图。如图4.6，可以直观地看到2020年成人和少儿读者的整体阅读偏好。其中，成人读者借阅图书的热门关键词有"中国""世界""故事""入门""历史"等，少儿读者借阅图书的热门关键词有"故事""漫画""世界""孩子""植物"等。

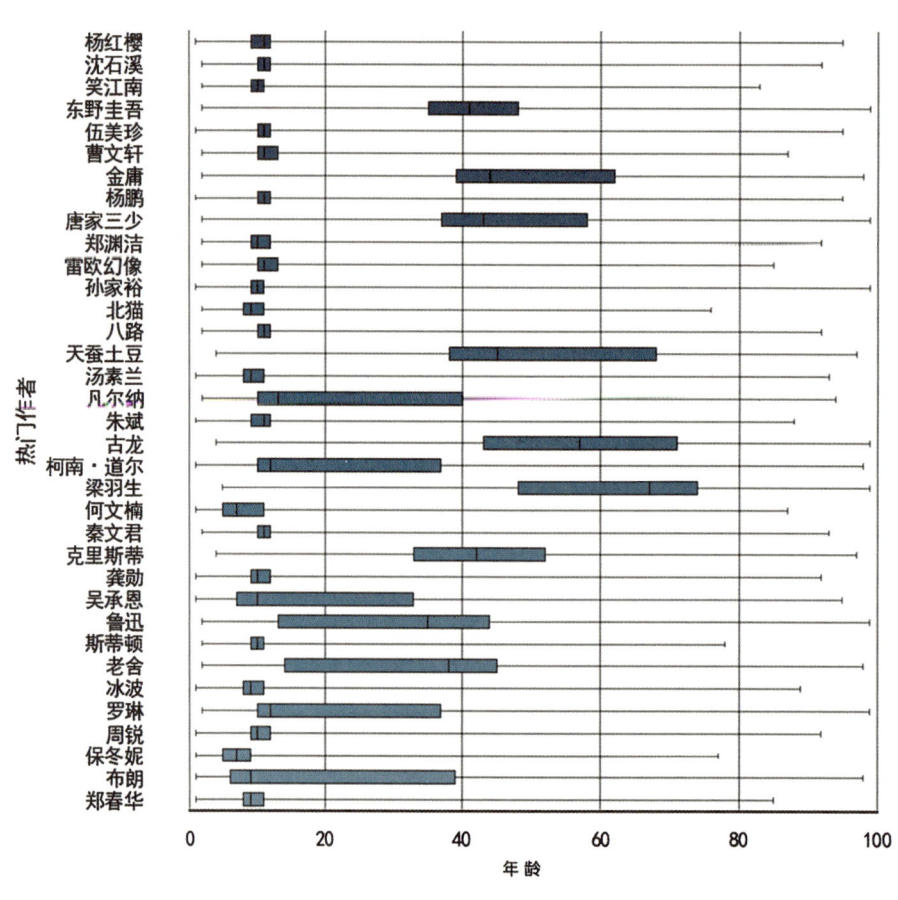

图4.7 2020年热门作者

2020年热门作者的排名是依据总流通数据中的该作者所有图书（包括副本）的外借次数，从上到下递减。排名前五位的热门作者依次是杨红樱、沈石溪、笑江南、东野圭吾和伍美珍。箱线图表示借阅读者的年龄分布情况，箱体内的竖线表示中位数读者的年龄，箱体两端分别表示上下四分位。其中，上下四分位间距较短且箱形实体集中在10岁左右的为少儿热门作者，说明这些作者的读者群体以少儿为主；经典作家如凡尔纳、柯南·道尔、吴承恩、鲁迅、罗琳等均横跨于10至40岁左右读者之间；金庸、唐家三少、天蚕土豆、古龙、梁羽生等武侠、玄幻小说家大多受到40岁以上的成人读者的欢迎。

三 | 数字服务

（一）网站访问

公共图书馆的官方网站整合了书目查询、馆情动态、读者活动、服务指南等重要信息，权威发布重要通知及文件，搭建了一个读者与图书馆互动的重要线上平台。读者访问公共图书馆的官方网站，登录"一卡通"读者证，即可享受便捷的全站数字服务。上海市市、区两级公共图书馆运用网站技术、门户（Portal）技术、统一身份认证等技术，普遍建立起图书馆官方网站。随着移动端用户的快速增长，各馆普遍搭建了相适配的移动端web页面，为读者提供了更加美观的操作页面和更加流畅的交互体验。

2020年，上海市市、区两级公共图书馆网站访问量合计约6851万页人次，同比增加22.1%。其中，市级馆网站的年访问量约5 126万页人次，同比上涨23.3%，上海图书馆的网站年访问量首次突破5 000万页人次；区级馆网站的年访问量约为1 725万页人次，同比增加18.4%。网站访问量排名前三位的区级馆为长宁区少年儿童图书馆、黄浦区明复图书馆和嘉定区图书馆。

（二）数字资源

数字阅读的普及带动了数字资源相关产业的繁荣发展。上海市公共图书馆充分把握这一阅读趋势，挖掘现有可利用数字资源，持续优化所订购数字资源的结构，依托馆藏纸本资源建设特色文献数据库。面对新时代的移动化阅读，积极开发与引进垂直阅读应用，提供免费的电子书资源，进一步增强读者的黏性。疫情期间，各类型专业数据库的推荐，全天候满足了读者的科研需求，数字资源优势凸显。读者通过访问数字资源开发平台，使用检索、浏览、下载等功能，获取所需的电子文献。

表4.6　2020年上海市、区两级公共图书馆网站年访问量

单位名称	网站访问地址	2020年访问量（页人次）
市级图书馆合计	——	51 264 483
上海图书馆（上海科学技术情报研究所）	www.library.sh.cn	50 899 421
上海少年儿童图书馆	www.sst.cn	365 062
区级图书馆合计	——	17 246 863
上海市黄浦区图书馆	www.shhpl.com	71 175
上海市黄浦区明复图书馆	www.mflib.net	3 248 255
上海市徐汇区图书馆	lib.xh.sh.cn	6 516
上海市长宁区图书馆	www.cnqlib.sh.cn	52 178
上海市长宁区少年儿童图书馆	www.seszlib.com	7 074 173
上海市静安区图书馆	www.shjinganlib.net	491 732
上海市静安区闸北少年儿童图书馆	www.jastlib.net	103 018
上海市普陀区图书馆	ptlib.com.cn	170 531
上海市普陀区少年儿童图书馆	——	——
上海市虹口区图书馆	www.hqlib.cn	1 730 024
上海市杨浦区图书馆	www.yplib.org.cn	195 907
上海市闵行区图书馆	www.mhlib.sh.cn	70 618
上海市宝山区图书馆	www.bslib.org	235 305
上海市嘉定区图书馆	www.jdlib.cn	3 270 000
上海市浦东图书馆	www.pdlib.com	155 024
上海市浦东新区新川沙图书馆	——	——
上海市金山区图书馆	www.jslib.sh.cn	171 892
上海市松江区图书馆	www.sjlib.com.cn	9 465
上海市青浦区图书馆	www.qplib.sh.cn	28 747
上海市奉贤区图书馆	www.fxlib.cn	150 000
上海市崇明区图书馆	www.cmlib.com.cn	12 303

资料来源：上海市图书馆行业协会。

2020年,上海图书馆的数字资源检索量约为268万次,浏览量高达3 969万次。外购数字资源、自建数字资源、讲座音视频以及市民数字阅读平台阅读量等都被纳入数字资源浏览量的指标之中。相较上一年度,2020年上海图书馆的数字资源下载量同比增长26.8%,约为1 288万篇次。数字资源下载量主要包括外购数字资源、自建数字资源和二次文献共建共享平台的下载量。

2020年,区级馆数字资源检索量约为1 033万次,浏览量超过2 300万次,下载量约计350万篇次。其中,闵行区图书馆和浦东图书馆的数字资源检索量均达到百万级,分别约为553万次和241万次;数字资源浏览量超过300万次的区馆有4家,由高到低依次是嘉定区图书馆、闵行区图书馆、杨浦区图书馆和浦东图书馆;数字资源下载量位列前三位的区馆,由高到低依次是浦东图书馆、嘉定区图书馆和闵行区图书馆。浦东图书馆的各项数据均表现优异,该馆读者对数字资源的利用程度相对较高。

表4.7 2020年上海市、区两级公共图书馆数字资源使用情况

单位名称	数字资源检索量（次）	数字资源浏览量（次）	数字资源下载量（篇次）
市级图书馆合计	2 961 341	40 244 940	12 949 755
上海图书馆（上海科学技术情报研究所）	2 678 043	39 693 612	12 876 726
上海少年儿童图书馆	283 298	551 328	73 029
区级图书馆合计	10 332 402	23 487 899	3 497 379
上海市黄浦区图书馆	90 563	123 976	10 852
上海市黄浦区明复图书馆	——	23 326	——
上海市徐汇区图书馆	53 621	1 068 084	53 968
上海市长宁区图书馆	266 179	332 319	79 603
上海市长宁区少年儿童图书馆	——	8 228	——
上海市静安区图书馆	31 520	491 111	135 582
上海市静安区闸北少年儿童图书馆	4 052	10 350	1 507
上海市普陀区图书馆	144 922	171 297	10 166
上海市普陀区少年儿童图书馆	——	——	——
上海市虹口区图书馆	233 231	1 546 093	3 890
上海市杨浦区图书馆	371 978	3 236 916	37 300

（续表）

单位名称	数字资源检索量（次）	数字资源浏览量（次）	数字资源下载量（篇次）
上海市闵行区图书馆	5 525 610	3 351 479	492 197
上海市宝山区图书馆	320 359	1 895 332	110 938
上海市嘉定区图书馆	247 604	3 523 777	1 009 345
上海市浦东图书馆	2 406 724	3 192 952	1 366 810
上海市浦东新区新川沙图书馆	354 461	427 083	1
上海市金山区图书馆	4 914	63 135	—
上海市松江区图书馆	66 569	1 105 423	43 191
上海市青浦区图书馆	113 740	1 392 328	70 000
上海市奉贤区图书馆	58 493	635 727	22 106
上海市崇明区图书馆	37 862	888 963	49 923

资料来源：上海市图书馆行业协会。

（三）新媒体服务

公共图书馆依托社交平台的用户流量，打造兴趣圈层，通过及时的信息发布、创意的视频剪辑、有效的互动交流等内容，吸引到大量读者。相较于传统媒体而言，新媒体并不仅仅是传播媒介的变化，而是多元化服务功能的集合。公共图书馆的核心服务，如书目检索、参考咨询、文献借阅、数字阅读等，都能以新媒体平台为基础搭建不同功能的服务板块，深入触达不同群体的服务需求。2020年，上海市公共图书馆的新媒体服务主阵地进一步向微信转移，在不断强化微信端功能的同时，坚持以读者需求为出发点，创新服务模式。市、区两级图书馆纷纷选择进驻时下热门的社交媒体平台，打破公共图书馆的固有形象，进一步扩大宣传，为读者带来新鲜的阅读体验。

1. 微博

2020年，市、区级公共图书馆的微博使用情况主要分为以下三类：一是选择不开通微博，共有7家，具体包括静安区图书馆、宝山区图书馆、奉贤区图书馆、金山区图书馆、静安区闸北少年儿童图书馆、黄浦区明复图书馆、普陀区少年儿童图书馆等；二是暂时停止更新微博，如松江区图书馆、黄浦区图书馆以及浦东图书馆的"浦东图书馆读者服务"；三是仍然使用微博平台发布信息，共计14家。所有的公共图书馆均进行了加V认证，便于读者识别账号的权威性与安全性，将其作为官方发布消息和服务的途径之一。

对于运营势头良好的公共图书馆，开通不同方向的微博账户成为当下精准化内容运营的一个趋势。以上海图书馆为例，近年来已经陆续开通了7个微博账户。其中，"上图讲座""上图全国报刊索引""上图书店"均通过了蓝V认证，"上图文献提供""上图历史文献中心""上图展览"等的发布旨在为读者提供更加有针对性的信息服务。此外，浦东图书馆于2020年8月停止更新了"浦东图书馆读者服务"，但浦东图书馆仍有"浦东图书馆少儿馆"和"陆家嘴图书馆"两个官方账户在持续运营中。

2020年，微博粉丝数量最多的依次是上海图书馆、浦东图书馆和嘉定区图书馆，上海图书馆全年增加的粉丝数量约2万人。大多数公共图书馆的粉丝数量维持在原有的水平；具体到原创博文量上，发布数量最多的依次是上海图书馆、长宁区图书馆、嘉定区图书馆，其中，上海图书馆的日更新量约为12条，两家区级图书馆的日均更新量保持在1至2条之间；微博使用量方面，排名前三位的是上海图书馆、长宁区图书馆、嘉定区图书馆。

目前，在14家使用微博平台发布信息的市、区级图书馆中，多数都在持续更新微博博文，个别馆如上海少年儿童图书馆、上海市浦东新区新川沙图书馆维持着偶尔更新的频率。发布内容方面，除了馆情资讯、读者预告、好书推荐等基础服务外，上海图书馆、杨浦区图书馆、闵行区图书馆还开辟了讲座直播的栏目，大大增强了与读者的互动与交流。微博自有的社交互动、内容整合与分发功能，使其一直以来都是社会热点的重要舆论场，信息得以快速传播，多方可共享资讯并及时互动。然而针对社会热点，目前公共图书馆的参与度普遍不高，难以贴合读者的兴趣需求，原创博文的内容策划亟待深入研究。

表4.8 上海市市、区两级公共图书馆微博服务情况

单位名称	主要服务微博名称	是否加V认证	开博时间	微博个数（个）	微博粉丝数[①]（人）	原创博文量（条）	微博使用量（次）	更新情况	发布内容
上海图书馆（上海科学技术情报研究所）	上海图书馆信使等	是	2010.7	7	204 975	4 421	23 538 170	持续更新	讲座直播、活动视频、服务预告、馆情资讯、好书推荐
上海少年儿童图书馆	上海少年儿童图书馆	是	2012.5	1	8 315	21	37 852	偶尔更新	节日百科、馆情资讯、好书推荐
上海市徐汇区图书馆	徐汇区图书馆	是	2011.4	2	7 184	77	433 390	持续更新	读者活动预告、馆情资讯、转载荐书
上海市长宁区图书馆	长宁区图书馆	是	2012.6	1	5 428	631	3 679 000	持续更新	读者活动预告、馆情资讯、文化日历、活动视频
上海市长宁区少年儿童图书馆	长宁区少年儿童图书馆	是	2011.6	1	1 012	63	56	持续更新	读者活动预告、馆情资讯
上海市普陀区图书馆	上海市普陀区图书馆	是	2017.5	1	150	70	38 500	持续更新	好书推荐、馆情资讯
上海市虹口区图书馆	上海市虹口区图书馆	是	2011.6	1	4 018	88	630 294	持续更新	读者活动预告、活动视频、好书推荐、馆情资讯
上海市杨浦区图书馆	杨浦区图书馆	是	2012.2	1	3 343	26	600 000	持续更新	讲座直播、馆情资讯

（续表）

单位名称	主要服务微博名称	是否加V认证	开博时间	微博个数（个）	微博粉丝数①（人）	原创博文量（条）	微博使用量（次）	更新情况	发布内容
上海市闵行区图书馆	闵行区图书馆	是	2011.3	1	13 695	41	980 000	持续更新	讲座直播、活动视频、馆情资讯
上海市嘉定区图书馆	嘉定区图书馆	是	2011.8	1	55 324	455	2 154 000	持续更新	读者活动预告、新书推荐、馆情资讯
上海市浦东图书馆	浦东图书馆读者服务、浦东图书馆少儿馆	是	2011.9、2012.3	2	133 784	119	831 000	停止更新、持续更新	读者活动预告、馆情资讯、活动视频
上海市浦东新区新川沙图书馆	浦东新区新川沙图书馆	是	2013.4	1	440	5	851	偶尔更新	好书推荐、馆情资讯
上海市青浦区图书馆	清阅朴读	是	2011.6	1	14 000	193	717 600	持续更新	读者活动预告、馆情资讯、好书推荐
上海市崇明区图书馆	上海市崇明区图书馆	是	2012.5	1	464	47	178 267	持续更新	读者活动预告、活动视频、馆情资讯

数据说明：① 微博粉丝数大部分为截至2020年底的数据。

资料来源：上海市图书馆行业协会、新浪微博。

2. 微信

作为当下移动端主流的社交媒体，微信为图书馆开展线上服务提供了更加广阔的空间。各市、区级图书馆陆续开通微信公众号，向读者推送各类资讯及阅读推广活动，读者可通过在微信公众号文章下点赞、在看、留言等互动方式，进一步增强图书馆与读者之间的交流；同时，通过链接小程序、第三方网站等形式，为读者提供了数字阅读、活动报名、入馆预约等服务。

与微博平台一样，大型公共图书馆通常会开通多个微信公众号，以满足读者多样化的服务需求。以上海图书馆为例，近年来陆续开通了19个微信公众号，除了注重服务功能的"上海图书馆"服务号外，又有注重图书馆服务宣传、阅读推广内容的"上海图书馆信使"订阅号，还有垂直做讲座服务内容呈现的"讲座图书馆"、宣传展览活动的"上图展览"、深入挖掘馆藏近代文献的"全国报刊索引"等订阅号。浦东图书馆针对流动服务车专门开通了"浦东图书馆馆外服务"订阅号，发布浦东图书馆馆外服务及流动服务车服务信息以及相关的阅读推广活动信息。

相较2019年，2020年上海市、区两级公共图书馆的粉丝量呈现出不同程度的增长。上海市公共图书馆微信公众号的用户基数正在进一步扩大，发布的优质文章有机会触达更多人群。从粉丝增长量上来看，最多的是上海图书馆，增加约15.6万人，粉丝数达到78.8万人；其次是浦东图书馆，增加12.3万人，粉丝数33.4万人；第三是嘉定区图书馆，增加了5.4万人，粉丝数9.9万人。通过对2020年22所公共图书馆的微信公众号粉丝量进行统计，粉丝数在1万~10万的图书馆有16家，粉丝数在30万以上的仅有上海图书馆和浦东图书馆。

2020年，微信的推送信息量和微信使用量没有保持总体上涨的趋势。市、区两级公共图书馆中，约57%的图书馆推送信息量实现增长。线下活动的举办次数变少，对公共图书馆的线上服务水平提出了更高的要求。只有提升服务质量，扩展服务内容，创新服务模式，才能保证特殊时期阵地服务的"不停摆"。推送信息量是公共图书馆开展新媒体服务的重要表现，侧面反映了其对微信平台发布活动及资讯的重视程度。推送信息量排名前五位的图书馆分别是上海图书馆、长宁区图书馆、浦东图书馆、静安区图书馆和嘉定区图书馆，月均推送信息量超过49条。微信使用量这一后台统计指标代表着微信服务效果的量化，包括推送信息阅读量、微信互动次数（点赞量与留言量之和）、微信服务功能使用次数、微信咨询服务次数等。其中，上海图书馆的微信使用量最为活跃，约为1 135.8万次，同比增长约8.0%，其次是浦东图书馆和嘉定区图书馆，分别超过600万次和100万次。2020年微信使用量增长量最高的区级图书馆是浦东图书馆，增长了287.8万次，其次是静安区图书馆增长了65.8万次，长宁区图书馆增长了36.8万次。

受新冠疫情常态化防控的影响，通过微信公众号进行线上预约入馆已成为各个公共图书馆主要的预约方式之一，绝大多数市、区级图书馆需要读者提前预约才能入馆。许多图书馆在微信公众号下方的菜单栏专设预约入口，引导读者进入预约系统，或是微信扫码现场预约。嘉定区图书馆的微信公众号上设有"实时在馆人数"功能，显示区级分馆及街道（乡镇）分馆的人流状态，给出读者相应的出行建议。预约服务与读者入馆的深度绑定，极大地增强了公共图书馆微信公众号的用户黏性。

数字阅读同样是公共图书馆持续打造的服务内容。微信菜单栏可直接链接到一站式数字资源图书网站，为读者提供海量电子书、有声书、期刊等电子资源。2020年，数字阅读服务均为与第三方数字资源提供商合作，直接链接到小程序H5网页。共有8家图书馆使用数字阅读的微信小程序，如徐汇区图书馆、虹口区图书馆、闵行区图书馆、浦东图书馆、浦东新区新川沙图书馆使用的"读联体·数字共享阅读服务平台"，它是由中国图书馆学会联合有关企业理事单位及数字资源提供商搭建的一个开放型的全民数字阅读平台，包括电子书、有声书、期刊等资源内容，且数据持续更新；浦东图书馆和杨浦区图书馆、静安区图书馆使用的"嘉图借书"，静安区图书馆和宝山区图书馆使用的"超星读书"。

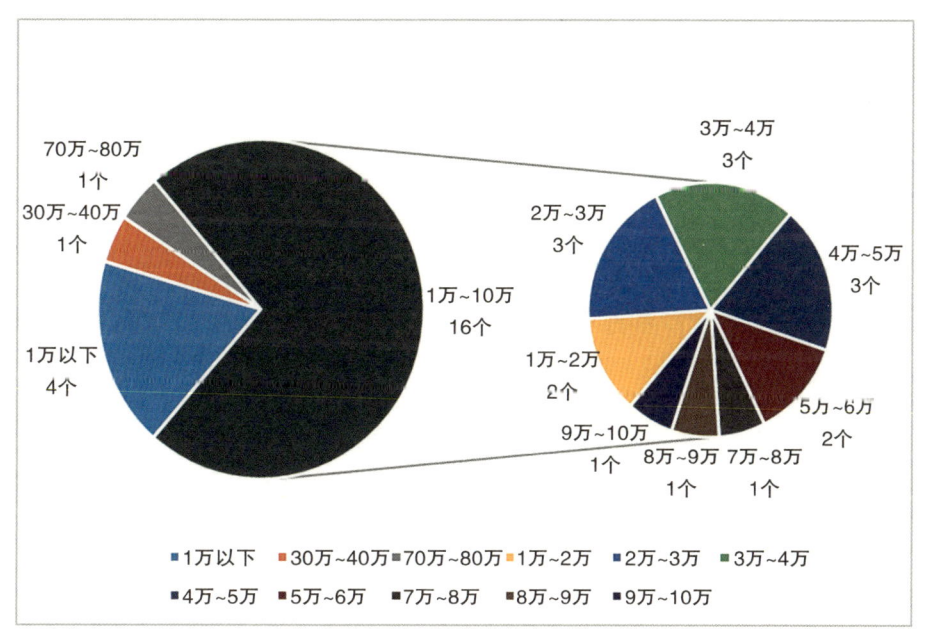

图4.8　2020年上海市、区两级公共图书馆微信粉丝分布的图书馆个数占比

表4.9 2020年上海市、区两级公共图书馆微信服务情况

单位名称	微信公众平台名称	微信号数量（个）	微信粉丝量（人）①	推送信息量（条）	微信使用量（次）	公众号类型	服务内容
上海图书馆（上海科学技术情报研究所）	上海图书馆、上海图书馆信使、讲座图书馆等	19	788 318	4356	11 357 892	服务号、订阅号	图书馆基础服务、数字阅读、预约入馆、个人中心、电子资源、功能导航、活动信息、讲座在线等
上海少年儿童图书馆	上海少年儿童图书馆	1	49 815	267	47	服务号	数字阅读、我的活动、资源推荐等
上海市黄浦区图书馆	上海市黄浦区图书馆	1	7 950	350	43 296	订阅号	预约入馆、书目检索、图书续借、新书推荐、预约报名、数字阅读、讲座活动公告信息
上海市黄浦区明复图书馆	上海市黄浦区明复图书馆	1	7 860	271	32 099	订阅号	数字资源、活动资讯、预约服务、线上互动等
上海市徐汇区图书馆	上海市徐汇区图书馆	2	22 564	356	184 483	订阅号	服务大厅、数字阅读、书香联盟（联盟活动、汇讲坛）等
上海市长宁区图书馆	上海市长宁区图书馆、长宁微图	2	30 498	1308	523 200	订阅号、服务号	长图指南、阅读推广、分馆动态等；书目检索、读者借阅和续借、数字阅读
上海市长宁区少年儿童图书馆	上海市长宁区少年儿童图书馆	2	26 524	476	231	订阅号	我的图书、读者服务、俱乐部报名、数字阅读
上海市静安区图书馆	静安区图书馆	1	52 556	728	813 890	订阅号	我的图书馆、云悦读、常用服务
上海市静安区闸北少年儿童图书馆	上海市静安区闸北少年儿童图书馆	1	16 236	10	8 484	订阅号	读者预约等
上海市普陀区图书馆	上海市普陀区图书馆	1	40 536	229	164 777	订阅号	数字阅读、个人中心、图书续借、活动预告、通知、预约活动、发布活动成果等

（续表）

单位名称	微信公众平台名称	微信号数量（个）	微信粉丝量（人）[1]	推送信息量（条）	微信使用量（次）	公众号类型	服务内容
上海市普陀区少年儿童图书馆	上海市普陀区少年儿童图书馆	0	0	0	0	订阅号	提供读者指南、图书查询、续借以及活动报名、云阅读、普陀印迹等
上海市虹口区图书馆	上海市虹口区图书馆	1	30 055	450	436 521	订阅号	我的图书馆、服务指南、微阅读等
上海市杨浦区图书馆	上海市杨浦区图书馆	1	76 716	585	1 178 430	订阅号	入馆预约、我的活动、我的阅读等
上海市闵行区图书馆	上海市闵行区图书馆	1	86 097	225	131	订阅号	本馆信息、预约及续借功能活动、数字阅图等
上海市宝山区图书馆	上海市宝山区图书馆	2	56 456	81	207 826	订阅号、服务号	读者指南、书目检索、文献续借、入馆预约等、数字资源
上海市嘉定区图书馆	上海市嘉定区图书馆	1	98 878	590	29.5	订阅号	我的图书馆、云阅读、预约入馆等
上海市浦东图书馆	浦东图书馆、浦东图书馆外服务、浦东新区陆家嘴图书馆	3	333 801	1 169	6 055 252	服务号、订阅号	借阅服务、活动发布、个人中心、数字阅读等
上海市浦东新区新川沙图书馆	新川沙图书馆	1	7 510	107	40 404	订阅号	借阅服务、入馆预约数字资源、活动预告等
上海市金山区图书馆	上海市金山区图书馆	1	49 868	271	528 818	订阅号	数字阅读、活动资讯、金图分馆等
上海市松江区图书馆	上海市松江区图书馆	1	32 854	315	292 844	订阅号	借阅服务、开放时间、自修室预约、阅读等
上海市青浦区图书馆	清阅朴读	1	23 215	225	82 007	订阅号	个人中心、数字阅读、活动讲座等
上海市奉贤区图书馆	上海市奉贤区图书馆	1	14 096	472	253 781	订阅号	服务大厅、读者活动、数字阅读等
上海市崇明区图书馆	上海市崇明区图书馆	1	9 201	140	88 644	订阅号	活动发布、借阅服务、数字阅读等

数据说明：若单个图书馆有多个微信公众平台，微信粉丝量为各平台粉丝数加总之和。

资料来源：上海市图书行业协会及微信。

3. 移动 APP

许多公共图书馆利用移动版网站和微信小程序，与超星移动图书馆、中文在线等资源厂商合作，进行移动设备上的数字阅读服务。少数图书馆结合自身资源特色，研发自己的移动应用，但受限于技术手段和运营成本，2020年，各馆仅对移动应用软件进行系统修复和模块调整，并下架了部分移动应用。

4. 其他

2020年，结合线上活动的大量开展，其他基于新媒体平台的服务开始朝着便捷化、轻量化的方向运行。便捷读者操作成为文献借阅业务突破的出口，各馆积极融合新兴技术，优化服务流程。同时，耗时长、成本高的大型信息化开发项目相对减少，取而代之的是轻量级的微服务研发，视频类社交平台成为撬动流量的新蓝海。

- 上海图书馆

上海图书馆积极开拓自己的新媒体运营平台，贴合读者兴趣需求，在不断变化的网络环境中创新阅读推广活动。上海图书馆于2019年4月首次在短视频社交

静安区图书馆·蝴蝶湾旁的悦读城堡

平台"抖音"上发布创意短视频，2020年全年累计发布短视频181个，单个视频最高播放量达到1 040.9万，收获了5.3万的点赞。发布的视频内容主要包括书目推荐、馆内活动、练字课程等，通过与"砥砺前行——2020年各界名家抗疫寄语手稿展""世界读书日""阅21""上海文博会""文明互鉴：上海图书馆徐家汇藏书楼藏珍稀文献展"等大型活动联动，创作了大量具备话题性和知识性的视频，引发了读者的关注。

除了抖音外，哔哩哔哩也是上海图书馆重点运营的平台之一。目前，上海图书馆在哔哩哔哩上共有3个账号。一是上海图书馆的官方账号"上海图书馆"，自2020年4月在哔哩哔哩发布第一条视频起，全年累计发布了110条视频，单个视频最高播放量达11.2万次。发布内容以"上图讲座"为品牌支持，对名家大咖的讲座现场进行录制，话题生动、有趣，覆盖历史、医学、军事、传统技艺等，兼具知识类视频的深度与广度；二是历史文献中心于2020年8月开设的"观止讲堂"，立足于馆藏历史文献，馆员出镜讲解古籍及相关文献知识，全年共计发布了124条视频，单个视频最高播放量超5 000次；三是主打轻松、愉快的"同学你借书了没"，主要发布馆员荐书、读者培训等内容，2020年共计发布了98条视频。

有声阅读作为数字阅读的延伸，同样具备强劲的市场潜力。上海图书馆于2020年2月开通了移动社交音频平台——阿基米德，依托馆内音频资源，全年发布音频174个，主要包括有声书阅读、沪语教学、馆员荐书、知识科普等栏目。疫情期间，上海图书馆借助90名声音志愿者的共同努力，发布了"给抗疫前线家庭的孩子们讲故事"系列音频，通过将绘本、童话、寓言等适合亲子睡前聆听的内容转成声音图书馆的形式，陪伴诸多在抗"疫"前线战斗的家庭的孩子们入睡。其中，"给孩子讲故事：蒋干盗书"音频最高获得了66.2万的阅读量。

上海图书馆于2019年4月创新推出馆内手机扫码借书服务，读者可在微信端进入"手机借书公测"，使用自己携带的手机扫描馆藏条形码完成借书。此项服务新举措为流通自助服务提供了多样选择，免去了读者的排队环节，有效节约了图书馆流通服务成本、设备成本以及读者的时间成本，受到了读者的广泛认可。2020年9月又推出积分兑奖活动，读者可以通过使用手机扫取图书馆书刊条形码借书获得积分，积分可以兑换上海图书馆定制的各类小礼品，这一举措极大地激发了读者使用手机借书的积极性。

- 长宁区图书馆

新冠疫情期间，长宁区图书馆推出了"线上预约借书"服务。2020年4月，读者可在"长宁微图"微信公众号中预约图书,图书馆后台收到预约申请后,馆员会为读者办理借书手续再将书籍送到预约借书柜中,并通知读者来取,读者收到"预约成功"的微信通知后前往图书馆凭证领取图书。此项新举措一方面为读者提供了便捷的借书服务,另一方面也减少了疫情期间的人员接触,提升了特殊时期借阅的安全性。

- 静安区图书馆

静安区24小时自助图书馆项目始于2016年,分布在静安区文化需求旺盛的园区、商圈和营区,为读者提供自助办证、查询、借书、续借、还书等服务。截至2020年,共建成7座自助图书馆。每个自助图书馆可容纳400多本纸质图书,进入"一卡通"体系,可以自助办理实体证或直接用二维码电子读者证借书。选择数字阅读的读者还可在自助图书馆扫码阅读电子图书。此外,静安区图书馆还推出了"蓝色书巴"和"读者一号"流动图书车,每周定时定点外出服务。

- 虹口区图书馆

虹口区图书馆于2020年5月相继开通了抖音和哔哩哔哩。疫情常态化下,虹口区图书馆"科普知音"读书会特别推出了"云端阅读,分享好书"活动,鼓励青少年读者在抖音平台上传阅读视频。虹口区图书馆的抖音视频内容主要包括好书推荐、图书馆大探秘、服务指南等,全年共发布短视频52个;哔哩哔哩的视频内容以名人讲座、好书推荐、读书会分享为主,全年发布视频共计93个。其中"祖国,你好"微视频征集活动在哔哩哔哩上发布并评选,累计获得1.8万播放量。

- 杨浦区图书馆

杨浦"书界"O2O网借项目联合支付宝信用平台,为读者提供"免办证、免押金、线上借、送上门"的24小时泛在化自助借阅服务。同时,依托第三方物流为读者提供图书快递服务,让读者足不出户体验"线上预订,线下取书"的便捷。现可通过"书界"APP、嘉图借书支付宝小程序、微信小程序多端口实现读者借阅服务。杨浦区图书馆围绕"杨浦15分钟阅读"的建设理念,进一步扩展24小时自助图书馆的区内布局,2020年,"书界"的24小时自助图书馆新增6处,撤销1处,共布点39处。从恢复服务的3月16日至4月16日,"书界"的图书借阅量超4万册次,借阅读者超3.3万人,月平均借阅量较疫情前相比增长118%。"书界"的年总借阅册次约达24.6万,同比增长40.1%,目前仍处于持续增长阶段。

此外,杨浦"书界"进一步解锁了送书上门的新模式。2020年9月,联合"蜂鸟配送"提供距离杨浦区图书馆平凉分馆5千米范围内的物流当日达服务。以往读者使用"书界"借书可能要耗时2~3天，现在在嘉图借书支付宝小程序中选择"蜂鸟配送"，当天14点前的订单当日达，14点之后次日达。便捷的物流配送服务大大缩小了读者的网借等待时间，更好地满足了读者的阅读需求。

在移动端自助借书方面，杨浦区图书馆开辟了新渠道。2020年10月，杨浦区图书馆在区级馆中率先实现了"手机借书"创新服务；同年12月，开通了"随申码"借书功能。读者打开手机微信小程序"杨图手机自助借阅"（微信登录绑定读者证）或点击"随申码"（办理过读者证的市民）扫码，便能完成"一键借书"。

- 闵行区图书馆

闵行区图书馆通过政府采买服务的方式，延伸服务触角至市民家门口，提供各柜间通借通还的图书借阅服务。通过前期对区内众多点位的走访排摸，在听取基层需求、考察周边阅读氛围等基础上，从中甄选了20处较为成熟的点位，类型涵盖居民社区、商圈、企业园区等，投放了20个城市书柜。

2020年2月，闵行区图书馆的官方抖音号上线，开启"闵图抖音云荐书"线上阅读推广项目，全年发布视频共计125个，获赞数约1 900个。视频内容主要包括馆员荐书、书店走访、馆内动态等，单条视频最高播放量超过500次。项目制作的抖音短视频作品，如《1978，我们的高考》《我心归处是敦煌》《思君令人老，努力加餐饭》等被选入"学习强国"平台进一步展示和推广。

- 浦东图书馆

浦东图书馆与"书享"智能书柜的运营公司合作，将12台智能书柜带入浦东

浦东图书馆·南书房

的商场、办公大楼、居民区、消防支队等地作为延伸服务点，定期配送图书。市民可通过下载"书享悦读"APP或关注微信公众号免费扫码借书，借书期限为28天，并可在任意智能书柜中还书。简单易操作的推广方式极大地便利了读者的阅读需求。

陆家嘴图书馆开发的O2O网借项目"易悦读"于2017年4月23日"世界读书日"在该馆微信公众号上线试运行，6月，通过与支付宝合作，对芝麻信用分超过600分的"高分人士"，通过支付宝平台实现"线上一键借书，线下投递到家"。

浦东图书馆分别于2020年3月和8月入驻哔哩哔哩和抖音平台。2020年发布哔哩哔哩视频123个，单个视频最高播放量超2 000次；发布抖音短视频共计72个。哔哩哔哩汇集了浦东图书馆的讲座视频，邀请到不同领域的大咖，包含了"健康与人生""艺术与人生""鉴赏与人生""艺尚雅集""人文浦东""星光童读会"等各系列讲座视频。此外，还有趣味科普动画、志愿者风采展示等内容。

- 普陀区图书馆

普陀区图书馆积极引入"有声图书馆"项目，与喜马拉雅深入合作，线上设立苏州河书房电台，已推出《印迹——上海市普陀区文化遗产图志》《悠悠苏州河，煌煌工业史》音频资源，收听量近70万。同时，在线下引入"梦想的声音"实体有声图书馆，着力推广普陀非物质文化遗产、苏州河工业文明、"赤色沪西"红色文化等本地文化资源和其他优质有声读物。

四 | 读者活动

（一）形式多样的读者活动

1. 讲座

讲座是公共图书馆进行阅读推广的重要形式，也是发挥其社会教育、文化传播功用的核心业务。在各公共图书馆的长期推动下，讲座内容已涵盖文学历史、科学科普、健康养生等各类主题，并通过邀请各专业领域的专家或学者，针对读者感兴趣的话题进行现场演讲、多人对谈、读者互动等多种方式，在读者心中建立了良好的口碑，拥有了相对固定的受众群体，形成了颇具特色的知名文化服务品牌。2020年，因为疫情防控，本市公共图书馆讲座组织总数为2 906场次，同比减少了48.2%，除宝山区图书馆外，各级公共图书馆的讲座组织数量都有着不同程度的下降。组织讲座场次数量较多的是浦东图书馆、宝山区图书馆、松江区图书馆、上海图书馆和普陀区图书馆，均超过了60场次。由于讲座对线上读者的开放，个别馆讲座的参与人数统计包括了观看直播的人数，出现了在各馆普遍减少活动场次的同时，参与人数不降反增的现象。2020年，上海市公共图书馆讲座参与总人数增加了865万人次。其中，市级馆同比下降了77.9%，街道（乡镇）级馆同比下降了41.5%。讲座参与人数中排名前三位的图书馆分别是宝山区图书馆、徐汇区图书馆、浦东图书馆。

伴随着线上直播技术的发展和视频平台的爆发，讲座的参与方式正在逐步向着线上线下双渠道迈进。读者不再满足于必须到馆参加讲座，而是希望通过实时直播或是线上回顾的形式参与其中。2020年上半年，上图讲座将线下活动转为线上，读者们在居家防疫的同时也能享受到丰富多彩的讲座资源。上海书展期间，上海图书馆首次恢复线下讲座，举办了12场"书香·上海之夏"名家新作系列讲座，聚焦了读者关注的人文、历史、城市、科技等方面内容，邀请汪涌豪、徐建融、陈引驰、陈平原、何建明等近20位专家学者担任主讲；徐汇区图书馆结合"世界读书日""国际博物馆日"等热点推出"安心：音乐伴书香""馆行物语""新生·武康大楼"等主题讲座，邀请文化名人、专家学者以"剧场演讲+同台对话"让人耳目一新的形式为市民奉上精神大餐，并在徐汇通、东方网同步视频直播，在阿基米德海上畅谈社区同步音频直播，并逐步开放至线下参与；金山区图书馆全年共举办金文讲坛32场，受众超4万人次，其"当金山农民画遇见动画"邀请金山农民画开拓者吴彤章、中国动漫大师张天晓跨界对话，通过"云直播"的方式在中国移动、上海金山的直播平台与读者见面，直播观看人数达3万人，并联动东方网、人民网、新华社等6家媒体进行报道。

表4.10　2020年上海市公共图书馆组织讲座情况

单位名称	组织讲座（场次）	参与人数（人次）
上海市合计	2 906	9 080 281
市级图书馆合计	72	14 104
上海图书馆（上海科学技术情报研究所）	66	10 779
上海少年儿童图书馆	6	3 325
区级图书馆合计	1 095	8 961 741
上海市黄浦区图书馆	32	5 300
上海市黄浦区明复图书馆	2	39
上海市徐汇区图书馆	27	446 694
上海市长宁区图书馆	19	1 265
上海市长宁区少年儿童图书馆	15	50 344
上海市静安区图书馆	27	1 500
上海市静安区闸北少年儿童图书馆	29	1 885
上海市普陀区图书馆	63	15 809
上海市普陀区少年儿童图书馆	0	0
上海市虹口区图书馆	27	6 691
上海市杨浦区图书馆	45	2 410
上海市闵行区图书馆	14	1 310
上海市宝山区图书馆	116	8 231 047

（续表）

单位名称	组织讲座（场次）	参与人数（人次）
上海市嘉定区图书馆	73	17 163
上海市浦东图书馆	389	155 516
上海市浦东新区新川沙图书馆	6	157
上海市金山区图书馆	54	3 865
上海市松江区图书馆	68	9 834
上海市青浦区图书馆	46	6 189
上海市奉贤区图书馆	17	1 160
上海市崇明区图书馆	26	3 563
街道（乡镇）级图书馆合计	1739	104 436

资料来源：上海市图书馆行业协会。

区级馆在已有的文艺类讲座品牌的基础上，聚焦文化热点，着力提升讲座品质。静安区图书馆深入打造"悦读静安"文化讲坛品牌，开展"辞海新知""诗人话诗""译享世界""我和我的儿童时代"等四大系列，邀请专家学者、诗人作家举办讲座，深受读者欢迎；青浦区图书馆的"青溪讲坛"充分发挥馆内资源优势，联合超星名师讲坛持续为读者开展e线专题讲座，提升数字资源的利用率；2020年普陀区图书馆共策划了19场"苏州河书房·云上报告厅"线上讲座，又在确保防疫要求的情况下，坚持开展"苏州河书房·名家陪你读""名家讲坛""小小作家成长营"等三大系列讲座，为读者带来丰富的"精神食粮"。

2. 展览

展览是公共图书馆推广优秀文化、弘扬时代风貌的重要阵地，秉承着公益性、科学性、艺术性的原则，为读者持续输出优质的展览服务。展览的展出周期较长，能够在充足的时间内满足读者看展的需求。2020年，上海市公共图书馆共举办了1 183次展览，同比减少32.4%。各级馆中，街道（乡镇）级馆的举办次数减少最明显，占总减少场次的75%。全市的展览参与人次达107万，同比下降66.2%，其中参与人次超过10万以上的图书馆有2个，分别是上海图书馆和宝山区图书馆。

在展览数量整体收缩的情况下，提升展品质量、扩展辐射范围成为各馆展览的重要目标。一方面，各级馆精心筹划了主题多样的主题展，通过与其他公共文化机构的合作办展，为广大读者提供了更加优质的文化服务。如杨浦区图书馆与上海韬奋纪念馆合作举办了"真诚地为人民服务"邹韬奋诞辰125周年纪念展,以韬奋先生的"出版物"为主线,讲述韬奋生平和文物故事;虹口区图书馆与"阅读越精彩"青少年读书服务中心、香港"丰子恺儿童图画书奖"组委会合作,举办"丰子恺儿童图画书奖"获奖作品线上展览,通过云展览的方式呈现了38本获奖童书;嘉定区图书馆联合全区,举办"嘉乡嘹音"嘉定区公共图书馆总分馆地方文化展览,遴选12个街道(乡镇)的特色文献为导读书目,并向12个街道(乡镇)的市民征集用"当地话"朗读的反映风土民俗的音频,共同展现嘉定区的文化和历史。另一方面,各馆通过全国巡展的形式加强馆际交流,实现展览公共服务效益的最大化。新冠疫情暴发期间,上海图书馆推出了"抗击疫情,你我在一起"插画展的线上巡展,同期有外省市5家兄弟图书馆在微信公众号线上展出,获得社会各界的好评;嘉定区图书馆、杨浦区图书馆等引入了由中国图书馆学会联合中国日报社、中国画报出版社、首都图书馆等单位共同举办"百名摄影师聚焦COVID-19(新型冠状病毒肺炎)图片巡展",向广大读者展示了中国抗击新冠疫情的历史瞬间。8月,长宁区图书馆推出了这一摄影展的线下展览。

表4.11　2020年上海市公共图书馆举办展览情况

单位名称	举办展览(场次)	参与人数(人次)
上海市合计	1 183	1 070 054
市级图书馆合计	35	194 853
上海图书馆(上海科学技术情报研究所)	34	192 988
上海少年儿童图书馆	1	1 865
区级图书馆合计	183	545 011
上海市黄浦区图书馆	2	500
上海市黄浦区明复图书馆	3	1 241
上海市徐汇区图书馆	2	2 371
上海市长宁区图书馆	12	14 453
上海市长宁区少年儿童图书馆	8	10 262
上海市静安区图书馆	4	22 138
上海市静安区闸北少年儿童图书馆	1	150
上海市普陀区图书馆	3	3 317

（续表）

单位名称	举办展览（场次）	参与人数（人次）
上海市普陀区少年儿童图书馆	0	0
上海市虹口区图书馆	6	5 618
上海市杨浦区图书馆	21	67 622
上海市闵行区图书馆	2	10 000
上海市宝山区图书馆	17	131 801
上海市嘉定区图书馆	10	18 000
上海市浦东图书馆	23	95 570
上海市浦东新区新川沙图书馆	2	4 593
上海市金山区图书馆	4	71 862
上海市松江区图书馆	28	33 192
上海市青浦区图书馆	13	8 421
上海市奉贤区图书馆	15	29 400
上海市崇明区图书馆	7	14 500
街道（乡镇）级图书馆合计	965	330 190

资料来源：上海市图书馆行业协会。

全媒体时代赋予了展览全新的生命力，以互联网为载体发布线上展览，在盘活展览资源的同时，无形中扩大了展览的受众。许多图书馆在网站或者微信公众号上设立了线上展览平台，将实体展品拍摄下来，或是展品原件扫描上传，供读者参观。上海图书馆、浦东图书馆、杨浦区图书馆通过微信公众号来呈现线上微展览，同时在官网上均开辟专门的线上展览板块免费开放展板内容；嘉定区图书馆将其主办的线下展览上传到"文化嘉定云"平台，让市民便捷地享受文化成果、获取文化资源。尽管借助VR（虚拟现实）逛展览的技术已经成熟，但在公共图书馆领域尚属起步阶段，以图片的形式发布在网络平台，仍是当下线上微展览的主要模式。

3. 各类读书活动

2020年10月，中宣部印发《关于促进全民阅读工作的意见》，明确到2025年，通过大力推动全民阅读工作，基本形成覆盖城乡的全民阅读推广服务体系，并将组织开展重点阅读活动作为重点目标之一。公共图书馆举办各种形式的阅读推广活动，有助于引导市民提升阅读兴趣、养成阅读习惯、提高阅读能力。2020年，上海市各级公共图书馆共举办5 835场读书活动,同比下降了52.7%,参与人次约313万,同比下降了14.2%。各类型读书活动的举办场次下降明显。举办读书活动数量排名前三位的图书馆由高到低依次是上海少年儿童图书馆、虹口区图书馆和宝山区图书馆。

除了传统的讲座、展览等核心服务外,创新活动模式逐渐成为公共图书馆进行阅读推广活动的重要方向。受疫情反复的影响,市、区两级公共图书馆在创新活动形式的同时,将直播、视频与现场融合,致力于打造多平台推广渠道,借助线上平台发动更多的读者参与到活动中来。2020年3月,上海图书馆联合全国338家图书馆和文化机构组织举办了"我的战疫"阅读马拉松线上快闪赛,根据张文宏教授主编的《张文宏教授支招防控新型冠状病毒》的内容编写问题,线上阅读并答题,用来检验读者的阅读质量并传播正确的防疫方法,共吸引了19 003名读者报名参赛,13 667名读者获得了完赛证书。4月23日"世界读书日"正处于疫情的特殊时期,各级公共图书馆以此为宣传契机,开展了多样化的阅读推广活动。上海图书馆第三届"上图之夜"以全程直播的形式,带领读者云逛上图,不仅有"砥砺前行——2020年各界名家抗疫寄语手稿展",还有大咖云集的现场对话、文创产品发布、古籍修复技艺展示等,通过腾讯、哔哩哔哩、澎湃等12家平台联合直播,和读者一起在线上感受阅读的温度,活动总访问量达到82.71万;徐汇区图书馆联合"汇悦读书香联盟"10家实体书店,共同开展2020年世界读书日徐汇区"'书'醒:阅读的春天"主题活动,结合"海派书房"揭幕、"海上美谈"市民演讲大赛成果发布、"徐汇有礼"阅读大礼包、主题书单在线畅读、传统文化知识线上挑战赛等丰富的活动,为市民带来阅读乐趣和文化福利。活动期间,共有388位读者获赠阅读大礼包,礼包总价值逾4万元,助力实体书店复苏。

公共图书馆作为重要的公共文化场所,正在积极尝试文旅新融合,结合地方特色设计阅读推广活动。静安区图书馆首次尝试静安非遗线路直播,举办"文'遗'静安·非'尝'之旅——主播带你玩转静安非遗"活动,将南京西路沿线的10个非遗项目串联起来,规划一条静安非遗旅游路线,主播在"亨生西服"门店试穿西服、"雷允上"试吃特色膏方、试穿"大美华"布鞋等,通过直播的方式宣传静安区的非遗项目,线上人数达426.1万人次;嘉定区图书馆举办"智阅嘉定·爱读行走"活动,探索"全程智能"建设,创新推出"嘉游书架景区行"项目,在嘉定区各个街道(乡镇)文化旅游景区、商圈、乡村、文化基地等场地,以流动的形式设立"嘉游书架",让市民读者在风景名胜的行走间,便捷享受看、听、赏相结合的阅读快乐;杨浦区图书馆依托"长三角公共图书馆网借图书服务联盟",开展"打卡长三角旅城,际遇最美藏书票"活动，读者通过线上借阅收集这些富有当地人文特色的藏书票，还能互换互赠，集齐之后可以在线下兑换实体藏书票和文创礼物；松江区图书馆将场馆寻宝活动搬到了线上，增强各文化场馆的线上展示功能，线上除了纳入24个文博场馆以外，还增加了"最美读书目的地"，使市民足不出户，就能够领略各个场馆的魅力，为市民普及了松江人文历史，并进一步推广了全民阅读，拓展了全域旅游。活动从4月持续到8月，共计约14.6万人次在微信平台上参与了互动，842人参与了答题活动。

表4.12　2020年上海市公共图书馆开展各类读书活动情况

单位名称	读书活动（场次）	参与人数（人次）[1]
上海市合计	5 835	3 135 132
市级图书馆合计	365	1 857 204
上海图书馆（上海科学技术情报研究所）	30	6 805
上海少年儿童图书馆	335	1 850 399
区级图书馆合计	1 520	1 010 712
上海市黄浦区图书馆	128	12 900
上海市黄浦区明复图书馆	67	2 915
上海市徐汇区图书馆	37	7 495
上海市长宁区图书馆	2	100
上海市长宁区少年儿童图书馆	40	30 997
上海市静安区图书馆	20	2 917
上海市静安区闸北少年儿童图书馆	47	4 665
上海市普陀区图书馆	125	82 406
上海市普陀区少年儿童图书馆	34	8 927
上海市虹口区图书馆	184	41 144
上海市杨浦区图书馆	40	1 627
上海市闵行区图书馆	28	28 908
上海市宝山区图书馆	167	386 468
上海市嘉定区图书馆	128	89 391
上海市浦东图书馆	128	49 526
上海市浦东新区新川沙图书馆	60	14 675
上海市金山区图书馆	81	47 117
上海市松江区图书馆	14	150 633

(续表)

单位名称	读书活动（场次）	参与人数（人次）[①]
上海市青浦区图书馆	72	19 850
上海市奉贤区图书馆	93	17 935
上海市崇明区图书馆	25	10 116
街道（乡镇）级图书馆合计	3 950	267 216

数据说明：① 部分图书馆将线上读书活动一并统计，部分只统计了线下的读书活动。其中，上海少年儿童图书馆读书活动包括其主办的2020上海童话节，并将其联动的全市各区（少儿）图书馆、学校图书馆及社会主体的参与人数一并做入统计；上海市松江区图书馆读书活动包括了"打卡松江"系列文化线上打卡活动中的打卡人数，90万线上页面浏览量计入参与人数中。

资料来源：上海市图书馆行业协会。

（二）特殊群体读者活动

只有充分尊重和保障特殊群体的阅读需求，提供人性化的阅读服务，公共图书馆才能真正实现无障碍、零门槛进入。开展面向特殊群体的读者活动，不仅符合全民阅读的均等性原则，还能提升公共图书馆在特殊群体服务领域的优势。2020年，上海各级图书馆共举办少儿活动超过4 000场次，少儿活动参与人次超过280万。市级图书馆中，上海少年儿童图书馆举办少儿活动346场次，少儿参与人数达到185.6万人次，与上一年差别不大。区级图书馆中，宝山区图书馆、长宁区少年儿童图书馆、嘉定区图书馆的少儿群体平均每场次参与人数超过800人次以上。

上海少年儿童图书馆作为上海地区少儿文献资源中心、少儿阅读推广和指导中心，持续推广少儿活动，其全年参与人次占全市少儿人数的66.1%。每年的"上海童话节"已逐步成为上海少年儿童文化艺术实践与成果展示交流的舞台，2020年，"上海童话节"暑期系列活动联合全市各区公共（少儿）图书馆、学校图书馆及社会主体，推出线上、线下共160余场活动，以服务数据采集为支撑，以创意策划为主导，向线上拓展、向"云端"延伸、向少儿读者靠近，建设远程交互式活动互动平台。此外，文教结合正成为公共图书馆与学校共建共享的发展方向。长宁区图书馆助力华东师范大学附属天山学校建设校园书吧，进一步将阅读资源送至校园内；嘉定区图书馆针对不同学龄的儿童，幼儿园、小学、初中开展针对性的活动，开展的"图书馆之旅"为学生走向图书馆、了解图书馆、爱上图书馆搭建平台。

2020年，面向残障群体的活动数量约为886场次，残障群体参加人次约2.9万。

其中街道（乡镇）级图书馆作为基层服务点，参与总人次比区级图书馆多出1 800余人次。区级图书馆中，浦东图书馆开展面向残障群体的活动最活跃，组织场次高达643次，参与人数2 013人次。其次是金山区图书馆，组织场次超过20次。

浦东图书馆被众多视障读者亲切地称为"盲人之家"。常年为视障读者开展电脑培训、系列读书活动，为视障读者提供盲人书刊、有声读物、智能听书机，开展"无障碍电影"讲解，让知识的阳光照耀到视障者的心田。疫情期间，由7名视障人士组成的特殊心理咨询师团队，为其他残障人士送出"云关怀"，提供线上心理咨询服务。此外，浦东图书馆还举办了"红色记忆传承经典"视障人士文艺交流活动，"假如没有半天光明"公益体验活动等。金山区图书馆推出"阅读有你"残障阅读推广人培育计划，从4月起面向残障人士开展6场专场线上讲座，征集到13篇读后感上报至市残联；同时针对热爱朗诵的残障人士开展了11场线上线下培训课程，培育出一批优秀的残障人士阅读推广人。经典诵读展演活动发动了全区200多名残障人士参与，征集到书评、读后感、朗诵等作品共80余篇。青浦区图书馆发起"阅读，照亮童年"残障儿童阅读礼包赠阅活动，面向全区0~7岁残障儿童进行阅读礼包赠阅活动，活动共覆盖180户残障儿童家庭，并根据每个小朋友的不同情况，特别设计了三种针对不同残障儿童的阅读礼包，分别是针对视力障碍儿童的"触触包"，针对听力、语言障碍儿童的"乐乐包"及针对肢体残疾、孤独症等多重障碍儿童的"暖暖包"，帮助残障儿童树立信心，认识自我，享受阅读的快乐。

表4.13 2020年上海市级、区级、街道（乡镇）级公共图书馆特殊群体读者活动

单位名称	少儿群体（场次）	少儿群体（人次）	残障群体（场次）	残障群体（人次）
上海市合计	4 668	2 806 599	886	29 470
市级图书馆合计	346	1 856 160	7	14 933
上海图书馆（上海科学技术情报研究所）	4	571	7	14 933
上海少年儿童图书馆	342	1 855 589	0	0
区级图书馆合计	1 495	776 655	681	6 362
上海市黄浦区图书馆	63	9 450	0	0
上海市黄浦区明复图书馆	53	1 713	0	0
上海市徐汇区图书馆	60	2 199	2	80

（续表）

单位名称	少儿群体（场次）	少儿群体（人次）	残障群体（场次）	残障群体（人次）
上海市长宁区图书馆	5	310	0	0
上海市长宁区少年儿童图书馆	121	110 499	2	73
上海市静安区图书馆	12	562	2	20
上海市静安区闸北少年儿童图书馆	11	215	0	0
上海市普陀区图书馆	37	10 008	0	0
上海市普陀区少年儿童图书馆	34	8 927	0	0
上海市虹口区图书馆	56	10 384	6	559
上海市杨浦区图书馆	16	632	1	90
上海市闵行区图书馆	12	911	0	0
上海市宝山区图书馆	88	200 378	0	0
上海市嘉定区图书馆	210	174 316	0	0
上海市浦东图书馆	218	165 849	643	2 013
上海市浦东新区新川沙图书馆	60	14 675	0	0
上海市金山区图书馆	128	2 656	23	3 337
上海市松江区图书馆	44	10 788	1	10
上海市青浦区图书馆	59	9 308	1	180
上海市奉贤区图书馆	128	37 000	0	0
上海市崇明区图书馆	80	5 875	0	0
街道（乡镇）级图书馆合计	2 827	173 784	198	8 175

资料来源：上海市图书馆行业协会。

五 | 参考咨询

（一）普通参考咨询服务

上海图书馆长期坚持"三个面向"的服务定位，即面向公众的文献服务、面向专业的知识服务和面向决策的咨询服务。随着信息技术的进步和图书馆服务对象的扩大，参考咨询在服务类型、服务渠道、服务技术等方面均有着不同程度的发展。普通参考咨询服务主要是基于读者的个人需求，为其提供图书馆服务的介绍与指向性咨询，以及帮助读者进行文献检索、文献传递等信息服务的指导性咨询。

上海市市、区两级公共图书馆均提供基本的参考咨询服务。就服务渠道而言，上海图书馆采取了线上和线下并行的咨询模式，除了传统的咨询台现场咨询、电话咨询、邮箱咨询外，还提供方便快捷的线上参考咨询，如2001年推出的基于PC（个人电脑）端的网上联合知识导航站、2010年开通的基于微博平台的"上海图书馆信使"和2013年底在微信服务号"上海图书馆"上线的参考咨询服务。各区级图书馆普遍采取到馆咨询、电话、邮箱和网站咨询问答的方式，部分区级图书馆使用微博、微信和网上联合知识导航站提供参考咨询服务，帮助读者解决提出的问题，获取所需的信息及帮助。上海图书馆在网站和微信服务号上均引进了智能回复系统，以"图小二"的虚拟机器人形象自动回复相关基础业务问题，及时更新和扩充知识库，辅助馆员人工回复，有效地提高了回复速度和咨询效率。

2020年，上海图书馆线上普通参考咨询总量达到33.3万次，其中微信端的咨询数量共计32.9万次，同比增长27.1%；网上联合知识导航站的参考咨询数量下降了42.6%，为3 588次；读者使用微博进行参考咨询数量增加至706次。数据表明，微信平台正逐渐成为普通参考咨询服务的重要阵地，且后台的机器人回复已经成为微信端面向读者咨询的主要口径，机器人回复占总回复数量的92.4%。

表4.14　2017—2020年上海图书馆线上普通参考咨询数量

服务平台	2017年咨询数量（次）	2018年咨询数量（次）	2019年咨询数量[①]（次）	2020年咨询数量（次）
网上联合知识导航站	6 960	5 934	6 251	3 588
微博	538	490	438	706
微信[①]	161 773	58 630	258 469	328 624

数据说明：① 2018年至今，上海图书馆微信端引进智能机器人提供智能回复服务，咨询数量包括机器人回复和人工回复。
资料来源：上海图书馆（上海科学技术情报研究所）。

（二）专题咨询与情报分析服务

专题咨询以用户需求为导向，聚焦某一领域的专题信息，提供事实型查询、信息查证、定题服务、文献信息开发等服务内容。[①]知识经济时代对公共图书馆传统的信息服务提出了更高的要求，进一步提供知识参考、知识产品等成为各图书馆扩充参考咨询业务的主要发力点。其中，情报分析类型的服务既能够对标企业创新科技需求，又能够分析和监测行业发展动态，市场前景广阔。上海市公共图书馆积极践行面向读者、科研人员及区内企事业单位的创新信息服务，提供但不限于专题咨询、科技查新、知识产权查新等服务。

在专题咨询方面，上海图书馆提供社会科学和自然科学各领域的文献资料的查找，新产品开发，产品或行业市场调研，撰写各类报告等所需国内外资料的检索、定题服务。上海图书馆与上海宋庆龄研究会签署战略合作协议，双方共同确定构建以"宋庆龄文献数据中心"的七个文献类别、上海图书馆的两类报刊资源为数据主体的数据库，内容覆盖了文献、图片、音视频等多种形式。各区图书馆基于自身丰富的馆藏资源、专业化的人才队伍，对各类文献信息进行收集、整理、开发、提供和利用。青浦区图书馆搜集了一百种青浦地方志或涉及青浦相关的上海地方志，用以建设参考阅览室青浦地方志数据库，还整理并印制了《青浦历史名人著作选辑》；闵行区图书馆课题项目之"闵行历代稀见文献丛刊"出版新书《闵行诗存》（外一种），此前已出版《李氏易园三代清芬集》《董传策集》等珍贵的地方文献。

编研专题参考资料同样是各区级图书馆的重点工作。截至2020年10月底，嘉

---

① 中华人民共和国文化部.图书馆参考咨询服务规范：WH/T 71-2015[S].北京：国家图书馆出版社，2015:3.

定区图书馆编发《嘉定人和事》《参考信息》《嘉图通讯》等二、三次文献共计5种59期5 000余份，推荐44本嘉定地方文献；开展信息收集工作，制作《媒体看嘉定》《嘉定日讯》《聚焦嘉定》，搜集信息1 685条；做好课题检索服务，提供参考文献资料217篇。长宁区图书馆将《媒体视野中的长宁》正式更名为《媒体绘长宁》，累计完成《媒体绘长宁》2020年第1、2期汇编，完成《虹桥风》群文简讯第三季度和《长图文撷》2020年第1、2期。青浦区图书馆制作了2020年第1—3季度的《青浦媒体报道剪报》，供馆、局领导参阅。崇明区图书馆共完成了《崇图书苑》4期、《崇明信息摘编》12期。奉贤区图书馆完成了《文献检索研究》《点击奉贤》各12期二次文献的编辑印发。

上海图书馆充分发挥情报服务优势，建设上海情报服务平台和上海行业情报服务网，开展"创之源"中小企业信息服务，开创行业情报服务新模式。同时建立起多层次的专利咨询业务体系，每年面向广大企业、高校、研究机构、律所、法院、司法鉴定机构等，开展大量定制化的高级增值服务，包括知识产权评议、专利战略、专利分析预警、专利查新、专利侵权分析等，相关服务已融入大型企业集团的创新决策与科技管理。浦东图书馆依托区域内高新技术产业的强劲实力及市场需求，积极开展定题跟踪服务，可根据用户所在学科、行业领域或企业的需求确定跟踪信息源，围绕其领域关注热点、难点问题及同行业竞争情况进行信息跟踪，提供推送服务。具体包括两个方面：一是舆情监测，根据用户需求定制媒体，进行媒体信息追踪服务，包括对行业信息、新闻通稿、新闻发布会、公关活动、危机信息等的监测，并对信息进行筛选、整合与分析。二是剪报服务，主要提供国内外平面媒体和网络媒体信息的采集、加工、开发与定制，包括实时跟踪和回溯性检索。根据用户的信息需求，广泛收集与用户需求相关的各类媒体信息，进行编辑、加工、整理并定期发送给用户，提供个性化服务。

（三）公共政策与决策咨询服务

在中国特色新型智库建设背景下，公共图书馆的决策咨询正在成为一项重要的服务要素，它能够充分发挥公共文化事业上的机构优势，依托海量的数据及馆藏资源进行深入分析，助推公共图书馆科技智库建设朝着及时性、科学性、前瞻性的方向发展。

在决策咨询和专业服务方面，上海图书馆主要围绕前沿技术、科技创新趋势、国际大都市等馆所智库核心研究方向，积极重接本市重点软科学研究项目。

"上海市前沿技术发展研究中心"软科学研究基地完成了发达国家科技政策解读、新兴技术领域研究、技术专利地图报告等22份研究报告,全年承接决策咨询项目42项,其中市政府决策咨询项目2项、上海科技发展基金项目1项、上海文化发展基金项目1项。同时,积极为政府机构开展决策咨询,如承担徐汇区知识产权运营服务体系建设调研及2020徐汇区知识产权白皮书研究等;积极强化科技情报的决策咨询功能,通过居家办公时刻战斗在抗击疫情的"信息一线",围绕重点城市疫情防范举措对比、发达国家防疫主要法规和举措、疫情防范中新兴科技的应用等专题编写了24份内参报告;完成《上图专递》等系列内参,获得了市委领导的批示。

在公共图书馆科技智库实践方面,上海图书馆积极参与到公共政策的研究课题工作中,加快推进公共图书馆科技智库服务体系构建。2020年5月,上海图书馆与南京图书馆、浙江图书馆、安徽省图书馆共同签约成立"长三角公共图书馆智库服务联盟",通过科学统筹长三角公共图书馆资源配置,携手推进联盟建设任务,建立健全长三角公共图书馆智库服务体系,促进长三角公共图书馆智库服务成果的共建共享,全面提升了长三角公共图书馆的决策咨询服务能力,为推动长三角区域经济、社会、文化全面协调高质量发展贡献了更多的智慧和力量;2020年7月,上海图书馆(上海科学技术情报研究所)入选15家首批上海市重点智库之一;2020年11月,上海图书馆获批成为世界知识产权组织技术与创新支持中心,将在世界知识产权组织和国家知识产权局的发展议程框架和推广下,帮助中国知识产权和创新用户提升技术信息检索能力,更快地掌握行业动态和新技术信息,促进其增强创新能力;同时,《打造"资源专家工具场地"四位一体的创业公益服务模式》案例入选国家知识产权局评选出的2020年全国知识产权信息服务十大优秀案例。上海图书馆每年发布两大智库报告,分别是《国际大都市科技创新能力评价》和《国际前沿科技热点》智库报告。《国际大都市科技创新能力评价》报告中的研究城市从20个扩大至50个;《全球前沿科技热点》报告的数据采集在科技政策、咨询报告、专利和学术论坛的基础上增加了国际知名科技互联网媒体,进一步提升了前沿技术点的时效性。

在社会舆情监测与分析方面,上海图书馆始终坚守舆情监测岗位,通过及时的信息传递、详尽的资料爬梳、中肯的情况分析,在民众与政府之间搭建了有效的沟通桥梁,还得到了广东省等省市主要领导的高度肯定,广东省政府外事办还特地发来了感谢信。2020年,监测服务累计提供各类舆情内参报告707期,完成数量较去年同期增加了16.1%，其他剪报服务完成了3 871期。平台功能升级、数据可视化服务等创新服务得到了用户的充分肯定。疫情期间，面对谣诼起伏的不良现象，上海图书馆依靠过硬的业务能力，用文献说话，以数据讲理，在揭示真相、粉碎谣言上不断发力，终止了疫情暴发"神预测"等一系列不实信息，在澄清舆论环境、稳定社会人心等方面发挥了关键作用，赢得了群众的口碑赞誉。

撰稿人	魏云，上海图书馆（上海科学技术情报研究所），读者服务中心，助理馆员。 研究方向：文献学、阅读推广。

第五章
人力资源

　　2020年的新冠疫情加速了公共图书馆传统服务向线上服务的模式转型，为图书馆的创新发展带来了机遇和挑战。广大图书馆工作者在积极做好疫情防控工作的同时，敏锐把握服务转型契机，充分借助信息技术、新媒体矩阵形成线上线下融合的多元服务模式，保障了防疫常态化下的服务常态化。2020年本市市、区、街道（乡镇）三级公共图书馆从业人员为3 818人，同比减少1.2%。为加快促进青年人才成长，公共图书馆以岗位"新"技能大赛为抓手激发青年馆员的创新潜能，以加大年轻干部使用力度为手段优化年龄结构，可持续发展的人才梯队逐渐显现。

一 | 馆员数量

（一）从业人员总体数量

2020年，市、区和街道（乡镇）三级公共图书馆总计从业人员数为3 818人，较2019年减少45人，同比降低1.2%；较2018年增加82人，高出2%。受新冠疫情影响，2020年全市三级公共图书馆从业人员总体数量自2016年以来首次出现小幅回落，总量介于2018与2019年之间。

与2019年相比，2020年市级图书馆从业人员总体数量增加28人，同比增长3%，增幅高于上年同期。其中，由于上海图书馆东馆服务人员储备需要，上海图书馆从业人员总数增加了31人，上海少年儿童图书馆则减少了3人；区级图书馆减少72人，同比降低4.5%，总量略低于2018年；街道（乡镇）级图书馆减少1人，与2019年基本持平。2020年全市公共图书馆从业人员总体数量的回落，主要体现在区级图书馆从业人员总数的减少上。

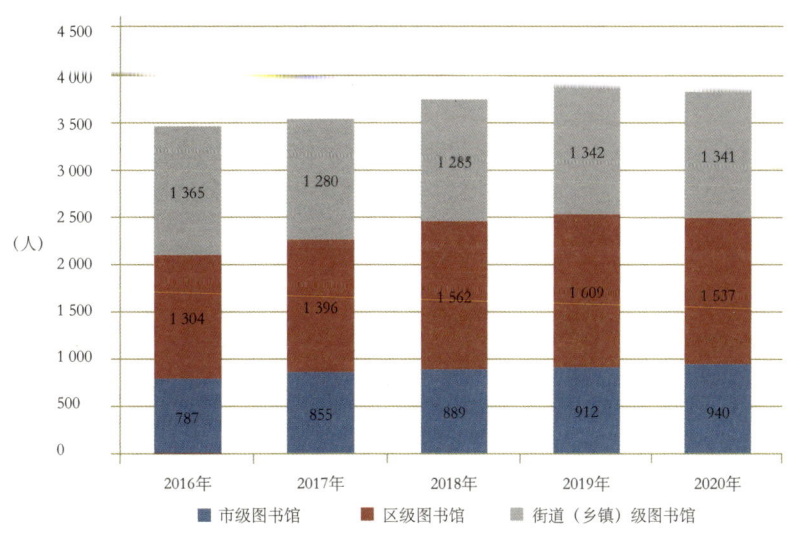

图5.1　2016—2020年上海市公共图书馆从业人数变动情况

表5.1　2019—2020年上海市公共图书馆从业人数

单位名称	2019年		2020年	
	单位数（个）	从业人员数（个）	单位数（个）	从业人员数（个）
上海市合计	238	3 863	238	3 818
市级图书馆合计	2	912	2	940
上海图书馆（上海科学技术情报研究所）	1	860	1	891
上海少年儿童图书馆	1	52	1	49
区级图书馆合计	21	1 609	21	1 537
上海市黄浦区图书馆	1	52	1	46
上海市黄浦区明复图书馆	1	30	1	27
上海市徐汇区图书馆	1	69	1	67
上海市长宁区图书馆	1	49	1	63
上海市长宁区少年儿童图书馆	1	28	1	29
上海市静安区图书馆	1	136	1	118
上海市静安区闸北少年儿童图书馆	1	10	1	10
上海市普陀区图书馆	1	124	1	108
上海市普陀区少年儿童图书馆	1	17	1	13
上海市虹口区图书馆	1	127	1	128
上海市杨浦区图书馆	1	174	1	163
上海市闵行区图书馆	1	60	1	65
上海市宝山区图书馆	1	74	1	73
上海市嘉定区图书馆	1	89	1	90
上海市浦东图书馆	1	259	1	226
上海市浦东新区新川沙图书馆	1	28	1	26
上海市金山区图书馆	1	51	1	59
上海市松江区图书馆	1	58	1	54
上海市青浦区图书馆	1	58	1	57
上海市奉贤区图书馆	1	56	1	56
上海市崇明区图书馆	1	60	1	59
街道（乡镇）级图书馆合计	215	1 342	215	1 341

资料来源：上海市图书馆行业协会。

（二）从业人员编制构成

2020年，上海市公共图书馆在编人员数量2 782人，占从业人员总数的72.9%，在编人数占比比2019年高出1.2%，但增幅略有下降，上海图书馆在编人数的增加是主要增长点。

各级公共图书馆从业人员中，市级图书馆在编人数864人，占从业人员总数的91.9%；区级图书馆在编人数1 149人，占比为74.8%；街道（乡镇）级图书馆在编人数769人，占比为57.3%，与2019年相比，2020年各级公共图书馆从业人员中在编人员的占比均有小幅提升。

2020年上海市公共图书馆馆均从业人数的各项指标均略低于2019年，但总体出入不大。其中，因上海图书馆东馆人力资源储备需要，在编人数增加31人，成为市级图书馆从业人员均值和在编人员均值高于2019年的主要原因；区级图书馆馆均从业人数的各项指标均低于2019年；街道（乡镇）级图书馆馆均从业人数的各项指标均与2019年基本持平。

与2019年相比，上海少年儿童图书馆业务外包及其他人员减少4人，区级图书馆减少约40人，市、区两级图书馆的业务外包及其他人员馆均同比下降5%和9.3%，业务外包及其他人员数量得到初步控制。

表5.2　2020年上海市公共图书馆馆均从业人数

单位名称/类型	单位数（个）	从业人员（人）	在编人员（人）	业务外包及其他人员（人）
上海市总体均值	238	16	11.7	4.4
市级图书馆均值	2	470	432	38
上海图书馆（上海科学技术情报研究所）	1	891	826	65
上海少年儿童图书馆	1	49	38	11
区级图书馆均值	21	73.2	54.7	18.5
街道（乡镇）级图书馆均值	215	6.2	3.6	2.7

资料来源：上海市图书馆行业协会。

（三）区域服务人口

2020年，上海市公共图书馆从业人员人均服务人口为6 514人，同比增长3.8%，在常住人口同比增加63.31万人的同时从业人员同比减少45人，是导致全市从业人员人均服务人口增加的主要原因。

从区域服务人口来看，从业人员人均服务人口数量居前三名的与2019年相同，仍然是闵行区、松江区和奉贤区；从业人员人均服务人口同比增长数量最大的前三名依次是浦东新区（同比增加1 607人）、嘉定区（同比增加1 168人）、宝山区（同比增加954人）。浦东新区同比服务人数增长的主要原因在于从业人员的减少，嘉定区、宝山区同比服务人数增长的主要原因在于常住人口的增加；从业人员人均服务人口同比减少幅度较大的是崇明区（同比减少1 440人）和长宁区（同比减少1 021人），两区从业人员人均服务人口同比减少的主要原因均为从业人员的增加。

表5.3　2020年上海市各区公共图书馆从业人员人均服务人口

区域	常住人口数（万人）	从业人员（人）	每位从业人员服务人口（人）
黄浦区	66.20	131	5 053
徐汇区	111.31	137	8 125
长宁区	69.31	150	4 621
静安区	97.57	224	4 356
普陀区	123.98	177	7 005
虹口区	75.75	169	4 482
杨浦区	124.25	243	5 113
闵行区	265.35	174	15 250
宝山区	223.52	191	11 703
嘉定区	183.43	179	10 247
浦东新区	568.15	491	11 571
金山区	82.28	109	7 549
松江区	190.97	139	13 739
青浦区	127.14	127	10 011
奉贤区	114.09	95	12 009
崇明区	63.79	142	4 492

数据说明：各区统计数据中包括区级和街道（乡镇）级图书馆，不包括市级图书馆员工数。
资料来源：上海市图书馆行业协会；上海市统计局《上海市第七次全国人口普查主要数据公报（第二号）》。

二丨学历结构

2020年，上海市各级公共图书馆从业人员仍以本科及以上学历为主，并且按街道（乡镇）、区、市三级逐级递增，街道（乡镇）级图书馆本科及以上学历占在编人员总数比例为40.64%，区级馆本科及以上学历占比为81.55%，市级馆本科及以上学历占比为88.42%。市级馆本科及以上学历占比最高，街道（乡镇）级馆本科及以上学历占比增幅最大，同比增加4.4%。

上海市市、区、街道（乡镇）三级图书馆的大专、高中及以下学历占比和馆均值较2019年均有降低，显示上海公共图书馆从业人员学历层级逐步提升。

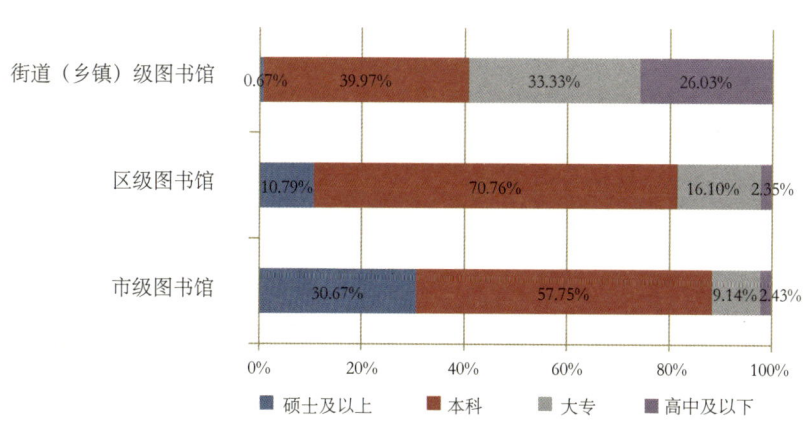

图5.2　2020年上海市公共图书馆从业人员学历结构

数据说明：① 学历指国家承认的正式学历，不含相当学历。市、区两级公共图书馆针对在编人员统计，街道（乡镇）级公共图书馆针对从业人员统计。

② 由于计算时的四舍五入，加总后的百分比可能不为100%。

资料来源：上海市图书馆行业协会。

2020年度，上海市市级图书馆硕士学历从业人员增加40人，较去年增加近17.8%，其中上海图书馆为东馆开馆进行人才储备，硕士学历增加38人；市级图书馆本科学历从业人员增加8人，但因硕士学历人数大增而导致在编人数的增加，市级图书馆本科学历占比较上一年度有所降低。区级图书馆硕士学历占比和本科学历占比较去年均有小幅提升。街道（乡镇）级图书馆的本科学历从业人员占比增加明显，馆均同比增加0.28人；大专、高中及以下学历占比为59.36%，较去年降低4.4%，馆均同比减少0.28人，占比虽有下降，但基数仍显庞大。

表5.4 2020年上海市公共图书馆从业人员馆均学历情况

单位名称/类型	硕士及以上（人）	本科（人）	大专（人）	高中及以下（人）
市级图书馆均值	132.5	249.5	39.5	10.5
上海图书馆（上海科学技术情报研究所）	253	479	73	21
上海少年儿童图书馆	12	20	6	0
区级图书馆均值	5.9	38.7	8.8	1.3
街道（乡镇）级图书馆均值	0.04	2.5	2.1	1.6

数据说明：市、区两级公共图书馆针对在编人员统计，街道（乡镇）级公共图书馆针对从业人员统计。
资料来源：上海市图书馆行业协会。

三 | 职称结构

2020年,上海市各级公共图书馆正、副高职称238人,其中上海图书馆180人,上海少年儿童图书馆4人,区级53人,街道(乡镇)级1人,上海图书馆约占四分之三,体现出上海图书馆在图书情报方面的高端人才优势。全市中级职称842人,其中市、区两级814人,街道(乡镇)级28人,街道(乡镇)级图书馆中级及以上职称的覆盖率还处于较低水平。全市初级及无职称2 239人,占全市总从业人数的58.6%,其中街道(乡镇)级初级及无职称人数达1 312人,占全市初级及无职称总人数的58.6%,显示目前上海公共图书馆从业人员职称结构仍以初级及无职称为主,相关部门仍需大力发展图书馆从业人员职业培训。

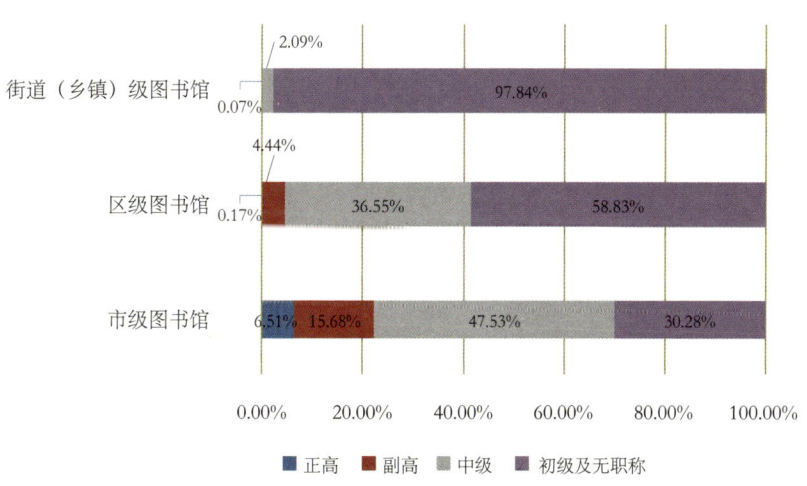

图5.3　2020年上海市公共图书馆从业人员职称结构

数据说明：① 市、区两级公共图书馆针对在编人员统计,街道(乡镇)级公共图书馆针对从业人员统计。
　　　　　② 由于计算时的四舍五入,加总后的百分比可能不为100%。
资料来源：上海市图书馆行业协会。

2020年，全市各级公共图书馆馆均正高职称同比变化不大，高层次人才增速较慢，表明公共图书馆要加强专业骨干人才、学科带头人等高级专业人才的培养力度。市级图书馆馆均副高职称同比增加5.5人，区级同比增加0.16人；市级图书馆馆均中级职称同比增加4.5人，区级同比增加0.71人，市、区两级图书馆的馆均副高、中级职称人数保持稳步增长。市级图书馆馆均初级及无职称人数同比增加9.5人，其中上海图书馆增加15人，上海少年儿童图书馆增加4人；区级馆均初级及无职称人数同比减少1.99人。

表5.5　2020年上海市公共图书馆从业人员馆均职称情况

单位名称/类型	正高（人）	副高（人）	中级（人）	初级及无职称（人）
市级图书馆均值	27	65	197	125.5
上海图书馆（上海科学技术情报研究所）	54	126	377	234
上海少年儿童图书馆	0	4	17	17
区级图书馆均值	0.1	2.4	20	32.2
街道（乡镇）级图书馆均值	0	0	0.1	6.1

数据说明：市、区两级公共图书馆针对在编人员统计，街道（乡镇）级公共图书馆针对从业人员统计。
资料来源：上海市图书馆行业协会。

四 | 学术研究

2020年，上海市市、区级公共图书馆中举办馆内学术活动的单位有10家，共举办学术活动41个，其中上海图书馆举办14个，为十家单位之首；徐汇区图书馆、普陀区图书馆、普陀区少年儿童图书馆、嘉定区图书馆各举办5个，数量并列第二。在市级馆中，上海图书馆平均每个馆内学术活动的参加人次为136.6人次，区级馆平均每个馆内学术活动的参加人次为48人次，上海图书馆员工参加馆内学术活动的积极性相对较高。参加馆外举办学术活动的市、区级公共图书馆共22家，市级馆平均每个馆外学术活动参加人次为2次，区级馆平均每个馆外学术活动参加人次为5.3次，区级馆馆员参加馆外举办学术活动情况相对活跃。

2020年上海市市、区级公共图书馆员工共发表学术期刊论文214篇，同比减少6.6%；馆均发表论文14.3篇，同比减少0.9篇。其中，上海图书馆发表论文74篇，比上一年度减少了59篇，是市、区两级公共图书馆中降幅最大的；浦东图书馆发表论文90篇，比上一年度增加了66篇，是市、区两级公共图书馆中增幅最大的。除浦东图书馆以外的12家区级图书馆，馆均发表论文3.33篇。

表5.6　2020年上海市市、区级公共图书馆员工参加馆内外学术活动情况

单位名称	参加馆内举办学术活动			参加馆外举办学术活动		
	单位数（个）	学术活动个数（个）	人次（人）	单位数（个）	学术活动个数（个）	人次（人）
上海市合计	10	41	3 208	18	158	585
市级图书馆合计	1	14	1 912	2	76	153
区级图书馆合计	9	27	1 296	16	82	432

资料来源：上海市图书馆行业协会。

表5.7 2020年上海市市、区级公共图书馆员工学术期刊发表论文情况

单位名称	单位数（个）	员工发表论文（篇）
上海市合计	15	214
市级图书馆合计	2	84
上海图书馆（上海科学技术情报研究所）	1	74
上海少年儿童图书馆	1	10
区级图书馆合计	13	130
上海市黄浦区图书馆	1	2
上海市徐汇区图书馆	1	6
上海市静安区图书馆	1	2
上海市虹口区图书馆	1	1
上海市杨浦区图书馆	1	1
上海市闵行区图书馆	1	1
上海市宝山区图书馆	1	5
上海市嘉定区图书馆	1	3
上海市浦东图书馆	1	90
上海市金山区图书馆	1	1
上海市松江区图书馆	1	5
上海市青浦区图书馆	1	6
上海市奉贤区图书馆	1	7

数据说明：上海图书馆员发表论文为知网作者机构精确检索数据，其他馆为填报数据。

资料来源：上海市图书馆行业协会。

五 | 队伍建设

2020年，上海市市、区级公共图书馆在持续做好人才培养的同时，全面加强员工防疫意识和应急处理知识培训，筑牢公共图书馆战"疫"防线；扶持青年骨干，规范用人机制，努力建设可持续发展的人才队伍。

（一）加强防疫培训，提升应急处置能力

2020年，上海市、区级公共图书馆时刻绷紧防疫之弦，全面落实疫情防控常态化管理，以疫情防控为抓手，加强防疫知识的宣传和培训，不断提高从业人员的防疫意识和应急处置能力。上海图书馆在2020年度文明创建工作推进会上以舞台剧形式呈现了抗疫期间的真实事件，展现了员工自临时闭馆到全面复工期间的工作成效与精神风貌。虹口区图书馆在复工前组织开展员工防疫培训，复工后组织员工学习《张文宏教授支招防控新型冠状病毒》，并就相关知识点进行书面考核。金山区图书馆面向总分馆员工推出"防疫知识与健康管理"课程。松江区图书馆多次开展消防安全培训，并引入AED（自动体外除颤器）心脏急救设备进行相关培训。嘉定区图书馆组织党员、青年员工参加疫情防控志愿者服务工作，先后参与员工达80余人，共计1 735人次，个别员工获得上海市新冠疫情防控志愿服务证书。黄浦区明复图书馆组织员工参观"召唤——上海市抗击新冠疫情美术、摄影主题展"。

（二）拓宽培养思路，打造创新型人才队伍

人才培养一直是公共图书馆队伍建设相当重要的组成部分，不断拓宽的业务培训形式和内容激发了人才的内生动力和活力，有效助力打造高素质、多元化、创新型的人才队伍。

培训内容广泛，形式拓宽，兼顾专业化与多元化。上海图书馆与华东师范大

学、上海大学信息管理系等高校建立联系，整合社团培训资源，为东馆试运行培养人才；徐汇区图书馆组织员工参加慕课培训，7名馆员获得中国大学MOOC图书馆管理证书；嘉定区图书馆组织员工参加文化和旅游部全国公共文化发展中心、中国图书馆学会、上海市预防医学会等机构主办的各类线上线下培训班20余项；松江区图书馆员工围绕"四史"教育开展研读会。此外，各类展览、讲座、活动精彩纷呈，区级图书馆推出了"在平凡的岗位上且行且珍惜"职业道德讲座、痛点思维与文献建设路径讲座，组织员工参观"科学会客厅"、上海工匠馆、红色展馆等。

各种技能竞赛上线，激发员工活力。上海市中心图书馆主办的第四届职工岗位"新"技能大赛吸引了包括1家市级成员馆、16家区级成员馆和39家街道（乡镇）级成员馆的诸多馆员积极参与，收到高质量的"海报创意设计""微视频""阅读推广方案"共314个。年内，金山区图书馆、嘉定区图书馆、浦东图书馆分别开展了职工劳动技能竞赛；黄浦区明复图书馆、嘉定区图书馆、徐汇区图书馆员工参加了各类馆外知识竞赛、技能大赛并获荣誉。

学术研究不松懈，鼓励员工开展学术调研，参加征文活动。上海图书馆运行的"2151"人力资源能力建设工程，有效扶持青年人才开展学术研究。浦东图书馆每月开展学术沙龙活动，并对《上海浦东图书馆科研成果评价办法（试行）》进行了修订并印发，激励馆员发表高水平原创性研究成果，积极承担各级各类科研项目。徐汇区图书馆完成了《上海市公共图书馆公共文化服务社会化专业化建设调研报告》，课题"基于平衡积分卡的公共图书馆阅读推广活动绩效评估——以上海市徐汇区图书馆为例"获得了中国图书馆学会阅读推广课题项目结项证书。

（三）加强总分馆联动，提升基层业务能力

区级公共图书馆牵头开展各类总分馆业务培训，加强馆际交流，提升职业素养，同时为总分馆馆员创造了业务交流的机会。奉贤区图书馆辅导街道（乡镇）级图书馆开展"一镇一品"读书活动，区内四团镇图书馆、南桥镇图书馆等7家图书馆的综合购书经费、活动组织等多项业务排名进入全市前30名。宝山区图书馆面向分馆、服务点开展公共图书馆从业人员线上业务培训，提升全区图书馆从业人员专业素养。金山区图书馆年内共开展8场总分馆工作人员业务培训，在设备维护、网络对接、"一卡通"系统使用、企业微信号等方面，为分馆提供了专业化的业务辅导和技术支撑。

（四）规范用人机制，形成青年人才梯队

科学、合理地规范职称晋升和聘任机制。上海图书馆制定了《馆所公开招聘人员实施办法》，完善规范公开招聘工作；浦东图书馆在年内完成的中层干部聘任中加大了优秀年轻干部的使用力度，优化了年龄结构，并起草了《浦东图书馆管理岗馆员培养促进管理办法（讨论稿）》，将管理系列馆员的发展系列分设为基层管理人员、骨干管理人员或资深骨干管理人员，对任职的基本条件、专业条件与考核办法等予以规定；闵行区图书馆制定了"员工职称晋升管理办法"，同时成立"职称晋升聘任小组"。

根据发展需求，适时调整岗位设置。上海少年儿童图书馆制定了《上海少年儿童图书馆岗位设置方案》，首批引进心理学和教育、美术设计等专业人才2名；浦东图书馆重新梳理岗位职责，确定岗位人数，进行岗位交流竞聘，形成岗位与职责相适应、人岗匹配、专业高效的馆员队伍。

重视青年骨干人才的培养。上海少年儿童图书馆推行"项目兼职带人"的人才培养模式；浦东图书馆实施项目员工激励机制，同时把部分窗口馆员投入到文献资源研究推广等专业工作中去，充实工作内容，提升专业服务能力；奉贤区图书馆选送年轻同志参加奉贤区文旅局党组举办的年轻干部培训班；长宁区图书馆实行"传帮带"工作机制，让青年馆员在各个业务部门进行岗位轮训，在工作实践中吸收经验方法。

撰稿人	王晓樱，上海图书馆（上海科学技术情报研究所），研究室，馆员。 研究方向：图书馆事业发展。

第六章
图林战"疫"不孤"读"

　　庚子伊始,新冠疫情防控阻击战全面打响,在这场没有硝烟的战争中,全国上下众志成城、共克时艰。上海市公共图书馆行业各级党组织、党员、干部和广大群众坚决贯彻落实习近平总书记关于新冠疫情防控工作的重要讲话和重要指示精神,全面落实市委宣传部《关于宣传系统贯彻落实中央和市委部署要求做好新型冠状病毒感染的肺炎疫情防控相关工作的通知》要求,切实扛起政治责任,有序部署、克服困难,全力做好疫情期间的公共文化服务,用真心、用行动,守护我们的美丽家园,抚慰读者的精神世界,确保打赢疫情防控的人民战争、总体战、阻击战。

一 | 抗疫工作有序部署

行业内各级公共图书馆党委坚决贯彻落实中央、市委、市政府疫情防控决策，根据行业实际情况第一时间组建防控工作小组，全面启动应急工作机制，明确工作目标，规范工作流程，细化疫情防控工作，制订应急预案。1月24日，为全力做好疫情联防联控工作，避免人流聚集引发交叉感染，最大限度保障市民读者和一线工作人员的身体健康和生命安全，经过慎重研判，行业各单位向社会公告临时闭馆，疫情期间，全面停止各馆区对外开放，讲座、展览等线下读者活动延期开展，免除读者在闭馆期间产生的外借文献逾期费用，服务阵地转为线上。

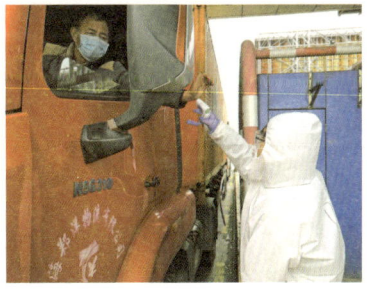

嘉定区、金山区图书馆馆员道口疫情防控

二 | 线上服务钟摆不停

疫情期间,行业内各级公共图书馆充分利用网络平台、数字资源和各类资源,优化系统、创新服务模式,开展丰富多彩的线上阅读活动和文化互动,为市民提供知识传递、数字阅读服务和精神文化产品。

专项调研显示,100%的市、区两级图书馆,92.7%的街道(乡镇)级图书馆开展了各类线上服务。本市的22家市、区级公共图书馆通过各自的官方网站、43个微信订阅号、服务号、微信小程序、7个APP客户端以及文化云的平台向读者提供了各类线上服务,市民只需关注微信公众号就可访问各馆海量资源,在家阅读、听书、视频学习。

表6.1 疫情期间线上服务情况

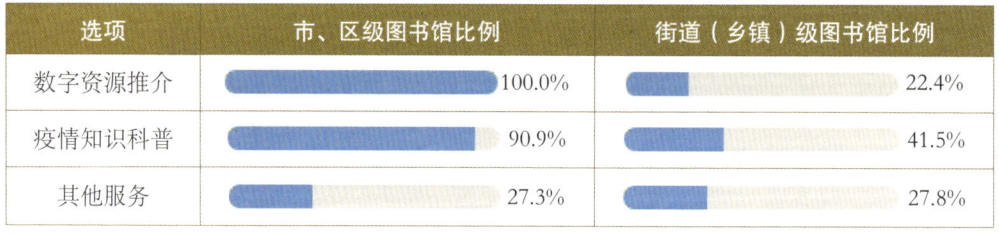

选项	市、区级图书馆比例	街道(乡镇)级图书馆比例
数字资源推介	100.0%	22.4%
疫情知识科普	90.9%	41.5%
其他服务	27.3%	27.8%

数据说明:市、区级图书馆有效问卷数22,街道(乡镇)级图书馆有效问卷数205。

(一)"微服务、新媒体"成为阅读推广主阵地

通过提高线上服务频率,扩大网上文献服务范围,将海量资源送到市民家里,满足读者居家阅读和学习需求。上海图书馆"微阅读"与时俱进助力新冠疫情防控,不仅推出疫情相关免费电子书单,同时还推出文学、艺术、历史地理等海量电子图书及热门资源有声读物版丰富读者居家生活。市、区两级图书馆积极拓展线上知识服务,向读者推荐可远程访问的海量免费数字资源数据库,一网打尽知网、维

普、万方、读秀、人大复印报刊资料等核心数据库；上海图书馆特意整理推出顶尖学术资源库，助力冠状病毒研究，专业用户可通过上海图书馆购买的国外刊物数据库，免费阅读《柳叶刀》《科学》等核心刊物对于新型冠状病毒的最新研究成果原文。2月22日，上海图书馆联手湖北省图书馆，通过该馆方舱数字文化之窗"浦江伴读"频道，开通"上图方舱数字图书馆"，把"上海书展·阅读的力量"2020特别网聚活动和上图优质资源送到患者身边。此次开通的"上图方舱数字图书馆"经过精心遴选，包括闻玉梅、杨雄里、葛均波、张文宏、陈佩秋、任溶溶、奚美娟等90多位各界名家手书寄语；1.7万余种电子书、2万小时听书资料、3 500部阅读视频和4 500多本英文原版书；530场"上图讲座"在线资源；3万余种家谱资源，其中8 565种家谱可线上全文影像查阅；2万余种上海图书馆特色馆藏《全国报刊索引》晚清民国全文期刊。上海少年儿童图书馆在线上开放了200种世界文学经典英文原版电子书，让小朋友在品味经典的同时抚慰心灵。

（二）"云观展、云讲座"成为文化生活新方式

行业内各级公共图书馆积极应用从展览信息、文字导览到三维展品、视频全景等各种手段，让市民居家便可在"云端"看展览、听音乐、听讲座。上海图书馆将2020年在徐家汇藏书楼展出的《从徐光启到徐家汇藏书楼：中西文化交流中的上海》制作成线上展览；从2019年举办的200多场讲座中精选剪辑"微讲座"，通过微信公众号向市民分批呈送讲座照片、语录和相关音频。在上海图书馆临时闭馆的49天内，新媒体服务全线发力，一改过往的辅助地位，所有记录被改写：微信平台推文阅读量屡次过10万，微博最高阅读量超90万，抖音平均点击量过16万。宝山区图书围绕"童心筑梦，以爱抗'疫'"主题，邀请儿童文学名家线上开讲。嘉定区等图书馆推出"书香盈岁月，新桃换旧符"在线新春年俗展、"舌尖上的民俗"在线主题图书展览等活动，让市民足不出户就能乐享文化生活。松江区图书馆推出"战疫情"系列活动，线上展示松江文艺工作者用戏曲、插画、书画、漫画、音乐、诗词楹联、剪纸等形式创作的抗击疫情作品。长宁区图书馆联合"海上墨绘"，开展"以画化疫情，戮力抗时艰，同心祝安好"线上展览。

三 | 线上活动精彩纷呈

疫情期间,行业内各级公共图书馆以精彩纷呈的原创线上活动,满足市民读者居家阅读和学习需求,承担应有的社会责任,为引导正面理性的社会舆论做出积极贡献。

表6.2 疫情期间线上活动

选项	市、区级图书馆比例	街道(乡镇)级图书馆比例
疫情文献征集	50.0%	25.4%
线上阅读推广活动	100.0%	63.4%

数据说明:市、区级图书馆有效问卷数22,街道(乡镇)级图书馆有效问卷数205。

(一)主题活动,以艺暖心

上海图书馆中国文化名人手稿馆于2月1日起策划开展了"抗击疫情、共克时艰"——各界名家寄语征集活动。自征集工作开展以来,九十三岁高龄的翻译家吴钧陶,诗人、散文家赵丽宏,书法家、国家一级美术师、上海市书法家协会主席丁申阳,中国戏剧"梅花奖"、中国电影"金鸡奖"、中国电视"飞天奖"的获得者奚美娟,上海广播电视台首席主持人曹可凡,儿童文学作家任溶溶等各界名家踊跃参与,七十余件寄语,字字句句饱含深情。这些作品在微信公众号"上海图书馆""上海图书馆信使",上海图书馆官方微博,上海图书馆抖音账号等社交媒体进行了及时宣传,一经刊出即获广泛关注,取得了良好的社会反响。上海图书馆同期发起的"抗击疫情,你我在一起"主题插画征集活动,同样吸引了国内外近50名插画师踊跃参与,这群以90后为主力的插画师们来自不同的城市,从事不同的职业,但是都热爱绘画,相信艺术能治愈心灵,他们在短时间内用画笔画出心中所爱,用画笔喊出与一线"战士"休戚与共的誓言："别怕，我们都在。"2月14日，上海图书馆向社会征集音频故事，给抗疫勇士的孩子们带去温暖和鼓舞。这些故事在阿基米德上海图书馆社区及上海图书馆的微信号中进行了展播。3月5日，上海图书馆联合湖北省图书馆、武汉市图书馆、苏浙皖三省馆，举办了2020"我的战疫"阅读马拉松线上快闪赛，上海市共有13个区馆、2个街道（乡镇）馆参与，成为图书馆线上阅读推广活动跨区域联动的首次尝试。

徐汇区图书馆的"同声战疫　点亮希望"——诗文朗诵作品线上展示活动得到市民读者的踊跃投稿，通过线上一段段动情的朗诵，向抗疫防疫一线的英雄们致敬！奉贤区图书馆会同奉贤区文化和旅游局、奉贤区作家协会以"众志成城，抗击疫情，我们在行动"为主题向社会征文，用笔记录下疫情期间平凡人的感受感悟。杨浦区图书馆以网上"战疫竞答"宣传防疫知识，其少儿分馆会同松江区图书馆等区图书馆开展"武汉加油"抗击疫情主题手抄报绘画征集。黄浦区图书馆携手云图数字有声图书馆，开展"为爱发声共同战'疫'"朗诵活动，用声音致敬前线逆行者，通过朗诵的方式为中国加油。

（二）科普+研究，投笔应战

疫情期间，行业内各级公共图书馆微信、微博和官网通过介绍"复工的防疫知识""口罩的正确使用"等向公众进行疫情知识的科普。

上海图书馆新媒体团队将与科普疫情知识相关的科普视频剪成了11段，每段详细介绍一个新型冠状病毒的知识点，获得了抖音用户的认可，总点击量22.8万次，其中《人类感染冠状病毒后有什么症状》视频点击量最高，达到14.3万人次。市、区两级公共图书馆还纷纷推出防疫科普推文，提升公众防疫知识。上海少年儿童图书馆推出绘本版防疫知识手册，让孩子们的居家防疫更安心；浦东图书馆与各类媒体合作推出《细胞团战实录！新冠肺炎原来是这样被治愈的》《一图看懂！24小时防疫攻略》等；静安区图书馆每日推送防疫知识，惠及读者；嘉定区图书馆的绘本《溜达鸡》告诉孩子们为什么"新冠疫情"期间不能溜达，绘本《等爸爸回家》致敬了战"疫"英雄；杨浦区图书馆"科普YUE读"栏目聚焦战"疫"70年。

同时，上海图书馆相关研究团队动态跟踪世卫组织、国家卫生健康委员会、国家移民管理局等官方权威网站，进行多源比较，提供美国国立医学图书馆（NLM）与美国食品与药物管理局（FDA）开发的临床研究信息、专业数据库、专利数据库等专业学术知识获取途径，引导公众了解疫情的真实信息。研究人员利用上海情报服务平台、竞争情报微信公众号、中国竞争情报微博等新媒体渠道，持续发布与疫情防范相关的科普文章和科技情报文章，其中《当疫情遭遇瑞德西韦专利之刃，我们准备好了吗？》《情报战疫·疫情数据会"说谎"吗？》分别从专利情报和数据情报角度开展科普工作，获得业界好评。上图专递系列内参聚焦重点城市防范疫情措施对比、发达国家防范疫情制度安排、科技在防范疫情中的应用等方面，为政府掌握和布置相关工作提供情报支撑。上图智库研究则围绕"新冠病毒研究全球科技前沿跟踪及上海应对举措研究"，充分发挥中心在前沿科技领域跟踪、新兴技术研判等方面的优势和积累，从新型冠状病毒防控应急科研攻关项目、新型冠状病毒肺炎药物研发进展、全球新冠病毒研究领军机构等方面展开研究，为政府尽快布局相关科技研究提供决策依据。

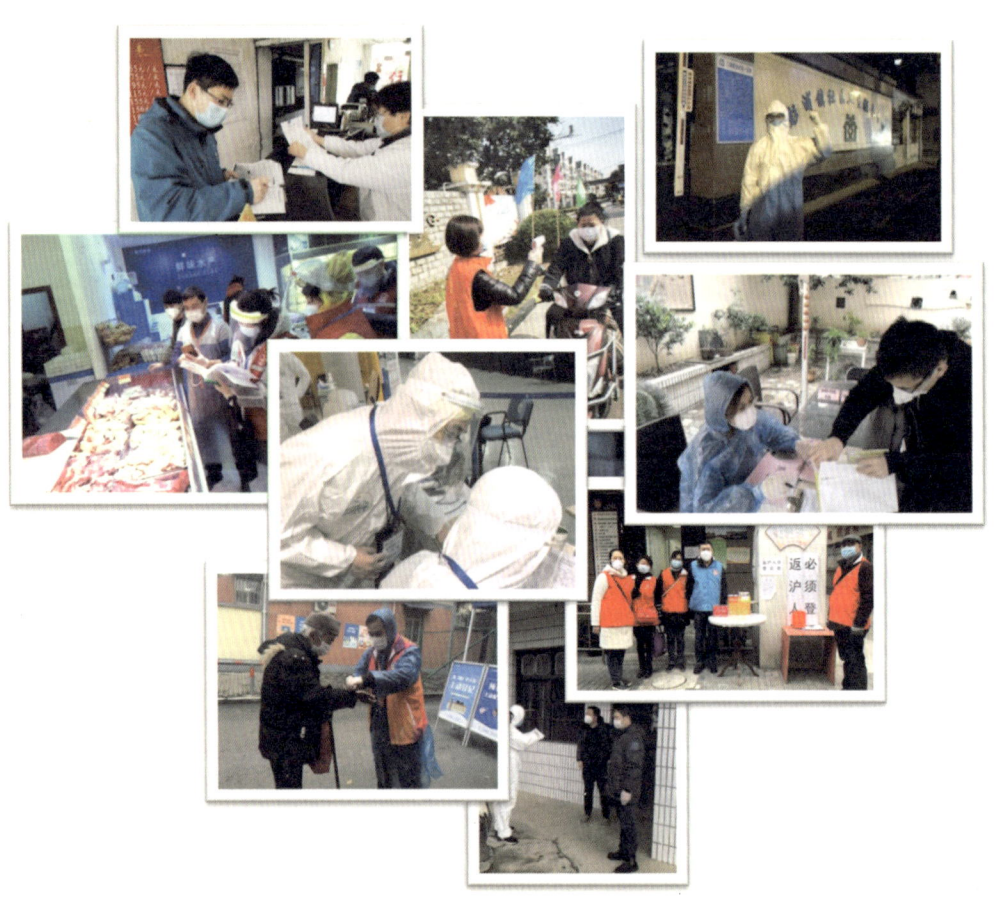

长宁区、虹口区、闵行区、松江区、静安区、徐汇区、崇明区、黄浦区、浦东图书馆馆员社区防疫、机场支援、企业排查、物资捐赠

四 | 志愿服务下沉一线

新冠疫情暴发后，行业内各级公共图书馆馆员们积极响应号召，到街道社区参加疫情防控工作。各级图书馆的党、团员们充分发挥先锋模范作用，踊跃报名，冲锋在前，下沉社区、投身一线，配合党和政府打好疫情防控阻击战。

专项调研显示，所有市、区两级图书馆，92.7%的街道（乡镇）级图书馆参与了各类疫情防控志愿者服务。截至2020年底，仅20家区级图书馆累计抗疫志愿服务就达14 437人天次。

表6.3 参与疫情防控志愿者服务

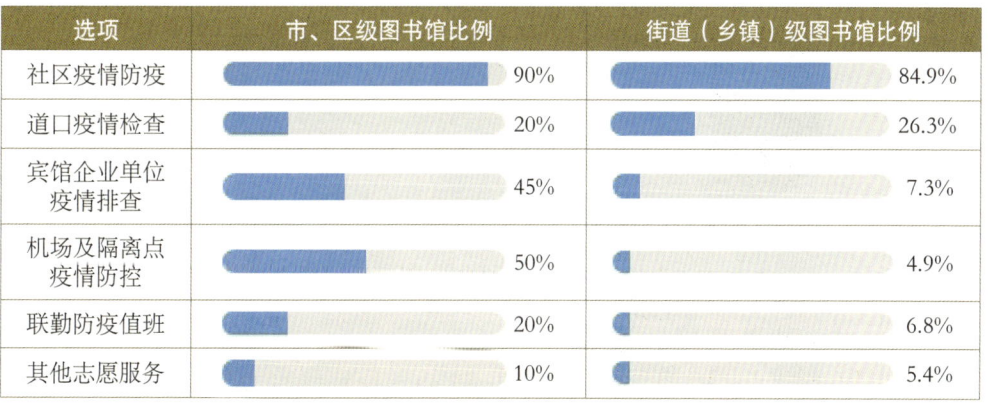

数据说明：市、区级图书馆有效问卷数22，街道（乡镇）级图书馆有效问卷数205。

嘉定区图书馆扎实推进下沉G15朱桥道口、江桥镇一线支援疫情防控工作，组织班子领导、党团员、中层干部、职工等，多批次志愿增援上海的"西北门户"——G15朱桥道口疫情防控工作，配合卫生防疫人员对所有入沪车辆内的人员进行体温检测、防疫筛查，协助公安民警进行道口的车流引导、秩序维护。同时组织思想过硬、素质过硬、工作能力强的志愿小组，深入江桥镇8个社区开展防疫支援工作，配合社区对进出人员做好体温检测、信息登记、物资发放、楼宇排摸等工作，全力以赴为构建疫情防护网尽一份心、出一份力，成为社区中的"坚守者"。

虹口区图书馆派出馆员分三条战线投笔应战：排查宾馆，参与全区150多家宾馆、旅舍进行防疫排查；服务社区，完成外地回沪登记450人、预约口罩登记468户、上门排摸83户；协助企业，做好60多家企业复工人员核对和登记工作，并积极开展防疫宣传。

普陀区图书馆的志愿者团队主要由年轻馆员担当，这些80、90后图书馆员走上战"疫"一线，担起使命，以"迅速、主动、排查、坚守"为关键词，用自己的方式守护好市民的生命健康安全。其中，仅普陀区少年儿童图书馆就有230人次抽调到社区（村）从事宾旅馆企业单位疫情排查等工作，270人次参与入境人员疫情防控及隔离点疫情排查工作。

普陀区、杨浦区、宝山区、青浦区、奉贤区图书馆馆员赴社区开展疫情防控

长宁区图书馆2月5日起，先后派出三批党团员、干部、骨干员工参与天山路街道和周家桥街道居委防疫抗疫工作和文化支持，还为工作战斗在防疫抗疫一线的公安干警选书、送书等，在最平凡的岗位上践行着共产党员的初心使命。3月14日起长宁区图书馆恢复部分服务和空间的开放，党员同志们成立复工志愿服务队，每天定人、定岗地要求做好读者的服务保障工作。在党政领导、党团员、骨干员工的率先示范下，全体馆员都自愿积极投身机场防疫、社区防疫和馆内志愿服务，馆内服务周期从3月14日至9月30日，累计参与292人次。

松江区图书馆不仅有馆员投身疫情防控，同时还向松江区泖港隔离点捐赠文学类、法制类、军事类、花卉养生类等杂志共2 100册，为隔离点群众带去文化食粮。

奉贤区图书馆派出党员干部自2月2日起赴金海街道的各个小区，加入疫情防控志愿服务队伍，并火速成立了"奉图新冠疫情防控群"，做好信息反馈和沟通，及时反馈志愿服务情况、科学指引做好个人防护，主动学习新冠肺炎相关知识。

闵行区图书馆积极响应上海市图书馆行业协会倡议，为武汉捐赠防护眼镜、手套、消毒用品等抗疫物品，共计4 460元。同时，馆员志愿者们还奔赴吴泾小区、双柏小区、氯碱小区以及新华小区和虹桥火车站、机场等交通口岸，服务于抗疫前线。其中，仅参与吴泾社区联防联控任务的就达512人次，有2批3人次参加交通口岸的防控。

浦东图书馆组建疫情防控工作指导小组，党员带头下沉社区防控一线，以党员突击队的形式共走访了27个居委近40个小区，按照上级要求做到"一扇门、一张图、一消毒""两人岗、两清楚、两暂停""三覆盖、三保障、三问三登记"等，在10个方面进行排查和指导。另有多位党员驰援新冠肺炎疑似患者隔离观察点和浦东国际机场驻点疫情防控工作。

浦东新区新川沙图书馆全员下沉到川沙新镇所辖8个村（居）委，积极配合基层开展体温检测、信息登记、信息报送、物资发放、楼宇排摸、门岗值守、防疫宣传等各项防疫工作。从第一批党员全员下沉到第二批职工全员下沉，新川图人变身抗疫"全岗通"，实实在在成了村（居）委的"硬核"担当。

杨浦区图书馆为全力做好疫情防控工作，充实基层社区力量，第一时间组建了一支以党员干部、团员青年为主力的"疫情防控先锋队"，全力以赴地投入到社区疫情防控一线工作中。

静安区图书馆的党、团员志愿者主动请缨，在支部书记的带领下，风雨不辍、双休不息，奋战在辖区内宾馆、旅馆、网吧、社区的防疫第一线，两周内对7个街道、288家企业进行了走访、排查。另有2名青年职工前往浦东机场抗疫一线，志愿加入静安区组织的机场疫情防控工作组,参与负责转运重点国家旅客至社区,为严控境外疫情输入贡献力量。

宝山区图书馆在做好自身防控的基础上,党员干部亲赴抗疫一线,有的援助社区防抗一线,也有的党员连续两次支援浦东国际机场,为筑起全民"战疫"堡垒贡献自己的力量。

崇明区图书馆的21名志愿者先后126人次支援辖区内G40道口、庙镇猛东村、通济村等社区防疫抗疫志愿活动,以"守护家园"的责任和使命构筑抗疫防线。其中,馆员吴超凡同志28天连续参与机场防疫工作,薛杨凯以个人名义向湖北黄冈疫区一线医院捐赠400副医疗手套。

黄浦区明复图书馆利用区级总分馆制建设的平台,为街道分馆配送资源、服务、培训的同时,还配送防疫物资和紫外线消杀灯,传递同心抗疫的爱心和信心。

徐汇区图书馆、金山区图书馆、青浦区图书馆、黄浦区图书馆、黄浦区明复图书馆也分别有数量不等的馆员全力投入一线防控,各街道(乡镇)级图书馆馆员们也都积极参与了社区联防联治。

一方有难,八方支援,"疫"无情,人有情。当得知灾区的同仁们坚守和奋战在抗疫的第一线,急需防疫物资时,上海的行业同仁伸出援助之手,纷纷捐款捐物。上海图书馆多方联络、紧急筹措,想尽办法采办防疫物资,开展定点驰援,在危难时刻与武汉图书馆同仁并肩战"疫"。2月15日,上海图书馆党政办公室、组织人事处和党建办公室连夜向各党支部发出"关于援助武汉图书馆的倡议书",号召党员自愿捐款购买防护物资,得到馆所14个在职党支部332名党员积极响应。2月17日,包括84消毒液70桶共计1 750千克、医用PVC手套70箱共计35 000副、上海药皂1 000块在内的上海图书馆捐赠物资通过中国邮政EMS定点驰援武汉图书馆。2月16日,上海少年儿童图书馆响应中国图书馆学会的号召,向武汉图书馆少儿馆捐赠防护服60套。

上海图书馆向武汉捐赠抗疫物资

五 | 科学管理提升效能

疫情期间，各成员馆在积极增援街道（乡镇）社区的同时，也不放松自身场馆的防控管理，严格落实卫生管理制度，细致做好馆区特别是办公区域以及食堂、电梯、楼道等重点区域的卫生消毒工作，并通过网上交流、视频会议等灵活多样的办公形式，鼓励员工利用闭馆契机，积极开展业务研究和学术探讨，探索线上线下服务新方法、新手段、新措施，为全面开馆做好充分准备。

（一）疫情期间成员馆沟通、服务不停摆

1. 面向中心馆成员馆发出倡议书

2月6日，上海图书馆通过上海市中心图书馆知识管理与服务系统向中心图书馆成员馆发出"致上海市中心图书馆成员馆的一封信"，对各位同仁表示慰问，号召大家全力做好疫情防控和特殊时期的图书服务工作，并发出了"齐心协力共克时艰、暂缓线下强化线上、分批复工防护一线、未雨绸缪确保安全"的倡议。信中表示，防疫期间，如果有图书服务和重新开馆方面的疑虑和问题，可将问题发送至上海图书馆协调辅导处，同时通过上海图书馆行业协会收集汇总各成员馆防疫经验体会和先进事迹。

2. 关注成员馆动态宣传行业事迹

2月以来，为全面落实市委宣传部《关于宣传系统贯彻落实中央和市委部署要求做好新型冠状病毒感染的肺炎疫情防控相关工作的通知》要求，协调辅导处全力配合市文明办、市文旅局做好行业内的防疫、抗疫宣传，密切关注行业各单位疫情期间的服务动向，统计梳理和汇总各单位线上服务方式和服务动态，形成全行业抗疫行动综述报告，并及时向市文明办和市文旅局社会组织党建中心报告行业内服务亮点和好人好事。综述报告分别送交文旅部公共文化司、市委宣传部、市文旅局、市文明办，经过整理的各馆单篇报道报送国家图书馆。

3. 配合系统网络部门、读者服务部门做好协调联络工作

配合读者服务部门，汇总成员馆闭馆及免逾期费情况。配合系统网络中心做好系统优化工作，下达停止图书借还服务、书目检索服务、安达通VPN设备停机维护等工作要求。

（二）推进上海市中心图书馆各级成员馆有序恢复开放

为全面落实上海市委、市政府对于新冠肺炎防控工作的系列精神，根据本行业特点，指导上海市中心图书馆各级成员馆继续实施疫情防控、稳步做好恢复开放相关工作。

1. 制定发布《上海市中心图书馆各级成员馆恢复开放工作指导意见》

3月3日，发布《上海市中心图书馆各级成员馆恢复开放工作指导意见》（以下简称:《指导意见》），在文旅部和市文旅局相关《工作指南》的基础上，结合公共图书馆的服务特征，在疫情防控正处于外防输入、内防扩散的关键阶段，指导各级成员馆分阶段、分区域、有序推进恢复开放工作。《指导意见》提出"因地制宜、分步开放""一馆一策、一馆一案"，坚持"防疫优先、动态调整"三大原则，建议各级成员馆在充分考虑本馆实际情况，提前做好线上线下恢复开放、疫情防控措施等信息公告；做好限时、限号、限流措施方案设计及预演，避免读者长时间集聚；做好书刊批量消毒设备配置，确保流通、服务区域书刊每日消毒，制定工作规范和应急预案，落实相关措施，做好恢复对外开放的各项准备工作。

2. 积极调研、多渠道呼吁，为成员馆排忧解难

3月9日，就各馆恢复开放准备情况开展问卷调查，当日收到问卷反馈237份，其中有效问卷223份，占市、区、街道（乡镇）公共图书馆总数的93.7%。根据当晚的问卷统计和汇总，3月10日将疫情防控期间本市各级公共图书馆对于恢复开放工作的准备情况、防疫防护设备到位情况、大量工作人员仍坚守社区一线等情况成文后向市文旅局公共服务处汇报，积极为基层图书馆反映问题和困难。对于市、区级图书馆于13日陆续开放之后，街道（乡镇）级图书馆面临恢复开放压力进一步增大，针对专用防控物资设备仍旧缺乏等问题，3月16日以图书馆行业协会的名义，通过政协等渠道提出"关于为街道（乡镇）级图书馆配备专用图书消毒设备助力文化场馆有序复工的建议"，呼吁将归还图书的批量消杀设备作为县级以上公共图书馆硬件标准要求加以配置，同时作为等级馆考核的必备条件，同时建议街道（乡镇）级图书馆应配置读者自助图书消毒设备及紫外线消毒灯。该建

议获得宗明副市长批示，对助力基层图书馆缓解图书专用消杀设备不足的问题起到一定作用。5月，根据市文旅局的要求，再次通过专项调研摸底图书专用消杀设备情况。调查结果显示：本市市、区级图书馆在原有的图书消毒设备基础上增加了设备数量和种类，街道（乡镇）级成员馆没有消毒设备的比例从原先的65.7%下降至12.7%，上海市公共图书馆图书批量消毒设备有限、上架前图书消毒能力严重不足的情况得到了极大改善。

3. 制定发布疫情闭馆期间逾期费处理细则及操作流程

考虑到疫情闭馆期间各成员馆都存在逾期费免除政策问题，根据主管部门及馆所领导要求，在中心图书馆层面统一逾期费政策，即外宣口径为"疫情闭馆期间产生的逾期费全免"，内部执行时为减少读者等候时间、提高服务效率，实际操作中免除任意时段产生的所有逾期费。逾期费免除政策将在完全恢复正常开馆后持续2个月。同步制作《疫情期间逾期系统操作流程》，形成文件下发至中心图书馆各级成员馆。

4. 及时调整管理系统后台及网站页面，加强恢复开放信息登记

由于各馆恢复开放时间、恢复服务的内容不一，为及时掌握信息、回应读者咨询，及时清理知识管理系统信息共享模块相关字段信息，由系统网络中心调整网站显示页面，将正常开放信息替换为恢复开放信息，同时要求确定具体恢复开放时间的成员馆务必提前在上海市中心图书馆知识管理与服务系统中进行信息登记。即时完成上海少年儿童图书馆、区级图书馆恢复开放信息及预约方案情况收集整理，形成汇总表及文件。

随着新冠疫情防控向好态势进一步巩固，图书馆服务的防控工作也已从应急状态转为常态化，这意味着我们将逐渐告别一度的"风声鹤唳"，要用更为平和的心态来面对"常态化"下的疫情防控。可以预见，公共图书馆行业变革将进一步提速，社会对图书馆服务、图书馆人的职业素养提出了新的要求，我们必须学会在"变"中抓住机遇，化危为机，在"常"中保持清醒，防范嬗变，战胜疫情和由疫情带来的困难，交出特殊时期令人满意的答卷。

撰稿人	张晓文，上海图书馆（上海科学技术情报研究所），协调辅导处，馆员。 研究方向：上海市图书馆行业发展。 葛菁，上海图书馆（上海科学技术情报研究所），协调辅导处处长，研究员。 研究方向：公共文化服务体系建设。

第七章
"十四五"规划展宏图

"五年规划"是图情事业的发展蓝图，主要在凝聚共识、优化资源、创新服务、引领发展等方面发挥重要作用。2020年是"十三五"规划实施的收官之年，也是"十四五"规划的开局之年。本章收录了部分市、区级公共图书馆在2020年12月市文旅局"全面贯彻落实保障与促进条例，推动公共文化服务高质量发展"公共图书馆系列专题座谈会上关于"十四五"规划、新馆建设的发言，从服务理念及目标定位、馆员能力及服务意识、制度建设及管理模式、服务内容及评价体系等四个方面进行拓展和探讨。

一 | 聚精会神谋发展　砥砺奋进谱新篇

——上海图书馆"十四五"规划制定与发展前瞻[①]

上海图书馆的"十四五"规划启动比较早，第一阶段调研始于2019年6月，由馆所领导带领，分了几个方向，跑遍了全国主要省份的各类图书馆和情报研究所。在上海图书馆看来，"十四五"规划的制定不仅是形成一个规范性文本，还应该把它作为一个上上下下统一认识、形成共识、凝聚人心，再次进行事业研讨的过程。所以，上海图书馆的"十四五"规划不是以整个文本为导向的，而更加重视让大家充分讨论，凝聚共识。[②]随着2021年上图东馆建成试运行，上海图书馆将迎来新一轮发展机遇，图情服务将进一步融入市民生活和科技文化的日常，知识开放启迪创新创造，全民阅读促进心灵和谐，终身教育引领素养提升，为加快建设具有世界影响力的社会主义现代化国际大都市注入人文科技智慧新动能！

（一）"十四五"发展环境及发展目标

"十四五"时期，上海图书馆发展机遇与挑战并存。三大机遇分别来自于国家重大战略、社会主义国际文化大都市和长三角区域一体化、新技术快速迭代；外部环境变化、阅读生态变革与多馆舍运行则成为上海图书馆未来五年发展的三大新挑战。

[①] 上海图书馆. 聚精会神谋发展 砥砺奋进谱新篇——上海图书馆十四五发展规划[EB/OL].（2021-06-11）[2021-10-05］. https://mp.weixin.qq.com/s/a7oii5d6QXTX8GLmMp51ZA.

[②] 刘炜. 我们要为"十四五"规划赋予一个灵魂，目前看来这个灵魂就是转型[EB/OL].（2020-12-14）[2020-12-14］. https://mp.weixin.qq.com/s/896-OxQ1LsHp4Ot4ax-k9A.

图7.1 上海图书馆"十四五"时期发展环境分析

图7.2 上海图书馆"1+2+3+n"馆舍布局

"十四五"时期,上海图书馆将以"坚定把握社会主义先进文化前进方向,坚守'传承文明、服务社会'初心,坚持研究型公共图书馆与综合性情报研究中心发展定位"为指导思想;持续实施"智慧、包容、互联"3i转型战略,加快构建馆舍功能新格局、打造馆藏建设新特色、塑造图情服务新优势、追求事业管理新境界;将"全面建成世界级城市图书馆,并初步建成与具有世界影响力的社会主义现代化国际大都市匹配的现代图情服务体系"作为未来五年的发展目标。

（二）"十四五"主要任务及工作重点

1. 全面加强党的领导和党的建设，贯彻发展改革全过程

积极构建"1+2+3"党的基层组织领导工作体系，持续加强党的政治建设和意识形态建设，深化新形势下"有黏度"的党支部建设。

2. 培育弘扬社会主义核心价值观，持续深化精神文明建设

大力弘扬社会主义核心价值观，不断提升精神文明建设水平，积极弘扬中华优秀传统文化。

3. 打造"一体两翼、一江两岸"格局，助推公共服务再升级

借2021年上图东馆建成试运行契机，推进馆舍功能再定位及分步升级改造，建设包容赋能的公共图书馆体系，打造智慧融合的公共阅读服务。

4. 知识赋能精准转型，专业服务拓开新局

重构专业服务公共空间，打造互联网融合服务实体，重塑通达用户的文献服务链，提高舆情剪报研究服务能力，强化馆藏历史文献研究与服务。

5. 聚焦重点领域，基本形成新型公共科技智库框架

决策咨询服务重大战略和重点领域，内参简报提升服务高层领导影响力，技术竞争情报深化企业创新服务深度，打造科技情报特色科普品牌。

6. 强化资源建设与管理，建设多元资源保障体系

完善资源建设政策，优化资源配置流程，推进数字资源建设，加强特色馆藏建设，注重资源共建共享，深化专业典藏工作。

7. 建成新一代集成管理系统，加速智慧图书馆建设

建设完善东馆信息化工程，建成新一代集成管理系统及生态社区，夯实信息化基础平台建设，深化数字资源保存与数据服务，建设历史人文大数据平台。

8. 注重国内外战略链接，引领文化交流与合作

强化中心图书馆体系建设，推进长三角区域图情服务高质量发展，注重区域联动、文旅融合发展，深化国际文化交流合作。

9. 深化图情科学管理，推动治理体系和治理能力现代化

推动现代图情业务管理，深化法人治理结构，优化人力资源结构，提质升级后勤管理工作，健全公共卫生应急管理。

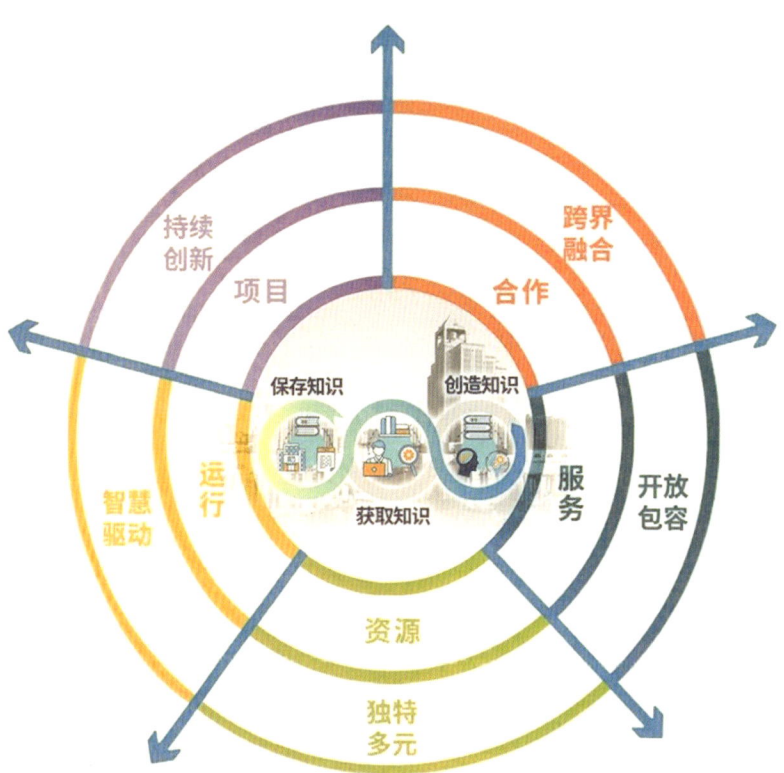

图7.3 上海图书馆2035年全面形成现代图情服务体系远景目标

撰稿人	马春,上海图书馆(上海科学技术情报研究所)研究室主任。 研究方向:图情研究。

二 | 乐学　乐创　乐享

——上海少年儿童图书馆新馆建设规划

上海少年儿童图书馆，其前身是1941年成立的上海儿童私立图书馆，是全国历史最为悠久、馆藏资源最为丰富的省级少儿馆之一。近年来，年均流通图书200万册次，年均举办阅读活动200余场，是中国图书馆学会未成年人委员会副主任馆，长三角少儿阅读联盟的发起单位，图书馆总分馆建设的市级少年儿童总馆，为上海市、区、街道（乡镇）三级（少儿）图书馆及基层服务点提供指导和服务。

在市委宣传部、市文化和旅游局的领导下，市少儿馆新馆于2018年12月18日开工建设。新馆位于普陀区光复西路大渡河路口，北邻长风公园、南接苏州河畔，占地6 000平方米，建筑面积16 000平方米，分为地上四层、地下一层，地上建筑面积11 000平方米、地下5 000平方米。

新馆建设开工以来，市少儿馆积极协调参建单位，努力克服疫情、用地规划调整、地铁建设、北横通道、深隧工程、湖面面积调整等带来的困难，2020年5月26日实现了主体结构封顶，预计2021年开馆（试）运营。

（一）功能定位

上海少年儿童图书馆秉持"一切为了孩子、为了一切孩子"服务宗旨，发挥上海乃至长三角地区少儿阅读"信息资源中心、知识体验中心、阅读推广中心、文化交流中心和阅读研究指导中心"的作用，建设"乐学、乐创、乐享"的智慧图书馆。

在功能定位上，新馆主要面向4~16岁的小读者及家长、学校社团和教育工作者，承担流通服务、知识体验、展览展示、培训教育、文化传承与交流等职能，形成示范性标准化的少儿图书馆服务体系。现馆主要面向0~6岁低幼儿童、社会主体与少儿公共图书馆行业，承担特色馆藏保护与利用、少儿阅读发展研究与行业指导等专题服务，满足社会的多元需求。

在空间布局上，基于国际儿童分级阅读的发展趋势、围绕图书馆的"桥"的设计理念，新馆空间布局充分考虑图书馆的分类原则和青少年成长的特点，按照低幼—少儿—青少年，逐步上升，寓意着从幼年走向成年，从大地走向天空。

地下一层主要为书库、车库、机房及食堂等业务和辅助用房；

一楼设置为"阅知广场"，主要包括绿地景观、艺术穹顶、展厅、报告厅等功能布局；

二楼设置为"求知摇篮"，主要服务于幼儿及家长，包括绘本馆、童年档案馆、玩具搭建馆等特色空间；

三楼设置为"创知空间"，主要服务于儿童及家长，包括近代少儿文献典藏馆、国际童书馆等多元人文空间；

四楼设置为"睿知智库"，主要服务于青少年、教育工作者以及少儿阅读推广行业，包括新阅读体验中心、机器人实验室、教育专题参考借阅区等空间。

（二）新馆运营

为体现新馆服务效能，充分考虑少年儿童特点，新馆开放时间计划为每天9：00—17：00，周五、周六延长至20：00。开放全部流通服务、特色服务及24小时自助借还空间。

为了保障入馆及空间安全，新馆将运用智能化系统，实施视频监控、客流统计、人脸识别、消防、安防报警、红外入侵检测、场馆意外险投保等措施。

（三）特色服务

1. 以"海派百年童书展"为开馆首展

上海是近代儿童出版、教育的中心和起点，以海派童书为切入点，让小朋友感受到海派童书的百年文脉，也让"大朋友"和"老朋友"找到童年的根系，全面感受百年上海的城市性格。

2. 以国内外优质分级童书及民国典藏为馆藏特色

通过少儿通识教育体系、年龄分级流通专题、多语种国际童书、外文国际获奖童书典藏资源，开设亲子科普、传统文化、红色经典、青少年科创、未成年人保护等主题。并同步推出国际童书馆、典藏馆。

3. 以智能图书馆设备应用提升服务效能

新馆广泛采用自助办证、自助借还、自助预约、自助分拣、互动导览等自助设备提高服务效能。

4. 以创新活动凸显少儿图书馆的阅读服务职能

为打造文旅融合的公共阅读创新空间，新馆开馆将围绕建党百年、建馆80周年，开展开馆仪式暨论坛、上海青少年网络文学大赛、亲子朗读声音档案活动、大师从这里起步训练营、行走的阅读研学旅游活动、《上海少年儿童年度阅读报告》、人工智能教育、乐高创新课堂等活动。

（四）新馆开办工作

一是推进新馆开办内容实施。少儿馆新馆主要建设内容为图书馆专业设备、多媒体阅读体验空间、展陈、公众服务家具、报告厅、多功能厅、国际图书馆、典藏馆、玩具搭建馆、机械车库、厨房等建设，图书资源的储备、阅读活动的策划与实施。

二是推进队伍建设。少儿馆于2020年11月获得市编办批复，编制由45人增至88人。

三是推进信息化建设。新馆信息化建设搭建二大信息化系统及阅读、活动、管理等三大平台，将根据开馆计划，分期实施。

撰稿人	卢秋勤，上海少年儿童图书馆馆长。 研究方向：公共图书馆服务与管理。

三 | 打造精神家园　铸就文化高地

——上海市浦东图书馆"十四五"高质量发展规划

2020年12月8日，浦东图书馆在新馆10周年发展大会暨第十一届浦东图书馆学术论坛上发布了《"十四五"期间浦东图书馆高质量发展规划纲要》。规划指出："十四五"期间浦东图书馆以"人民城市人民建，人民城市为人民"为重要理念，以"共建、共治、共享"为实施路径，进一步完善浦东新区全域公共阅读服务体系，引领图书馆事业发展，打造具有普惠性、高质量、专业化发展的上海市公共文化服务新高地，凝聚"上海文化"品牌，满足人民群众美好生活需要。

（一）"十四五"发展愿景及功能定位

根据浦东新区建设具有世界影响力的社会主义国际文化大都市核心承载区总目标，浦东图书馆的"十四五"规划包括三大发展愿景：市民学习交流中心及城市创新策源地、长三角区域新时代公共文化服务地标、国际一流现代公共阅读服务体系典型。

浦东图书馆将坚持"以人为本、文化立馆，将浦东图书馆办成读者和馆员的精神家园"办馆理念，把人本价值、品质服务作为图书馆发展的价值取向，作为改进服务和管理的重要标尺，作为检验各项工作成效的根本标准，让读者人人都享有更优质的文化资源，人人都拥有人生出彩的机会；把勇于创新、敢为人先精神作为图书馆发展的文化力量，为馆员营造积极向上的工作氛围，提供脱颖而出的展示舞台，让馆员人人都养成与国际大都市相匹配的专业精神，人人拥有争当先进的荣誉感，以创造更大价值。

在图书馆功能定位方面，浦东图书馆提出了五大中心建设目标，它们分别是：

社会公众优质阅读与交往中心、少儿社会教育与素养提升中心、浦东地方文献与文化传承中心、城市创新发展与多元文化中心、图书馆行业研究发展与培训中心。

（三）"十四五"规划原则及重点任务

浦东图书馆在"十四五"期间坚持均衡化、高品质、可持续原则，以广州市图书馆"图书馆之城"、杭州市图书馆主题馆、苏州市图书馆总分馆服务体系、美国纽约公共图书馆系统作为定标比超单位，学习借鉴先进工作模式和管理制度，提出六大重点任务：

1. 坚持高起点，提升书香城市建设的标识度

在完善区位布局上，浦东图书馆将以陆家嘴金融—花木为轴向打造核心示范区，聚焦社会主流群体，提升公共阅读服务供给品质，鼓励社会参与，打造高水平的常态化阅读服务示范带，带动浦东书香城市建设。以浦东图书馆、融书房为核心，依托望江驿、朵云书院旗舰店、周边延伸服务点、村（居）图书室等环陆家嘴的各类公共阅读空间，吸引各类文化空间主体自愿参与，建立"上海之巅阅读联盟"；通过"陆家嘴读书会"等一系列特色高端定制阅读活动，服务区域内各类商务人士及本地居民，塑造优质营商环境、助力经济社会发展。

以张江、金桥、外高桥、周康等各街道（乡镇）为重点，因地制宜、分类推进街道（乡镇）分馆建设模式（指导型、派驻型、托管型等[①]），密切总馆与分馆之间的合作联系，有效带动公共阅读服务水平由"低"到"高"动态发展，打造中部示范区。

以川沙新镇、惠南—祝桥、临港新片区为重点，加强街道（乡镇）级图书馆建设，做大辐射源，打造区域性枢纽中心，辐射周边村（居）、园区；完善图书流动车服务，建立定时定点图书流转制度，补齐短板，促进区域性公共阅读服务均等化发展。

2. 坚持高标准，提升全民阅读服务体系的美誉度

通过馆内空间优化和馆外主题特色空间打造，实现阅读空间品质化提升。

---

① 指导型街道（乡镇）分馆模式，指针对服务条件水平较高、人财物保障较为充裕的街道（乡镇），总馆与之合作共建服务品牌，加强资源共享，打造特色服务；派驻型街道（乡镇）分馆模式，指针对服务能力亟需提档升级、特别是人才队伍力量较为薄弱的街道（乡镇），由总馆牵头组建派驻团队，结合分馆实际需求和工作，委派专业对口工作人员担任街道（乡镇）业务馆长，驻地开展针对性的业务指导和运营管理；托管型街道（乡镇）分馆模式，指针对基本服务供给相对短缺或有强烈发展需求和必要性的街道（乡镇），由总馆全权管理分馆，包括分馆的场地、资源、人员、经费等各类资源，总馆在协议期限内组建管理团队对分馆进行统筹管理，定制开发服务项目和内容，带动培育出一支当地管理团队，条件成熟后交还街道（乡镇）自主管理。

推动文献资源内涵式建设，建立文献资源采购专家和读者荐购常态化机制，完善团队采购制度，优化文献资源保障体系结构；广泛征集、交换、调配、复制、购买、接受捐赠各类浦东地方文献资源，注重对浦东名人名地等地方文献资源的收藏与整理、开展浦东地方文化文献史料研究、联合举办浦东地方文献文化展览；加强浦东开发开放亲历者等口述历史的记录与整理工作，丰富地方文献资源内容，创新精神文化建设工作载体；完善古籍特种文献建设，针对性开展古籍善本等珍贵文献的访求工作，创新合作机制，继续填补浦东图书馆在特种文献建设方面的历史空白点。

推进阅读活动体系化建设，扩大精品阅读品牌覆盖面、打造教育型讲座体系；组织开展"全城阅读"活动，结合4·23"世界读书日""阅读马拉松""图书馆奇妙夜"等重大阅读推广活动，打造区级整体阅读推广品牌；建立阅读活动培育与巡回服务中心，建立总馆优质品牌活动定期走进分馆制度；促进区域阅读联盟建设，在机关、企事业单位、学校、街道（乡镇）、社区中广泛建立各类读书会组织，组织引导参与各类读书交流活动。

推广和普及阅读推广人制度，建立完善阅读推广人驻点制度，开展读书交流、演讲诵读、图书互换共享等阅读活动；阅读推广人须经专业培训，持证上岗。

3. 坚持高品质，提升图书馆公共文化服务力

积极提供社会公众学习交流与社会教育支持服务：提供各类文献资源导航等互助服务，完善线上线下相结合的文献信息共享平台，为有特定需求的中小学生进行科学评估，并提供量身定制的助学服务和课外阅读指导服务。

有效开展政府部门决策支持与产业情报咨询服务：为浦东各级党政机关决策工作提供课题定题服务，提升智库服务水平；加强重点产业文献信息服务，面向行业用户提供知识产权、竞争情报等信息服务，服务浦东经济社会建设。

全面推行城乡居民信息素养与健康科普教育服务：重点聚焦老年人群体，帮助社会公众掌握数字设备、数字资源利用技巧，提高老年人信息获取与甄别能力。依托上海一流高校、名院、名科、名家，积极开展健康科普教育服务，重点关注未成年人心理健康、老年人科学康养方面内容。

持续深化视障群体信息保障与身心健康关爱服务：构建无障碍阅读环境，拓展视障群体服务覆盖面，探索开展居家图书馆服务，在完善阅读服务的同时，建成视障群体的身心健康关爱中心。

构建完善少年儿童阅读活动与全面发展服务体系：改造"儿童与青少年阅读中

心"成长空间，新建"上海儿童文学基地"多元空间，开辟少儿科普教育空间。探索建成浦东图书馆亲子阅读服务标准化模式，充分发挥"全国家庭亲子阅读体验基地"功能，将服务对象从少儿主体向家庭延伸，规范图书馆亲子阅读选书标准、亲子阅读活动流程、亲子阅读活动效果评估标准等，提升家庭教育专业能力，提升浦东图书馆亲子阅读服务专业领导能力。

4. 坚持高水平，促进提升"图书馆+"融合发展

创新开展图书馆文旅公共服务，结合浦东地方文献资源，开发研学课程、提供游学服务；鼓励各类分馆自主创新打造旅游特色空间，形成"1+X"规定与自选相结合的制度①；探索开展"行阅浦东"文旅精品活动。

深入开展图书馆文创产品研发，鼓励社会力量参与文化创意产品研发、生产和经营；加强文教合作，组织开展中小学生浦东图书馆文化文创产品设计大赛。

联手协作合力打造书香公园，创新与浦东群艺馆、青少年活动中心等文化公园内其他公共文化机构的合作内容和方式，以节庆活动为纽带，加强联动、促进公共文化场馆融合，共同打造富有品位的书香公园，让图书馆的空间、资源、活动、服务等功能与文化公园实现一体化发展、互联互通。

巩固推进图书馆合作联盟服务，加强与上海图书馆、上海少年儿童图书馆、国家图书馆的合作与联系，提高情报咨询等服务能力；加强文教结合，实现与中小学校图书馆的联网"一卡通"服务，丰富服务点数量，提升社区和学校公共阅读服务能力；扩大与社会主体合作共建力度，如书店、文创企业、互联网公司等，实现阅读"无处不在、无时不在"，有效提升服务覆盖面和实效性；加强长三角区域图书馆行业组织之间的联动，共享行业优质资源；加强国际交流合作，巩固国际行业组织成员地位，加强与友好城市图书馆服务合作，参与国际事务与行业交流。

5. 坚持高效能，提升图书馆智慧化服务的便利度

关注后疫情时代图书馆卫生安全，引入人脸识别、体温自动检测、空气环境净化、智能消毒、可视对讲设备等，倡导自助操作、配送到家，探索智能技术，打造"非接触式"服务和线上云服务。

引进新技术伙伴，升级数字阅读体验中心的服务效能，在数字体验嘉年华活动品牌的基础上，着力搭建平台，引进更多的企业和社会力量合作推出数字体验项

---

① "1"指统一增设旅游信息咨询服务及相关公共服务，"X"指根据所在分馆特点和需求，自设适合旅游特点的服务项目。

目，协同发力，打造沉浸、交互、立体化智慧学习空间。

引入智慧化的技术与方法，完善文献资源和服务智慧平台，打造"全景智能"图书馆服务。整合总分馆管理平台资源，在主题分馆、延伸服务点、村（居）图书室（农家书屋、职工书屋）、流动书车范围内形成统一的通借通还管理平台，同时整合、拓展、提升网上预约借书平台的服务效能，提高预约书库的馆藏，拓展线下免费取书点的布局。

6. 坚持高要求，提升图书馆事业发展聚合力

全方位提升支撑事业发展的聚合力，积极践行社会主义核心价值体系，通过组织、制度、资金、队伍保障提升图书馆事业发展聚合力。

加强法人治理结构改革深化，实现管办分离，建立完善理事会领导下的馆长负责制度。逐步提升理事会决策和监督能力，加强理事履职能力建设。

健全完善各项管理制度，增强各部门协同参与和支持机制，促进各项业务流程规范化，并强化执行力度。

制定浦东图书馆人才发展规划，做好人才预测与储备。科学配置人才资源，优化人才层级结构，建立一支适应新时代浦东图书馆高品质、专业化发展需求的馆员队伍。

建立评估机制，完善考核指标，建设个人发展目标与组织战略目标相协调的效能导向型绩效管理体系。引入第三方开展服务效能专业评价工作。

撰稿人	施丽，上海市浦东图书馆副馆长。 研究方向：阅读推广、发展研究等业务管理工作。

四 | 智慧化　一体化　高品质　有内涵

——上海市嘉定区图书馆"十四五"发展规划

（一）指导思想和发展目标

"十四五"期间，嘉定区图书馆将以党建引领、优质均衡、开放共享、特色发展为基本原则，按照"两法一条例"要求，紧扣嘉定新城建设，推动图书馆持续创新发展，逐步构建"智慧化、一体化、高品质、有内涵"的公共图书馆服务体系，着力发挥文化对于提升区域影响力、引领和助力经济社会发展的重要作用。在继续保持市内领先、同级区县位居前列的基础上，以高质量发展为目标，以全程智能和绿色生态为抓手，统筹物理、网络和社会三个空间，创新推进人机融合、文旅融合、区域融合、产城融合等四个"融合"，持续深化党建引领、科学管理、特色资源、个性服务、队伍建设等五个着力点。完善一体化格局，推动数字化和网络化向数据化和智能化全新转型；升级智慧化服务，持续推进国家公共文化服务体系示范区创新发展；加强高品质供给，着力于创新和协调新发展理念及国际化视野；打造有内涵的文化名片，提升服务品质和整体效能。

（二）主要任务及重点工作

1. **一个目标：高质量发展**

传承文明，弘扬文化。坚持以文化人、以文育人，坚持把培育和践行社会主义核心价值观融入全民阅读的各个领域，不断提升市民综合素质和城市文明程度。推动中华优秀传统文化创造性转化、创新性发展，继续办好上海市民文化节中华优秀传统文化传承系列赛事。多措并举延续传承城市文脉，不断丰富"教化嘉定"城市品牌的内涵和宣传方式，使红色文化、海派文化、江南文化在交相辉映中激发创造活力。

创新方式，服务社会。持续推进国家公共文化服务体系示范区创新发展，提供前沿、聚合、包容的公共文化服务产品和内容。精准对接人民群众文化需求，推动建立订单式、菜单式公共文化产品和服务平台。面向不同群体开展差异化的公共图书馆服务，充分保障未成年人、老年人、残疾人和流动人口等特殊群体的文化权益。以评促建、以建促进，因地制宜整合专业社会服务资源，深化信息服务、社会教育、科普宣传和阅读推广。提升信息服务能力，满足社会大众对信息获得的公平化和均等化，持续做好面向老年人、青少年的信息素养培训。

聚合包容，放大效应。创新商文旅融合服务形式，将阅读元素融入城市生活，探索打造基于商圈、景区的智能阅读体系。立足"最美图书馆"打造全域旅游的重要节点；制定文化品牌建设目标，实施品牌建设策略；通过国际友好城市交往和国际图联年会等各类渠道，宣传中国图书馆事业发展的"嘉定故事"。

2. 两个抓手：全程智能与绿色生态

（1）启动"全程智能"建设，打造智慧化图书馆

持续推动智慧图书馆背景下的"全景智能"。通过将智能元素渗透融入图书馆各方面，打造内容更丰富、服务更智能、管理更高效的智能化场馆。

逐步实现深度均等化目标下的"全域智能"。依托"文化嘉定云""嘉定数字阅读"平台，整合数字资源，丰富阅读资源的获取形式。

不断构建万物智能化视域下的"全数智能"。通过智能化、可视化技术，完善嘉定区图书馆大数据平台，汇总与分析各类阅读活动数据，实现全区图书馆服务的动态监管，推动实现面向读者服务的精准化、个性化定制。

（2）坚持绿色生态发展，构筑绿色公共文化示范空间

践行"绿色生态"发展理念，以低碳化、智能化技术以及管理应用为方法，响应上海智慧城市、绿色城市、节能城市、海绵城市、森林城市建设，积极参与嘉定新城低碳发展示范区创建等工作，将嘉定区图书馆打造成为城市低碳和智慧发展的公共示范空间。

3. 三个空间：物理空间、网络空间、社会空间

（1）完善"全域模式"物理空间

依托总分馆服务体系，根据新建大居和社区中人口集聚变迁带来的阅读服务需求变化，加强街道（乡镇）级分馆升级改造，优化空间布局。大力推进居（村）图书室标准化建设，探索数字化服务升级，在提高阵地使用率的基础上突出特色和品质。持续提升"我嘉书房"服务能级，深化多元化、多形式的深度参与建设和服务

方式，着力打造个性化、便捷化的书房空间与服务。

建立嘉定区公共图书馆物流运转中心，统筹提供保障、调配、预借、借阅、活动等功能，构建完善的文献资源保障体系。持续完善公共图书馆服务资源配送绩效评估机制，提高资源配送质量，提升资源供给能力。

（2）打造互联共享的网络空间

依托总分馆服务网络，以"文化嘉定云"公共数字服务平台为基础，以"嘉定数字阅读"APP以及"智阅嘉图""嘉游书架"小程序等移动智能终端服务为载体，优化数字资源提供方式，打造互联共享的数字资源服务网络。提高优质文化资源向数字资源的转化力度，构建完善的馆藏文献数字化服务体系。

完善数字资源推广机制，持续开展数字资源培训，提高市民数字技能，实现数字资源的高质量、创新性应用，缩小"数字鸿沟"，提高馆藏数字资源的使用效益。

（3）形成全社会参与的社会空间

贯彻落实法律法规对于社会力量兴办图书馆、社会力量参与图书馆服务、社会公众参与图书馆管理，以及公共图书馆与各类型图书馆开展合作等方面的要求，科学引导、统筹规划，推动优质社会文化资源向公共图书馆流动整合。

4. 四个融合：人机融合、文旅融合、区域融合、产城融合

（1）人机融合，精准高效

探索引入并充分运用人工智能等现代信息技术，用AI赋能公共文化设施的运行管理。主动对接"一网通办""一网统管"平台和区域文化大数据体系建设，强化公共图书馆数据的开发和应用，推动公共图书馆的所有管理与服务数据的全天候感知。

（2）文旅融合，创新发展

坚持以文塑旅、以旅彰文，打造富有江南文化、上海文化的嘉定文化旅游体验。加强图书馆和旅游公共服务机构功能融合试点，整合资源建立旅游文献信息中心，推动阅读服务进景区景点、旅游咨询服务进图书馆；依托现有的"嘉游书架""嘉游声阅魔方""智阅嘉图"数字化服务项目，新建一批景区、商圈、楼宇、校园里的智能延伸服务点位。主动助力乡村振兴，依托总分馆体系进一步盘活和运用乡村文化资源，开展"农田里的图书馆"等建设试点，推进乡村文化和旅游融合发展，提升乡村内生发展动力，进一步推动城乡一体化建设，促进协同均衡发展。

（3）区域融合，引领协同

推动长三角地区文化交流交融、协同发展，稳步推进文化和旅游方面的甬沪、

嘉沪、苏沪、通沪一体化，深化长三角区域公共图书馆智库服务联盟建设，继续参与全国"城市书房联盟"，以及长三角地区公共图书馆信用服务联盟、公益性巡展、公益性讲座巡讲、阅读推广活动联动等战略合作项目。有序推进长三角江南文化文献研究中心建设，提升长三角江南文化文献研究中心的影响力和服务实效。

（4）产城融合，服务区域

让文化点亮城市、赋能产业、塑造品牌，聚焦嘉定新城产城融合建设，创新情报服务和情报研究的渠道和方式，优化产城融合主题阅读服务与信息服务，探索面向新城中小企业、产研院所、产业园区、创客空间等群体的主题信息服务。

5. 五个着力点：党建引领、科学管理、特色资源、个性服务、队伍建设

全面加强党的领导，发挥党建引领作用。深化科学管理，提升图书馆治理能力，完善标准化体系建设，深化法人治理结构改革。深挖区域人文内涵，立足区域打造"人文嘉定"专藏，梳理地方历史名人资源、地方名人文集；优化文献资源建设，优化藏书结构，提高藏书质量。坚持开放共享，打造全民阅读品牌项目，发挥优质品牌阅读引领作用，加强全年龄段精准服务。完善人才培养机制，优化队伍结构，完善人员考评与聘任机制，建立科研评价与激励机制。

撰稿人	黄莺，上海市嘉定区图书馆馆长。 研究方向：公共图书馆总分馆建设、法人治理结构改革、数字服务平台建设及管理。

五 | 连接一切　无处不在

——上海市长宁区图书馆"十四五"发展目标

（一）总体思路

"十四五"期间，长宁区图书馆将紧紧围绕满足读者多元化的文化需求为出发点和落脚点，不断提升读者服务质量和体验感。积极推进多元公共文化空间改造建设，着力营造"连接一切，无处不在"的公共文化空间，加快向大数据时代智能化图书馆转型。

1. 线上线下，齐头并进。大力拓展线上服务空间，丰富线上数字资源和阅读推广服务，提高服务人群覆盖面，坚持打造无所不在、无所不能的线上服务。2. 立足基础，着眼创新。顺应人工智能时代的发展趋势，加快智慧图书馆的建设，提升场馆的体验度，满足读者多元文化需求。3. 以人为本，优化服务。根据地方特色人文元素与地域特点，加快基层服务点特色馆藏建设，盘活总分馆体系下的活动资源，提升文化服务"最后一公里"的质量。4. 多元合作，能效升级。探索与第三方社会组织、文化企业的合作，优势互补、资源共享，为群众提供更多元的文化资源和活动，打造公共服务新品牌，促进全民阅读。

（二）主要任务

长宁区图书馆将以改革创新为动力，大力推动基本公共文化服务标准化、均等化发展，提升文化产业能级，率先建成现代公共文化服务体系，服务引领区域文化协同发展，打响文化品牌，加快建设国际文化大都市。立足业务工作主题化，完善馆藏建设体系，推动阅读推广品牌化发展，打造服务亮点。创新驱动，打造功能丰富的多元文化体验场馆。完善内部管理规范化，建立健全公共图书馆的应急服务体系，推动图书馆高标准化运作。落实人才队伍培养机制，加强人才梯队建设。分阶段落实各项规划任务，力争在"十四五"末期圆满完成各项指标任务。

1. 调整场馆空间布局，激发创意与创新，满足读者多元文化需求

通过打造多元公共文化空间提供更多的空间服务功能，鼓励知识与思想的交流，激发创意与创新，引入新技术手段、新科技产品和新型空间理念，突破静态阅读方式，打造复合功能多样的公共文化空间。通过打造体验型场馆，将图书馆从传统的积淀与传承文化、提供信息和文化服务，扩展为鼓励知识与思想的交流，激发创意与创新的空间，努力为读者提供涵盖各种实践活动的众创空间，打造立体阅读体验场馆。

2. 推动智能化图书馆开发与应用，依托人工智能技术，提升公共服务能级

通过打造智能化AI体验馆，建设系统更为开放、功能更加自助、服务更为精准的智慧化图书馆，推进智能化建设，为读者提供便捷、高效的服务；推进RFID智能书架的广泛应用，运用人工智能技术，应用智能书桌，打造全自动智能化借阅体验馆，实现在馆读者轻轻点击屏幕，纸质和电子资源送到手体验。通过图书智能采购系统，根据馆藏建设需求、出版社模型、读者行为分析、读者推荐以及图书价格等多种维度，设置业务规则及决策权重，让系统智能化筛选纸质文献，实现资源采购决策更加智能化。

3. 继续推进总分馆体系建设，打造网格化管理，实现公共文化资源"优质＋均衡"

一方面立足资源共享，多元化合作，全面推进阅读推广联盟建设工作：探索阅读联盟共建共享机制的试点，推进阅读联盟共建共享体系建设。不断推进联盟数字资源共享，整合全联盟人才、技术、设备、场地等资源，建立全方位的共建共享体系，保障阅读联盟高效运行。

另一方面以地方文化和居民需求为抓手，因地制宜，打造基层服务点特色馆藏：根据地方特色人文元素与地域特点，群众的阅读喜好和需求，科学合理建设主题资源。加强总馆对居委图书室的基层业务指导，参与推进"一街一品、一居一特"工程，让公众充分享受文化红利。

4. 推广O2O模式，打造"无处不在，无所不能"的线上图书馆

推进"在线"文化资源与服务再升级，打造线上服务平台。推进"在场＋在线"融合阅读推广服务，提升全民阅读服务能级。

5. 构建文旅融合协同发展良好生态，增强文旅融合效能

挖掘长宁区域内历史文化元素，提高信息资源服务能力，配合区域宣传推广，

促进历史文化的保护与传承,为文旅融合发展奠定基础。深化"文化+"融合、跨界的创新模式,结合区域内优势历史文化资源,引进和培育一批特色明显、具有核心竞争力的文旅融合机构,打造一批创新示范、影响广泛的文旅品牌项目。

6. 积极推动区域联动,助力长三角文化协同发展

深入落实长三角地区一体化发展战略,充分发挥长三角地区国家公共文化服务体系示范区(项目)合作机制作用,配合长宁区文旅局推动长三角地区城市阅读一卡通、公共文化服务一网通、公共文化联展一站通等项目落地,推动区域公共文化服务体系一体化发展。继续发挥长三角阅读摄影展、长三角当代水墨作品展等区域品牌文化活动影响力,推动长三角美术馆、图书馆和文化场馆区域联动共享,展现长三角地区缤纷多彩的地域文化特色。

7. 以"标准化管理"为抓手,全面提升图书馆综合管理水平

一是完善服务管理体系,加强管理检查和内部审核,建立更加规范的服务标准和更加科学的绩效考评体系,推进图书馆标准化管理工作持续走向深入。二是引入第三方管理咨询机构,对本馆整体工作绩效进行客观的评估测定,第三方评估机制将作为一种必要而有效的外部制衡机制,以评促建,以评促改。三是建立健全公共图书馆应急服务体系,坚持服务不打烊,针对公共安全突发事件建立应急服务体系。

8. 完善人才队伍培养机制,建立科学合理的专业人才队伍

把握人才培养方向,制订科学的培养计划,加强信息技术和专业知识培训,注重专业人才知识面的培养。致力于培养一批具有扎实理论基础,能够运用先进的技术手段收集、整理、开发和利用文献,能够运用新媒体进行宣传推广,具有管理能力的复合型人才,为读者提供高质量、个性化的服务。

加强人力资源管理,做好人才引进、培训、引导、激励等工作,提供人才培养的良性生态系统;提供学术学习与研究的平台,激励馆员在工作岗位上发挥匠心精神,建设一支业务精、能力强、想干事、能干事的骨干专业人才队伍,建设一批具备较高素质的专业后备人才。

撰稿人	汤肖锋,上海市长宁区图书馆馆长。 研究方向:公共图书馆服务与管理。

六 | 完善体系　创新服务　提升品牌

——上海市静安区图书馆"十四五"发展目标

（一）功能定位

新静安区图书馆目前由四个馆舍组成，分布于静安的南、中、北区域，两馆间最远距离基本就是位于新静安南北纵深的15千米。"十三五"期间，在区委区政府，特别是区文旅局的关心支持下，新建了7处24小时自助图书馆；新增了一辆由金龙客车改装的能够装载4 000余册图书的流动图书车；建设了42家居民家门口的"灰引力"基层文化服务点，从而形成了以静安区图书馆（四个单体馆点）为总馆，14家街道（乡镇）级图书馆、静安区闸北少年儿童图书馆为分馆，264个居委综合文化活动室（含"灰引力"基层文化服务点）为基层服务点，2辆流动图书车、7座24小时自助图书馆为延伸点的公共文化服务体系。同时吸纳上海民生现代美术馆文献中心及扬波中学图书馆建立了静安区图书馆艺术分馆和扬波分馆，推动区域公共文化资源共建共享。与此同时，静安区图书馆以天目路馆的改建为契机，进一步明确了各个馆点在满足群众基本文化需求的同时错位发展和服务的功能定位：

新闸路馆以多元阅读推广活动为重点，突出海关文献研究服务和文化交流的特色；

闻喜路馆以读者服务为重点，突出特殊群体服务，并以商务主题版本图书为特色；

康定东路少儿馆以服务少年儿童阅读为重点，打造国际儿童阅读、交流、互动的平台；

天目路馆以新技术为支撑，以智慧图书馆为方向，打造融汇各类信息和社群，读者交流互动、市民终身学习的智能图书馆。

（二）发展目标

"十四五"期间，静安区图书馆将巩固现有公共文化服务网络体系，贯彻落实习近平总书记"人民城市人民建 人民城市为人民"的要求，进一步满足广大市民就近、快捷、优质的文化需求，营造多元共享，温馨优质的全民悦读氛围。

1. 以场馆建设为重点，建设高能级文化设施

天目路馆将于2022年对外开放，打造布局愈加完善、利于读者交互的市民身边的图书馆。"十四五"期间，在现有天目路馆址的南部，扩建8 500平方米的图书馆空间，将历史建筑与地下空间结合利用，打造一个上海唯一的具有石库门风貌特色的图书馆功能扩展空间，弥补原有图书馆在藏书空间、特色书房、小型剧场和停车功能等方面的不足，并进一步凸显历史风貌与公共服务相结合的发展目标，同时提升图书馆服务的数字化和智能化服务水准，把静安区图书馆发展成为一个既有现代公共文化服务功能，又保存了海派历史建筑风貌和中心城区文脉特色的新地标。

2. 以读者需求为导向，完善公共文化服务体系

"十三五"期间，静安区图书馆通过总分馆建设基本建立了全区公共文化服务网络，打通公共文化服务"最后一公里"。"十四五"期间，将充分利用总分馆制建设，继续新建一批"灰引力"基层文化服务点。

升级设施与服务内容，通过配备RFID智能标签系统，实现全区街道（乡镇）、基层及馆外服务点的通借通还，解决读者需求中的痛点。

围绕全区"一轴三带"的大格局，贯彻公共文化服务向社会延伸的办馆理念，进一步加强馆校合作、馆企共建，通过社会参与等方式，与区域内的学校、企业、园区、商圈、美术馆、博物馆、红色场馆等探索合作共建，整合城区文化资源，联动城区书香角落，完善区域阅读服务网络，让市民就近便捷享受标准一致、服务一致的优质文化服务，体现区域阅读服务整体效应。

发挥融媒体优势，依托智文化服务平台、静图约书平台，打通线上线下，实现精准采集与投放，利用网站、微信、APP、借阅柜等方式为不同读者提供无处不在、无时不在，随时随地、方便快捷的线上线下多元阅读服务。

借助5G互动直播，VR/AR等技术的应用，吸引更多读者群体。在图书馆物理布局相对固定的情况下，静安区图书馆将从读者需求出发，提供个性化服务，从而为各年龄层、不同群体提供多样化文化服务。

3. 以开拓创新为目标，深耕文化品牌

现代公共图书馆已不仅仅只是一个图书馆，更是一个巨大的文化空间，要创新

利用好这个巨大的公共文化空间，积极拓展"书香+"，即图书馆+文博、图书馆+艺术、图书馆+科技、图书馆+旅游等，使图书馆静态的书籍融入社会文化生活各个动态鲜活的业态，从书籍出发，通过各种形式的阅读活动积极营造社会良好阅读生态，推广全民阅读。

"十四五"期间，静安区图书馆将在原有基础上进一步积极引入社会力量参与图书馆建设，联合各种文化类社会组织的平台和资源，做大做强静安文化品牌。依托赵丽宏书房、图书馆理事会、市作家协会、各书香联盟单位等，持续扩大静安读书周、悦读静安文化讲坛、各类征文赛事以及各类国际文化交流活动的品牌影响力。

成立静安区作家协会，发挥文化优势，聚集文化效应。践行"人民城市人民建，人民城市为人民"的重要理念，打造一支更专业、更成熟、全年龄的志愿者服务团队，将"静安白领朗诵沙龙""静安区少年故事团"等团队纳入"声悦读"阅读推广计划，参与社会公益活动，提升全民阅读热情。

"十四五"期间，静安区图书馆将以"国际静安，卓越人文"为总目标，以融汇多元，开拓进取为愿景，以普惠悦读、传承文脉为使命，深耕阅读，擦亮品牌，营造全区浓郁的阅读氛围，彰显城区文化魅力。

撰稿人	濮麟红，上海市静安区图书馆馆长。 研究方向：阅读推广、主题馆建设。

七丨锻长板　强体系　在融合之中更纯粹

——上海市徐汇区图书馆"十四五"规划初步设想

作为区级公共图书馆，徐汇区图书馆在"十四五"期间的规划与发展，依托于区和文旅局的"十四五"蓝图。根据上海市对徐汇的战略定位和要求，综合未来五年的发展环境和基础条件，徐汇区在基本建成社会主义现代化国际大都市一流中心城区的基础上，中长期的发展愿景是：建设具有世界影响力的社会主义现代化国际大都市的典范城区，简而言之，就是"卓越徐汇　典范城区"的奋斗目标。

公共图书馆作为基础公共文化设施，是社会和个人获取知识、思想、文化和信息的窗口，对于提升国民素质、提升整个国家的文化知识水平具有至关重要的作用。徐汇区历来重视公共阅读服务体系建设，坚持发挥文化引领风尚、教育人民、服务社会、推动发展的作用，在服务体系构建、服务专业化、管理精细化、用户满意度和社会作用的发挥上不断优化，通过努力构筑"无所不在"——空间全覆盖、"无时不在"——时间全天候的阅读服务网络，提供普遍均等的知识信息服务，提升市民文化素养，为区域经济社会发展提供智力支持。

（一）"十四五"期间四大重点任务

未来五年，围绕徐汇由"一流"向"卓越"迈进，夯实"典范"城区建设的基本框架，要共建公共文化空间、共育公共文化内容、共享公共文化成果，通过这样的举措来加强文化吸引力、焕发文化创造力、扩大文化辐射力，使得徐汇的文化特质更鲜明，海派气息更浓郁；公共服务更优质，居民生活更有品质。对于徐汇区图书馆而言，则是要站在自身的发展轴上，对现在的自己有清醒的认知，对未来的自己有更高的期许，不断追求更高质量的发展，实现更具突破的跃进。

建构人无我有、人有我优、人优我特的独特优势。从最有条件、最有优势的地方入手，锻造长板、强健体系，提高服务能级和核心竞争力，同时在融合之中让书香、让阅读更纯粹。

因此，徐汇区图书馆将紧紧围绕四项重点任务：强体系、塑品牌、拓空间、惠百姓。

1. 强体系

纵向到底、横向到边，延伸公共文化脉络；政府力量叠加社会化参与，总分馆体系有筋有肉，更健全完备。在公共图书馆总分馆体系的基础上，充分发挥书香联盟社会化的作用，通过基层服务点星罗棋布的"灯塔书房"和街头自助书柜，以及流动图书馆的补充，构建完备的全民阅读体系。

2. 塑品牌

紧紧围绕打响"海派之源"目标，进一步扩大"汇悦读"品牌辐射力与影响力，持续营造全民阅读氛围。品牌塑造上，积极利用徐汇区内丰富的人文资源；参与人群上，做到老、中、青、幼、残"全覆盖"，关注各类人群的文化需求，有针对性地提供分层服务；活动方式上，注重新时代的新阅读需求，开展创新性的阅读推广活动。

3. 拓空间

撬动社会力量参与，打造特色阅读空间，实现公共资源增值赋能。一方面盘存量，对现有空间进行活化利用；西岸馆与南丹馆的建设，形成徐汇区图书馆南丹馆和西岸馆"一馆两体、两翼齐飞"的格局。西岸馆更注重增强空间的文化体验、社会服务和品牌传播功能，成为培育提升广大读者人文涵养、艺术修养、信息素养、科学精神和创新意识的公共空间。南丹馆定位于徐汇区公共图书馆的典藏书库，市民读者乐享其中的"书房、客厅、大课堂"，以贴近城市、贴近生活、贴近市民为原则，成为区域文献采编中心和收藏中心、社会学习中心、地方文献研究中心。另一方面做增量，探索"阅读+城市微更新"模式，创新拓展市民身边的阅读空间，灯塔书房。

4. 惠百姓

提升服务效能，多元化多样化服务各类人群，满足人民美好生活新期待。着眼"五个人人"的努力方向（人人都有人生出彩机会、人人都能有序参与治理、人人都能享有品质生活、人人都能切实感受温度、人人都能拥有归属认同），提质量、促均衡，发展不同类别不同层次的公共服务，满足群众多样化、品质化、个性化需求,全面体现图书馆的人民属性、人本价值。

(二)"十四五"时期的主要抓手与发展目标

1. 主要抓手

"十四五"时期的四大重点任务的完成,将通过四个主要抓手来实现:文化名人传承文脉,通过名人资料库、藏书票和人文路线的建设等,以建党百年为契机,讲好徐汇人文红色故事;梧桐深处书香名片,以建筑为载体,通过草婴读书会等品牌读书会、"说书一刻"等活动,讲好徐汇故事;灯塔书房点亮徐汇,在市民身边点亮阅读灯塔,进而让市民成为移动的灯塔推广阅读,营造特有的"灯塔读书节";文旅融合全民共享,通过阅读进驻"邻里汇"服务居民,通过阅读进驻"水岸汇"服务游客,充分体现公共服务优质化、特色化、智慧化、社会化。

2. 发展目标

五个发展目标:文化地标、品牌高度、文化惠民、优秀人才、创新创优。《上海市公共文化服务保障与促进条例》实施在即,其中对于完善服务标准体系,提升公共文化服务效能,加强"上海文化"品牌建设,推动公共文化高质量发展,以及引导社会参与,增强公共文化服务发展动力等都做了要求。

作为图书馆人,徐汇图书馆的态度:职业、标准、好奇。职业就是要坚持"专业做工作",准确把握图书馆的核心,按照发展规律、制度规则来开展各项工作。标准就是对照最高标准、最好水平,坚持卓越取向,力争把工作做到极致,成为领域内的旗帜和标杆。好奇就是要保持领先和创新的强烈意识,以好奇心激发创造性思维,不断取得新的进步和提升。锻造长板、强健体系,让阅读和书香在融合之中更加纯粹,始终以人为本,是徐汇区图书馆"十四五"期间高质量发展的最终目标。

撰稿人	房芸芳,上海市徐汇区图书馆馆长。 研究方向:公共图书馆阅读推广、地方史。

八 | 破圈·踏浪　用"智慧"奏响时代强音

——上海市杨浦区图书馆"十四五"发展思考

党的十九届五中全会为图书馆事业描绘了美好蓝图，面向未来事业的发展，图书馆人唯有应对挑战、守正创新、破圈踏浪、智慧转型，实现高质量发展，提升高品质服务，让人民群众的获得感成色更足、幸福感更可持续，奏响人民城市建设的时代强音。面向即将开局的"十四五"，就杨浦城区发展的战略目标以及杨浦区图书馆的规划建设思考总结如下：

（一）赋能"世界城市会客厅"，建设滨江智慧图书馆

杨浦滨江是中国近代工业的发祥地，被联合国教科文组织称为"世界仅存的最大滨江工业带"。2019年习近平总书记视察杨浦滨江时称赞这一地区从昔日的"工业锈带"变成了如今的"生活秀带"，同时指出，"人民城市人民建，人民城市为人民"。2020年杨浦"生活秀带"入选国家文物保护利用示范区。《中共上海市委关于制定上海市国民经济和社会发展第十四个五年规划和二〇三五年远景目标的建议》提出："推动'一江一河'等区域深度开发，加快外滩—陆家嘴—北外滩、世博—前滩—徐汇滨江、杨浦滨江、苏河水岸经济发展带等重点区域核心产业和要素集聚，构建中环经济发展带，着力打造世界级城市会客厅。"对标杨浦区委十届十一次全会中提出的"成为具有世界影响力的社会主义现代化国际大都市的人民城市标杆区"的远景目标，针对杨浦区图书馆平凉分馆拟拆迁的实际，遵循《中华人民共和国公共文化服务保障法》中规定的"先建设后拆除"的原则，坚持"文化先行"的理念，提出：杨浦区域面积大，按照均等性、便利性的要求，宜合理布局设置两个中型馆，并选址滨江。11月6日提交项目初步方案，26日区委主要

领导批示同意，12月2日，区分管领导召开专题会议，研究选址筹建事宜，初步决定选址84街坊东地块，建筑面积约11 540平方米，用于"十四五"期间筹建杨浦区图书馆滨江馆。地块整体功能定位为：企业总部型办公楼，建设产学研相结合的科创及科研成果转化平台，并结合杨浦滨江丰富的历史工业遗存，高起点、高标准、高目标地建设示范性"智慧楼宇"。滨江馆与大桥公园的世界技能博物馆、亲子剧场和体育空间为邻，接宁国路班轮、地铁18号线和杨浦大桥，交通便利。功能定位关键词：少儿阅读、百年工业遗存、科创等。

（二）城区公共图书馆三级服务网络的健全和服务效能的提高

积极实践当代公共图书馆融合、适应、塑造"智慧城市"的建设进程，优化公共文化服务体系，推动以社会进步、包容和赋能为基础的社会新形态。杨浦区公共图书馆总分馆模式：1+12+X，即1个区级总馆+12个街道馆+X个服务点。"十四五"期间第一是要健全杨浦公共图书馆三级服务网络，覆盖商圈、园区、高校、社区等各区域，形成"布点均匀、全域化、无差别"的现代公共文化服务体系。鼓励具备条件的科研机构、企业等的图书馆（室）等成为分馆或者基层服务点，2021年拟新设14个自助借还服务点，至年底总量增至55个。第二是要着力推进总分馆制建设进程，优化完善区域公共文化设施网络，探索总分馆联通联动机制，下沉品牌服务资源，提供线上线下多场景文化体验，实现"书界"阅读平台2.0版新功能，形成杨浦特色和经验。第三是要提升系统平台的运行开发及服务效能，助力上海市中心图书馆FOLIO智慧服务平台的调试运行，以实现庞大的"一卡通"图书借阅系统整体迁移工作的安全有序；同时也借力新平台，做好杨浦个性化平台的开发预案，技术赋能，再塑高效优质的公共图书馆服务。

（三）城市历史文脉的创新传承和文化地标建设

习总书记指出："我们应该用创新增添文明发展动力、激活文明进步的源头活水，不断创造出跨越时空、富有永恒魅力的文明成果。"杨浦拥有百年工业、市政、大学的空间载体、历史人文、人才集聚的优势。"十四五"期间杨浦区图书馆首先要重点做好的是两个"深"，一是深入摸清城市的文化脉络和肌理，二是深度挖掘开发"三个百年"的文化底蕴，在梳理与传承的基础上进一步创新激发，开发"可阅读、可行走、可触摸"的线上线下全方位立体式阅读模式，使之渗透到民众学习、工作、生活的方方面面，记住乡愁。其次需要做好"两个百年"的文化彰显与传承，即滨江"百年工业"主题资源的建设和开发与当前杨浦总馆"上海近代市政文献主题馆"比翼齐飞，相得益彰，让"小故宫""生活秀带"的品牌更响亮，底蕴更深厚，从而形成杨浦城区独有的文化特质与魅力。

（四）长三角一体化的积极实践

坚持社会主义核心价值观引领，注入红色文化、江南文化、海派文化基因，厚植品牌项目内涵，开发长三角地区文化旅游资源，以文促旅、以旅彰文，打破边界、融合发展。2019年杨浦图书馆倡议成立了基于O2O图书网借平台的"长三角公共图书馆网借图书服务联盟"，昆山市图书馆，苏州市吴江图书馆、吴中区图书馆，扬州市图书馆，六安市图书馆，宁波市鄞州区图书馆，常州市武进图书馆，南京市金陵图书馆、六合区图书馆、江北新区图书馆，无锡市锡山区图书馆等12家公共图书馆共同签署了盟约。"十四五"期间，杨浦区图书馆将在数据开放与共享、优化资源、创新服务、引领发展等方面进行了积极的探索。以国家文旅融合试点单位为契机，广泛合作"阅读好声音""书香下午茶""寻根家源""静思讲坛"等悦读服务品牌的长三角一体化实践。

撰稿人	潘立敏，上海市杨浦区图书馆馆长。 研究方向：公共图书馆服务与管理。

九 | 全方位赋能，打造公共文化服务的"青浦模式"

——上海市青浦区图书馆"十四五"发展思考

在长三角一体化发展上升为国家战略背景下，青浦因得天独厚的区位优势，纳入长三角一体化示范先行区，迎来了前所未有的发展机遇。青浦文旅紧扣"高质量发展"使命任务，立足进博会和长三角一体化示范区两个维度，以"生态为基""文化为魂""创意为媒"打造全城旅游目的地。"十四五"期间，青浦区图书馆将以"引领读书风尚，传承水乡文明"为宗旨，不断探索公共文化服务新模式，全面融入长三角地区发展，通过整合三地文化优势资源，提升文化合力，以高质量的文化供给，持续为"示范区"区域引领提供强大的精神动力和智力支撑，着重做好以下几方面的工作：

（一）立足服务国家战略，助推示范区借阅"一卡通"服务落地

为推进积极落实《长江三角洲区域一体化发展规划纲要》提出的"城市阅读一卡通"要求，上海图书馆、南京图书馆等几家图书馆联合发出了"城市阅读一卡通"的倡议，长三角一体化示范区执委会也在推进"小三角"青浦、吴江、嘉善的各项便民服务。目前青浦区、吴江区、嘉善县将通过社保卡认证模式，推动"城市阅读一卡通"切实落地。青浦区图书馆作为该项目实施推进的排头兵，将积极与上海图书馆共同协调，打通"三地图书管理系统无法通用、流通政策差异大、通借通还成本高"等技术瓶颈，推进此项工作顺利开展，让三地爱书人一路走来一路读，打造长三角地区文旅融合新模式。此外，将继续依托"长三角一体化阅读联盟"，坚持以海派文化为底色、以江南文化为统领，通过开展主题丰富的阅读推广活动，相互借鉴经验做法，积极促进阅读推广服务从一体化示范区向整个长

三角地区辐射，让阅读润泽更多人。

（二）坚持民生需求导向，逐步完善图书馆体系化建设

青浦区提出了"全覆盖、多层次、多元化的现代公共文化服务体系"的建设目标，在"十三五"期间，通过图书馆总分馆制的建设，已经形成了以区级图书馆为总馆、街道（乡镇）级图书馆为分馆、村（居）文化活动室及村农家书屋为基层服务点的四级纵向阅读服务网络，还有覆盖社区、学校、企业、部队等52家馆外服务点的横向阅读推广服务点。2019年将40余场阅读服务通过点单模式配送到街道（乡镇）、村（居）。"十四五"期间，青浦区图书馆将继续扩大有效覆盖，力争实现行政村、村（居）的全覆盖，所有服务点按需都可实现通借通还。与此同时，青浦区还将着力完善"城区15分钟公共阅读空间"体系建设，优先落实完善"幸福社区建设"，延伸民生服务触角，为老百姓提供更加优质高效贴心的服务，丰富社区文化底蕴，提高社区文化品位，全面提升社区居民生活质量和幸福指数。坚持需求导向，不断优化教育、健康、文化、体育、养老等资源的合理布局和拓展延伸，完善"家门口"的服务体系。青浦区图书馆将继续推进主题分馆建设工作，开设主题特色鲜明的主题分馆，如"可·美术"主题分馆等，积极探索出一条以文化教育与社会探寻为主、知识服务与品质生活并重的特色服务体系，积极营造本地区良好的文化氛围，以主题图书馆建设更好地带动传承青浦文化，

青浦区图书馆

推动区域文化发展。"十四五"期间内拟完成中心城区15个点的"15分钟公共阅读空间"布局，推动城市书房、社区自助借阅点、预约网借柜等基础设施建设，逐步实现阅读均等化、社会化、信息化、标准化，融合21千米环城水系建设、江南文化示范区建设、全域旅游示范区建设等，打造一批融入生活、浸润心灵、凝聚力量的文化地标，丰富"绿色青浦，上善之城"宜居城市的文化内涵，加速进入全民阅读时代。

（三）构建品牌体系建设，激活青浦文旅发展创新动力

青浦区图书馆将始终坚持以区图书馆阅读品牌为主导，构建"一街镇一品牌、一村居一特色"上下联动的阅读品牌体系化建设，让阅读推广的种子百花齐放、遍地开花。区图书馆着重加强三个方面的建设：一是深入开展全民阅读活动。充分发挥区馆在推进青浦全民阅读活动的主阵地和示范引领作用，推动青浦市民读书节、上海书展、中华传统节日、重要节假日及重大节庆活动的常态开展，丰富活动内容，提升全民阅读社会参与度；深度挖掘青浦地方文献资源，加强地方文献基础征集工作，进一步加强馆藏地方文献特色化、体系化、层次化建设，形成藏、读、展、研多层级的地方文献服务体系。二是促进阅读品牌精品化建设。围绕"清阅朴读"区级阅读品牌项目，策划丰富多彩的读书活动，并指导各镇特色阅读品牌的建立。继续深化现有"清阅朴读"下属的青溪讲坛、各联盟读书沙龙、绘本故事会、馆员导读等品牌阅读推广活动，细化分众阅读，分主题、分对象、分读者群开展各类活动。进一步利用现代信息技术手段，方便读者随时随地、方便快捷获得阅读服务。三是加强服务特殊群体。重点践行儿童阅读推广优先策略，深化"小鸡Book·爱阅读成长计划"这一少儿阅读推广品牌项目建设，加强对未成年人服务与研究，围绕传统文化节日及社会主义核心价值观宣传等。"小鸡Book"谐音"小鸡破壳"，暗含"自主成长"的寓意，该项目下设有融入儿童哲学的"爱·智慧"阅读探究系列活动、针对早期阅读的"爱·童心"绘本共读系列活动、"爱·创想"科普体验系列活动等子项目活动。图书馆将以"儿童为中心"深化设计高质量的阅读促进活动，在激发孩子们"阅读兴趣"的同时，引导提升学习力、思想力和创新力，促进其更好地"自主发展"，让图书馆更好地成为孩子们未来发展和幸福生活的基本动原。同时，关注社会特殊群体的阅读需求，做到老中青幼残全覆盖，以多途径尽力保障他们的文化权益，通过阵地服务、与社区、组织机构及志愿者团体的合作，推进特殊群体的阅读服务。

（四）联合社会多元力量，培育多层次、多样化的复合型人才队伍

随着社会快速发展和素养时代的到来，公共图书馆阅读推广，尤其是儿童阅读推广面临新的挑战。"十四五"期间，青浦区图书馆将继续致力于专业队伍建设，持续激发馆员的职业能力和活力：一是建立健全区图书馆从业人员"全员、定向、循环培训"的长效机制，实现和保证全区图书馆从业人员业务培训的规范化、常态化；二是充分发挥区级图书馆学会的专业指导作用，积极开展馆员的继续教育和业务培训工作，提升本馆专业人员素养与服务能力；三是充分发挥与上海图书馆学会合作开展的"阅读推广人培育"项目的专业人才培训基地作用，通过培训，切实提高区图书馆尤其是基层公共图书馆阅读推广队伍的整体素质。"十三五"期间，该项目吸引了幼儿园、中小学、大学教师，绘本与儿童文学爱好者等参与课程与实践，已培养了130名具有一定理论基础和实践能力的阅读推广人，形成了积极投身阅读推广实践的社会力量。"十四五"期间将继续深化项目建设，除了鼓励已经持证阅读推广人参与图书馆阅读推广项目外，还要吸引更多优秀组织和个人加入到全民阅读推广队伍中来，共同凝聚起青浦文化发展的更强力量。

（五）推进智慧图书馆建设，打造新时代的智慧阅读空间

新冠疫情防控期间，以互联网为代表的数字经济异军突起，表现出强大的生命力。青浦区图书馆着力从需求出发，着力规划建设智慧型图书馆，提升市民阅读品质。"十四五"期间的总体目标是：结合图书馆服务和管理业务流程，在传统图书馆、自动化图书馆、数字图书馆的基础上孕育可交互、易共享、高效服务、便于管理的图书馆服务体系，用来统一管理图书馆的资源、用户、应用以及界面。这一体系主要由微服务架构管理平台、新一代图书馆服务平台、中央知识库、智能采选等模块组成。通过智慧门户、智能采选、纸电一体化、智能文档管理、智能客服等模块功能的建设，为广大读者提供便捷的、专业的、贴身的、智慧的阅读、活动、文献、数据情报等服务。

撰稿人	薛芸，上海市青浦区图书馆馆长。 研究方向：公共图书馆服务与管理。

十丨建设书香人文空间　打响松江文化品牌

——上海市松江区图书馆"十四五"及新馆建设规划

"十三五"以来,松江区图书馆坚持求稳提升、拓展深化,在上海市中心图书馆、上海图书馆行业协会的指导下,不断提升图书馆的服务管理能力,不断提高办馆水平,努力开创图书馆工作新局面。依托在"十三五"期间取得的成绩与经验,松江区图书馆将以高质量发展公共图书馆事业为目标,大力加强业务建设,创新发展,深化改革,建设书香人文空间,打响松江文化品牌,助推"科创、人文、生态"的现代化新松江建设。

(一)推进南北两馆定位发展

根据南北区域的特质,在坚持"人文立馆"的基础上,对现有馆舍和已在建设的松江区图书馆分馆进行功能定位。图书馆馆舍将基于不同群体的需求进行空间规划,融入智慧图书馆元素,围绕数字技术和阅读需求。同时以打响江南文化品牌建设为依托,推进人文松江建设,建设具有上海特点、松江特色的地方文献主题馆。

(二)优化馆藏资源结构,促进专业化建设

加快文献资源结构优化,由传统以纸本为重,逐步调整到数字文献与纸本资源相协调。进一步完善馆藏资源广度和深度,针对不同读者增强专业服务能力。注重藏用并重,进一步采集松江区地方资源,争取形成资料比较完整的地方文献体系。协助人文松江创作研究院编撰出版"一典六史"(《松江人文大辞典卷》《松江绘画史》《松江文学史》《松江诗歌史》《松江书法史》《松江戏剧史》《松江简史》。

（三）深化公共图书馆总分馆制服务体系建设

在初步形成五个统一（即文献资源统一联合目录、统一编目、统一配送、通借通还和人员统一培训）公共图书馆总分馆制服务体系的基础上，加强基层图书馆、图书室、农家书屋管理，加大对基层服务的数字化建设，提高基层工作人员的专业水平。

（四）完善"全民阅读推广"创新品牌建设

依照时间节点，落实好"世界读书日"、"市民文化服务日"、"图书馆服务宣传周"、"暑期读书月"、上海书展、人文松江书香之域"书香月"等重要时期的阅读活动开展。依托人文松江活动中心建设，打造"上海艺术书展"品牌活动。精准定位参与人群及其活动偏好，继续打造"华亭讲堂""小松果悦读会"等阅读品牌。继续承办"文明修身·文化寻根"家庭阅读系列活动，营造全区阅读的良好氛围。

（五）加快数字图书馆与智慧图书馆建设

依托馆舍建设，将智能化应用、智慧图书馆建设、大数据分析融合进图书馆服务管理中，通过软硬件数字化改造，实现信息存储数字化、信息资源共享化、服务内容智能化。推进松江区公共图书馆总分馆信息集成平台建设，将全区17个街镇图书馆智能化改造，促进区域公共文化资源共建共享和服务效能提升。配合推动上海市中心图书馆基于FOLIO的第三代图书馆服务平台的应用与开发，做好FOLIO平台及技术提升改造。

（六）加强专业馆员队伍建设

以高质量发展公共图书馆事业为目标，加快人才队伍建设，提高馆员自身素养和专业技能。定期组织馆员和基层馆馆员开展业务培训，加强专业能力考核，提升公共图书馆服务水平，在上海图书馆专业委员会支持下，重点建设中高层次图情专业人才，培养公共文化服务和专业管理的专业人才队伍。

（七）探索文旅深度融合发展

紧紧围绕上海旅游高品质发展的新要求和松江区"一个目标、三大举措"的战略布局，探索公共图书馆与旅游服务中心深度合作的路径和方法，不断优化服务模式，改进内部服务功能，重点围绕增加旅游咨询及宣传功能。丰富图书馆文化内涵，为图书馆建设增加旅游元素，积极构建文旅融合机制，探索与旅游服务中心等统筹建设，彰显"人文松江"特质。

（八）吸引社会力量参与公共图书馆事业发展

推进图书馆法人治理工作，落实图书馆理事会制度，发挥理事会作用，提高图书馆的管理运行效率。加强与上海图书馆、大学城各高校图书馆资源共享，为提高市民文化修养发挥好积极作用。大力支持民间读书组织开展阅读推广活动，增强全民阅读活动的吸引力。

撰稿人	陈诚，松江区图书馆馆长。 研究方向：图文信息、文化宣传。

第八章
数字服务谋新篇

随着以5G、AI等为代表的新一代数字技术广泛深入应用，国民阅读方式也发生着深刻巨变，在时代潮流的强力牵引和疫情的加速催化下，数字化转型是图书馆的必然之举。无论是积极利用新媒体、拓展线上服务，还是不断完善、下沉和盘活数字资源，抑或推动文化资源上云，均是图书馆界面向数字时代主动作为的体现，力求以便捷化、精准化的数字服务，谋划图书馆事业高质量发展新篇章。

一 | 把握发展机遇，构筑服务新媒体矩阵

（一）新媒体服务矩阵初成形

上海市大部分市、区级公共图书馆充分把握住了微博、微信发展的机遇期，近年来更是积极尝试各类新媒体平台，在微信、微博、抖音、喜马拉雅、哔哩哔哩、头条等新媒体平台上开设账号，服务内容涵盖了图文、音频、视频、直播等多种形式。新媒体平台强大的流量、用户黏度以及尝试构建的圈层内容和用户关系链，一方面为图书馆带来了大量的用户，另一方面也催生了多种形态的内容与服务需求，不仅给疫情常态化下的图书馆服务带来了发展机遇，同时也给图书馆的业务流程再造、新媒体人才储备带来了前所未有的挑战。[1]

1. 微博

中国的微博服务始于2007年，经过短暂的沉寂期后，于2010年再次迎来新的发展高潮，无论是用户范围还是影响力，都达到前所未有的高度。自2010年上海图书馆开通官方微博，上海的区级公共图书馆紧随其后，纷纷开通了微博账户。上海市市、区两级公共图书馆微博的开通时间80%集中在2010至2013年间，其中2011年是各公共图书馆开通微博最踊跃的年份，当年新开通的图书馆微博数量达到8个。2015年以后新开通微博的公共图书馆仅有3家，少数错过微博红利期的图书馆则越过微博服务，直接将微信公众号作为线上宣传、服务的主阵地。

近年来，由于微信的异军突起，少数公共图书馆选择停止更新微博或注销微博账户，大部分图书馆依然维持着微博阵地的服务，但是尚在更新的图书馆微博数量从2017年的20个减少至2020年的14个，且每年平均有2~3个图书馆微博处于偶尔更新状态。

---

[1] 刘溪. 公共图书馆新媒体矩阵服务现状及构建策略研究[J]. 新世纪图书馆，2021（05）：62-66.

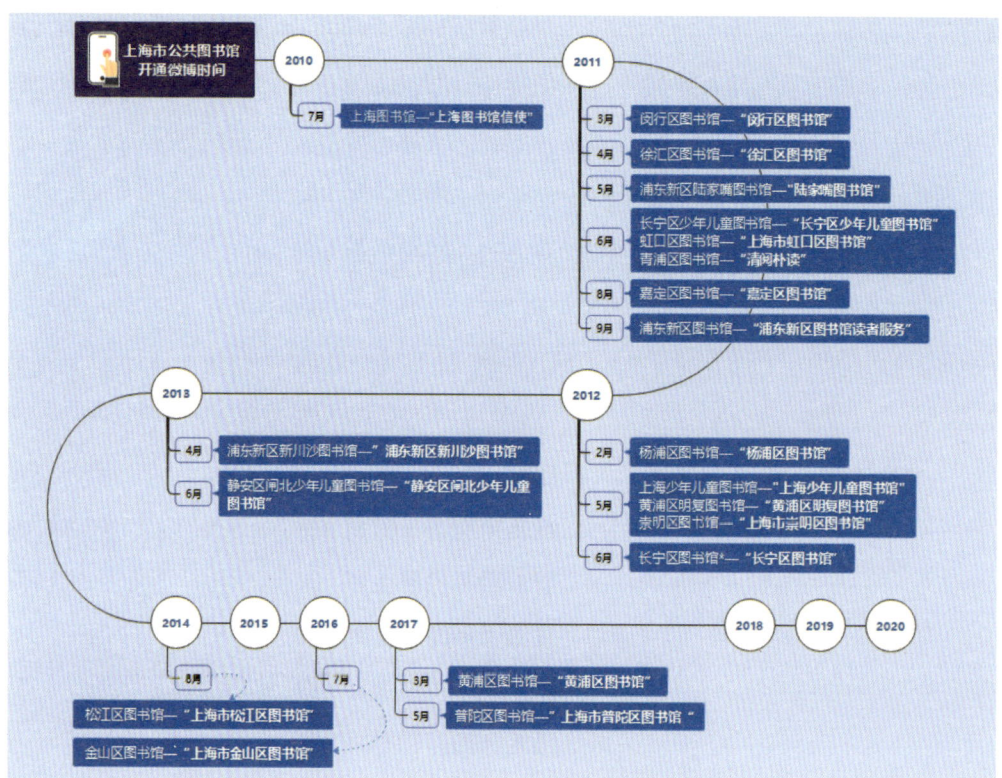

图8.1 上海市市、区两级公共图书馆微博开通时间线

资料来源：新浪微博，上海市图书馆行业协会分析整理。

上海图书馆微博的粉丝数在市、区两级公共图书馆中遥遥领先，目前拥有粉丝数超过20万。区级公共图书馆中，微博粉丝数量较多的是浦东图书馆、嘉定区图书馆和青浦区图书馆。2017—2020年，大部分公共图书馆微博粉丝数量呈正增长趋势，值得一提的是，上海图书馆和徐汇区图书馆微博粉丝数量逐年增长，青浦区图书馆微博粉丝数量在2020年出现了显著增长，同2019年相比接近翻四番。虹口区图书馆、嘉定区图书馆、浦东图书馆、闵行区图书馆等部分图书馆的微博粉丝数则出现较大回落。

2017—2020年，多数市、区级公共图书馆逐渐减少原创博文的推送，共有13家市、区级公共图书馆原创博文量的复合增长率低于0。原创博文量在各级公共图书馆分布不均衡，上海图书馆原创博文量最多，年均推送超千条博文，区级图书馆中年均原创博文量较多的是长宁区图书馆、嘉定区图书馆、青浦区图书馆。目前市、区级公共图书馆的发博情况大致分化为三类阵营：①努力维持型。这一类型的图书馆占多数，其官博2020年的原创博文量较往年虽有所减少，但依然坚持推送博文，典型馆有徐汇区图书馆、长宁区图书馆、浦东图书馆等。②弃更转移型。少部分图书馆逐渐放弃微博阵地的图书馆服务,每年的原创博文量呈下降趋势,目前已停止更新微博,将宣传阵地转移到微信公众号,典型馆有黄浦区图书馆、黄浦区明复图书馆、静安区闸北少年儿童图书馆等。③持续深耕型。少部分图书馆在疫情期间更加积极利用微博进行线上宣传服务,2020年的原创博文量不降反升,迎来新的增长点,典型馆有上海图书馆和青浦区图书馆。

2. 微信

截至2020年,各级公共图书馆微信公众号的粉丝数量差异较大,多者如上海图书馆,粉丝数量近80万,浦东图书馆次之,粉丝数量达30余万,而其余区级图书馆的微信粉丝数量则不超过10万。近三年,约95%的市、区级公共图书馆微信粉丝数量逐年递增。其中,2020年上海图书馆和浦东图书馆微信公众号在较大粉丝基数的基础上依旧实现显著正增长,分别同比增长24.63%和58.51%。这既关乎图书馆的读者服务能力,也考验馆员对于微信公众号的运营及营销能力。2020年度上海市中心图书馆年度专项调研数据显示,有90多家街道(乡镇)级图书馆将微信公众号作为线上活动主要宣传平台,其中,少数街道(乡镇)馆独立开通和运营微信公众号,如闵行区江川图书馆、宝山区杨行镇图书馆、普陀区宜川街道图书馆等,大部分街道(乡镇)级图书馆或缺乏擅长新媒体运营的馆员,或考虑到街道(乡镇)馆公众号影响力有限,普遍做法是依托辐射范围更广的社区文化活动中心或者街道(乡镇)的官方公众号进行活动推广。图书馆微信公众号的普及和其粉丝数量的增长,既是机遇——它意味着图书馆在线上有更大的影响力;也是挑战——它要求图书馆对于新媒体的运用需要从懵懂探索走向专业发展,唯有如此才能引领图书馆服务行稳致远。

2017—2020年,70%以上的市、区级公共图书馆微信推送量呈正增长趋势,仅有6家区级图书馆微信推送量小幅下降。近三年,市级馆微信公众号推送量增长快于区级馆,上海图书馆、上海少年儿童图书馆两市级馆的微信推送量复合增长率名列前茅,分别是80.8%和88.29%。区级馆中,微信推送量增长较快的图书馆是金山区图书馆、黄浦区明复图书馆、崇明区图书馆等馆。疫情期间,半数公共图书馆更加积极地在微信平台上推送信息,2020年微信推送信息量占比远大于往年,如上海图书馆、黄浦区明复图书馆、长宁区图书馆等馆。在另一半公共图书馆中,大部分图书馆努力保持着和往年相近的微信推送量,仅个别几家图书馆减少了微信推送量,即使如此,也鲜有图书馆停止更新微信公众号,可见目前微信公众号是上海市公共图书馆的新媒体主阵地。

微信小程序正式上线于2017年1月9日，是一款依托微信客户端、无须下载即可直接使用的轻量化应用。图书馆利用小程序平台开发读者易用的阅读平台或活动界面，是改进图书馆数字服务方式和手段的重要探索。上海图书馆推出小程序"AR阅读活动"，与"跃+AR图书馆"阅读推广活动相配合，读者不仅可以在小程序上观看馆员荐书的视频，还可链接到"上图微阅读—公测版"在线阅读配套的电子书资源。嘉定区图书馆的官方小程序"上海市嘉定区图书馆"，依托智能借阅设备"嘉游书架"，读者可以进行活动打卡、参与答题，此外还可进行图书借阅，以及在"嘉乡嘹音"板块中欣赏有声书籍。杨浦区图书馆推出"杨图手机自助借阅"小程序，面向该馆读者开放了绑定读者证、扫码一键借阅、远程续借、实时查询等一系列功能。徐汇区图书馆、浦东图书馆、浦东新区新川沙图书馆等部分公共图书馆虽然没有开发独立的小程序，但是对接其他平台，如超星读书和读联体·数字共享阅读服务平台，为读者提供了海量数字资源在线阅读的小程序服务。

3. 移动APP

随着互联网新传播时代的到来，数字阅读越来越受欢迎，大多数人习惯使用iPad、Kindle、智能手机等移动终端阅读。顺应这一趋势，许多图书馆通过移动版网站，与超星移动图书馆、中文在线等资源厂商合作，或者结合本馆馆藏特色，开发移动设备上的数字阅读服务，以满足读者个性化、多元化的阅读需求。

截至目前，共有12家市、区级公共图书馆开发了移动APP应用，大部分公共图书馆的移动应用个数为1~2个。上海图书馆是提供APP服务个数最多的公共图书馆，针对不同类型的服务发布了一系列移动应用，包括提供书目检索、读者服务、社交互动等各种服务的"上海图书馆"；提供电子图书及期刊在线阅读及下载服务的"市民数字阅读"；提供上海市中心图书馆讲座、展览等与公众文化活动相关的信息"上海市中心图书馆活动查询"；包含老上海滑稽戏、老上海文化地标展、上海年华等移动应用的"海上风华"系列等。

83%的市、区级公共图书馆移动APP操作系统覆盖了大众常用的移动端操作系统，包括苹果公司的iOS系统、谷歌公司开发的Android系统等。移动APP活跃机器数排名前三位的图书馆是上海图书馆、杨浦区图书馆和浦东图书馆，活跃机器数均过万。移动APP启动次数为用户打开APP的次数，反映了APP的使用程度。启动次数超过十万的图书馆有5家，约占开发移动APP图书馆总数的41.67%，其中，启动次数最多的图书馆是杨浦区图书馆（约53万），其次是上海图书馆（约45万）。

表8.1 2020年上海市公共图书馆移动应用开发情况

单位名称	APP个数	活跃机器数	启动次数	APP名称	操作系统
上海图书馆（上海科学技术情报研究所）	6	75 219	454 239	上海图书馆	iOS/Android
				市民数字阅读	iOS（iphone/iPad）/Android
				上海市中心图书馆活动查询	iOS/Android
				"海上风华"系列	iOS（ipad）
上海市徐汇区图书馆	1	1 208	4470	徐汇风貌	iOS
上海市长宁区图书馆	1	2 845	144 222		iOS/Android
上海市静安区图书馆	1	3 105	9 510	静安区图书馆	iOS/Android
上海市杨浦区图书馆	2	45 043	534 104	杨浦书界 AR杨浦图书馆	iOS/Android
上海市宝山区图书馆	1	6 820	32 371	宝图UP	iOS/Android
上海市嘉定区图书馆	1	3 472	295 874	嘉定数字阅读	iOS/Android
上海市浦东图书馆	1	23 129	197 151	浦东数字阅读	iOS/Android
上海市奉贤区图书馆	1	4 985	58 626	奉贤图书馆	iOS/Android

资料来源：上海市图书馆行业协会。

4．其他新媒体平台

当前，单一的线上线下服务渠道已满足不了公众的多元需求，图书馆的新媒体服务仅仅依托单个平台亦非长久之策，除了"两微一端"（微信、微博和移动客户端APP）外，上海市公共图书馆也积极开拓其他平台的新媒体服务阵地，形成面向移动终端、多渠道贯通线上线下的新格局。根据调研数据显示，2020年上海地区有半数公共图书馆开通了"两微"以外的新媒体账号，近25%的公共图书馆同时运营多个平台账号，如上海图书馆和杨浦区图书馆。上海市图书馆的新媒体矩阵几乎涵盖短视频、音频广播、新闻资讯、知识分享等各领域，其中入驻抖音、哔哩哔哩和喜马拉雅的图书馆较多，分别占比27.3%、22.7%和18.2%，可见音视频类平台是公共图书馆除微信、微博以外相对主要的新媒体服务阵地。新媒体平台的多样化趋势，便于公共图书馆各平台账号之间互相引流推广，将有益于图书馆资源与服务的多渠道发布、多层次传播、多圈层拓展，增强读者与图书馆的互动和用户黏性。

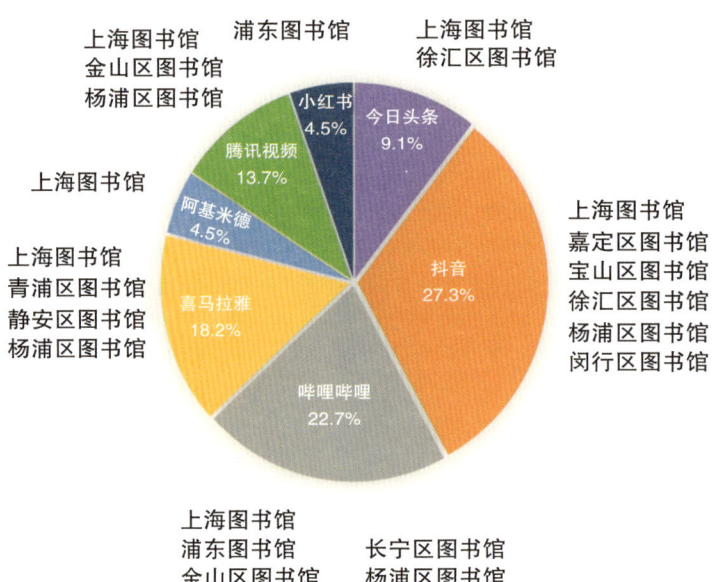

图8.2 2020年上海市市、区两级公共图书馆在各类新媒体平台运营分布

数据说明：新媒体平台指抖音、哔哩哔哩、喜马拉雅、阿基米德、今日头条、小红书、腾讯视频。
资料来源：上海市图书馆行业协会2020年度调研数据。

（二）硬件网络提档再升级

　　图书馆的硬件设备是为读者提供数字服务的先决物质条件，网络服务能力是硬件设备发挥作用的基础，二者缺一不可。2020年，市、区两级公共图书馆实现计算机终端和其他数字服务终端全覆盖。上海图书馆拥有超2 000台计算机和超1 500台其他数字服务终端，数字终端设备数在上海地区公共图书馆中位居第一。区级图书馆中，80.95%的图书馆拥有100台以上的计算机终端，计算机台数位居前三位的区级图书馆分别是浦东图书馆（721台）、宝山区图书馆（326台）、闵行区图书馆（295台）；19.05%的图书馆拥有100台以上的其他数字服务终端，其他数字服务终端数量位居前三位的区级图书馆分别是浦东图书馆（1 017台）、徐汇区图书馆（925台）、普陀区图书馆（150台），但区级图书馆的硬件设备数量，尤其是其他数字服务终端的馆间分布并不均衡。上海市、区两级公共图书馆中，69.57%的图书馆将50%以上的计算机开放供读者使用，图书馆计算机供读者使用的比例名列前五位的是宝山区图书馆（92.02%）、松江区图书馆（88.24%）、长宁区图书馆（74.82%）、浦东新区新川沙图书馆（74.68%）、青浦区图书馆（73.33%）。网络带宽是衡量网络服务的重要指标，带宽越大，网络传输速率越快。上海地区公共图书馆中，网络带宽最大的市级图书馆是上海图书馆（1 060Mb/s），区级图书馆中，网络带宽较大的图书馆有浦东图书馆（1 515Mb/s）、宝山区图书馆（500Mb/s）和长宁区图书馆（470Mb/s）。

服务器和数据存储设备也考验着图书馆的数字服务能力。服务器用来运行实现各项数字服务功能的软件系统，存储设备和数字服务的稳定性息息相关。上海地区公共图书馆中，共有21家图书馆配备了服务器，其中上海图书馆服务器最多，达200台。区级图书馆中，服务器数量在20台以上的图书馆有3家，在11~20台的图书馆有7家，在1~10台的图书馆有10家。存储容量超过100TB的图书馆有5家，分别是浦东图书馆（845TB）、上海图书馆（800TB）、杨浦区图书馆（200TB）、宝山区图书馆（175TB）、静安区图书馆（154TB），56.52%的公共图书馆存储容量超过50TB。

表8.2　2020年上海市市、区级公共图书馆硬件设备及网络能力

单位名称/类型	计算机台数（台）	供读者使用计算机终端数[1]（台）	其他数字服务终端[2]（台）	服务器（不包含虚拟机）（台）	存储容量（TB）	网络带宽（Mb/s）
市级图书馆均值	1 198.5	331	856.5	100	400	630
市级图书馆合计	2 397	662	1 713	200	800	1 260
上海图书馆（上海科学技术情报研究所）	2 310	617	1 675	200	800	1 060
上海少年儿童图书馆	87	45	38	0	0	200
区级图书馆均值	192.19	113.81	131.38	13.67	105.84	312.59
区级图书馆合计	4 036	2 390	2 759	287	2 222.6	6 564.35
上海市黄浦区图书馆	134	72	8	7	32	100
上海市黄浦区明复图书馆	96	50	5	5	30	200
上海市徐汇区图书馆	155	0	925	12	70.6	150
上海市长宁区图书馆	139	104	30	16	90	470
上海市长宁区少年儿童图书馆	107	52	21	12	73	200
上海市静安区图书馆	193	79	15	22	154	350
上海市静安区闸北少年儿童图书馆	46	29	127	3	64	153.6

(续表)

单位名称/类型	计算机台数（台）	供读者使用计算机终端数[1]（台）	其他数字服务终端[2]（台）	服务器（不包含虚拟机）（台）	存储容量（TB）	网络带宽（Mb/s）
上海市普陀区图书馆	232	147	150	11	71	300
上海市普陀区少年儿童图书馆	7	0	10	0	0	100
上海市虹口区图书馆	130	92	32	6	40	200
上海市杨浦区图书馆	283	92	40	11	200	161.75
上海市闵行区图书馆	295	177	17	27	39	380
上海市宝山区图书馆	326	300	80	8	175	500
上海市嘉定区图书馆	271	170	99	14	24	400
上海市浦东图书馆	721	414	1 017	89	845	1515
上海市浦东新区新川沙图书馆	79	59	7	3	22	134
上海市金山区图书馆	158	106	8	7	36.75	200
上海市松江区图书馆	153	135	1	8	25	400
上海市青浦区图书馆	150	110	72	11	78.25	200
上海市奉贤区图书馆	147	70	10	7	57	300
上海市崇明区图书馆	214	132	85	8	96	150

数据说明：① 读者用多媒体触摸设备、平板电脑、阅读器、听书设备、各类数字文化盒子等终端设备。
② 其他数字服务终端指标上海图书馆的数据仅指目前用于上海图书馆淮海中路馆读者服务的各类多媒体触摸设备、平板电脑、阅读器、听书设备，为避免重复计算数据中未包括由上海图书馆购置、配送至上海市中心图书馆各级成员馆的相关设备。

资料来源：上海市图书馆行业协会。

（三）数字文化活动创新高

2020年，上海市市、区级公共图书馆合计举办公共数字文化活动1 381场，78.26%的公共图书馆均开展过公共数字文化活动，仅有5家区级馆未开展相关活动。上海图书馆的公共数字文化活动具有高频次、高参与度的特征，2020年共举办188场公共数字文化活动，吸引5 567 637人次参与，在众馆中位居第一。各区级馆开展公共数字文化活动水平不一，公共数字文化活动超过100场的图书馆有3个，分别是奉贤区图书馆（391场）、静安区图书馆（140场）和青浦区图书馆（105场），公共数字文化活动场次介于50至100之间的图书馆有6个，公共数字文化活动小于50场的图书馆有7个。37.5%的区级馆公共数字文化活动参与人次过万，排名前三位的分别是松江区图书馆（162 470人次）、金山区图书馆（45 831人次）和青浦区图书馆（30 403人次）。活动吸引力较强的图书馆是上海图书馆、松江区图书馆和金山区图书馆，平均每场活动分别吸引29 615人次、1 805人次和865人次。

表8.3　2020年上海市市、区级公共图书馆公共数字文化相关各类活动①

单位名称/类型	公共数字文化相关各类活动场次（场）	公共数字文化相关各类活动人数（人次）
市级图书馆均值	97	2 785 193.5
市级图书馆合计	194	5 570 387
上海图书馆（上海科学技术情报研究所）②	188	5 567 637
上海少年儿童图书馆	6	2 750
区级图书馆均值	56.52	14 876.05
区级图书馆合计	1 187	312 397
上海市黄浦区图书馆	0	0
上海市黄浦区明复图书馆	0	0
上海市徐汇区图书馆	1	243
上海市长宁区图书馆	49	340
上海市长宁区少年儿童图书馆	0	0
上海市静安区图书馆	140	25 232
上海市静安区闸北少年儿童图书馆	79	10 575
上海市普陀区图书馆	1	717
上海市普陀区少年儿童图书馆	1	717
上海市虹口区图书馆	52	11 534
上海市杨浦区图书馆	14	1 745
上海市闵行区图书馆	0	0
上海市宝山区图书馆	31	4 105

（续表）

单位名称/类型	公共数字文化相关各类活动场次（场）	公共数字文化相关各类活动人数（人次）
上海市嘉定区图书馆	6	207
上海市浦东图书馆	80	4 757
上海市浦东新区新川沙图书馆	0	0
上海市金山区图书馆	53	45 831
上海市松江区图书馆	90	162 470
上海市青浦区图书馆	105	30 403
上海市奉贤区图书馆	391	4 166
上海市崇明区图书馆	94	9 355

数据说明：① 包括原共享工程播映、数字素养读者培训以及与其他数字相关的线上或线上线下结合活动。
② 上海图书馆数据根据《上海图书馆（上海科学技术情报研究所）2020年度报告》各类型读者活动数据扣除对应线下活动数量后推算得出的全年线上活动数据。

资料来源：上海市图书馆行业协会。

（四）服务研讨打造生态圈

互联网技术的发展和移动终端的普及，催生了一系列"微"特征的信息平台或信息形式，如微博、微信、微电影、微课等。图书馆微服务是在微时代背景下，以用户为中心，依托全媒体信息技术，通过便捷的移动通信设备，发挥图书馆文献资源服务优势，加强碎片化和即时信息的收集、整理和发布，为用户提供图文并茂的精细化、个性化、多层次、全方位的服务。①

自2014年起，上海图书馆每年组织召开图书馆微服务研讨会，迄今已举办七届，图书馆界的同仁在会议现场，围绕微服务平台的深入打造、微服务内容的创新实践展开了热烈讨论，共同为图书馆行业微服务的未来出谋划策。自2018年起，在研讨会举办期间同时进行了图书馆新媒体创新服务案例评选活动，各图书馆将其在微服务领域的诸多创新举措与业内同行分享，在研讨评选中挖掘图书馆在新媒体服务领域的优秀案例和成功经验，行稳致远推动微服务创新发展。

---

① 李厦,孙小梅.微时代公共图书馆的微服务[J].兰台世界,2017(11):81-83.

表8.4　历届微服务研讨会主题

微服务研讨会	主题
第一届图书馆微服务研讨会	面向微服务时代，共谋图书馆未来
第二届图书馆微服务研讨会	微服务，大事业
第三届图书馆微服务研讨会	新媒体，新阅读
第四届图书馆微服务研讨会	微阅读，新生态
第五届图书馆微服务研讨会	微服务，新智能
第六届图书馆微服务研讨会	微"悦"读，新互动
第七届图书馆微服务研讨会	微融合，新常态

2020年的疫情并不能阻挡图书馆"微服务"的探索脚步。2020年9月29—30日，由上海市图书馆学会、山东省图书馆学会、上海图书馆（上海科学技术情报研究所）、山东省图书馆联合主办的第七届图书馆微服务研讨会在上海图书馆和山东省图书馆双主会场隆重召开。本次会议聚焦于"微融合，新常态"主题，围绕新媒体发展趋势，共同探讨了图书馆微服务的现在和未来发展趋势。受疫情影响，研讨会首次采用线上视频会议和网络直播相结合的方式举办，共有来自全国133家图书馆的180位图书馆员正式报名参会，参与馆数达到了历届最高。

1. 积极研学交流，引领"微服务"常态化发展

图书馆微服务是在移动互联网大潮下应运而生的一种服务方式，能够化被动为主动，灵活响应读者需求，在图书馆和读者之间能够建立良性的互动交流机制，微服务成为图书馆的一种常态化服务已是大势所趋。在研讨会上，诸多优秀新媒体平台上的嘉宾以及图书馆员分享了新媒体发展趋势的相关报告，如《政务新媒体的"放"与"收"》《公共图书馆"两微"报告》《抖音短视频传播》《在线直播业态现状和图书馆的机遇》《智慧图书馆e站式构建与实践》等，涵盖了知识的生产与传播、新媒体平台的运营与服务以及智慧图书馆服务技术等多个方面，展示了图书馆在新媒体微时代面临的机遇和挑战，对图书馆推动微服务常态化发展具有重要的借鉴与示范作用。

2. 深耕精品案例，共谋图林新媒体创新

自开放案例提交通道以来，研讨会共收到参评案例56份，案例涵盖了线上图书交换平台的构建、分众阅读推广、经典诵读音乐会、跨界合作、创意短视频和创

意直播等多种精彩纷呈的图书馆新媒体服务。参评最佳平台的27家图书馆展示了各馆在微信、微博、抖音、新媒体直播平台上丰富多彩的服务案例。最终,评审专家评选出最佳新媒体创新服务案例8个、非常态服务期间新媒体最佳策划案例1个、最具影响力图书馆新媒体平台3个。其中,上海图书馆微博"上海图书馆信使"荣获最具影响力图书馆新媒体平台。疫情虽关闭了图书馆线下服务这扇门,却也开启了线上的新媒体服务之窗。图书馆新媒体创新服务案例让我们看到图书馆微服务的新生机,提供了新经验,也促发图书馆人思考如何继续保持线上服务的体量和规模、如何创新实现线上活动的多样化和高品质、如何将微服务之路走得更宽更远。

二丨下沉数字资源，提升数字服务质效

当前，数字化浪潮汹涌澎湃，互联网、大数据、云计算、物联网、区块链、人工智能等数字技术飞速发展，一场新冠疫情更加凸显出数字化对经济社会发展的重要性。实现数字化转型，下沉数字资源至基层的图书馆，让数字服务普惠更多公众，这是图书馆服务的题中应有之义。为此，上海市图书馆行业协会开展了"关于上海市公共图书馆数字化转型和高质量发展情况"专项问卷调查，共回收问卷168份，其中，区级馆16份，街道（乡镇）级馆152份，初步掌握了本市各级公共图书馆数字服务的相关情况。

（一）数字资源使用需求

在读者的数字资源使用需求方面，区级图书馆和街道（乡镇）级图书馆存在明显差异，区级图书馆的数字资源使用需求远大于街道（乡镇）级图书馆。87.5%的区级图书馆表示有读者曾提出数字资源的使用需求，但街道（乡镇）级图书馆的相关数据仅为36.2%。

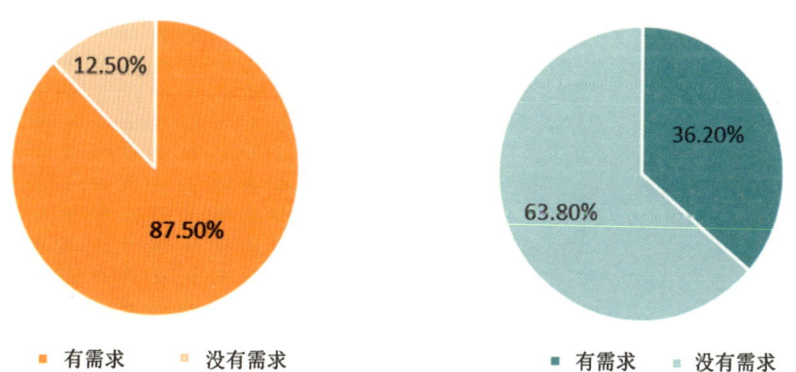

区级图书馆数字资源使用需求情况　　街道（乡镇）级图书馆数字资源使用需求情况

图8.3　区、街道（乡镇）级图书馆数字资源使用需求对比

资料来源：上海市公共图书馆数字化转型及高质量发展专项问卷调查反馈统计。

这一现象的产生，一则缘于数字资源供给相对有限，街道（乡镇）级图书馆没有足够的资金投入、也没有必要自行构建完整的数字资源体系，市、区两级图书馆在总分馆体系内，则需要加大数字资源下沉基层，在数字资源采购谈判中就需要考虑体系内的资源供给及覆盖问题。一则与街道（乡镇）级图书馆服务群体年龄结构有关，长期以来街道（乡镇）级图书馆主要服务于社区中老年群体，这类群体对于数字资源的需求相对比较有限。

（二）数字资源服务方式

在16家填写问卷的区级图书馆中，电子图书下载阅读、有声图书资源下载收听、电子阅读器外借是三种较常见的数字资源服务方式，其中，电子图书下载阅读服务的提供率达到了100%。由于AR场馆导览服务和机器人导览服务需要更高的技术支持，提供这两项服务的区级图书馆相对较少，机器人导览服务仅松江区图书馆有提供。从各区级图书馆提供的数字服务数量看，提供一种服务和两种服务的图书馆分别有4家；提供三种服务的图书馆有6家，占区级图书馆总数的37.5%；提供四种服务的图书馆仅有2家，分别是嘉定区图书馆和青浦区图书馆，两馆均能提供除机器人导览服务外的其他四项数字资源服务。

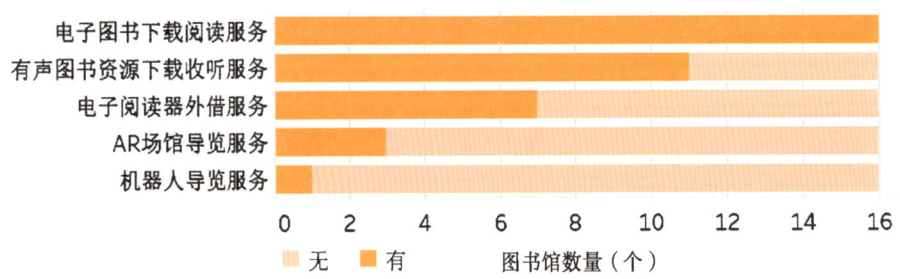

图8.4 区级图书馆数字资源服务情况

资料来源：上海市公共图书馆数字化转型及高质量发展专项问卷调查反馈统计。

表8.5 区级图书馆数字资源服务情况一览表

单位名称	电子图书下载阅读服务	有声图书资源下载收听服务	电子阅读器外借服务	AR场馆导览服务	机器人导览服务
上海市宝山区图书馆	有	有	否	否	否
上海市崇明区图书馆	有	有	有	否	否
上海市奉贤区图书馆	有	有	否	否	否

（续表）

单位名称	电子图书下载阅读服务	有声图书资源下载收听服务	电子阅读器外借服务	AR场馆导览服务	机器人导览服务
上海市黄浦区明复图书馆	有	否	否	否	否
上海市黄浦区图书馆	有	否	否	否	否
上海市嘉定区图书馆	有	有	有	有	否
上海市金山区图书馆	有	否	否	否	否
上海市静安区图书馆	有	有	否	否	否
上海市浦东图书馆	有	有	有	有	否
上海市浦东新区新川沙图书馆	有	否	否	否	否
上海市普陀区图书馆	有	有	否	否	否
上海市青浦区图书馆	有	有	否	否	否
上海市松江区图书馆	有	否	否	否	否
上海市徐汇区图书馆	有	有	否	有	否
上海市杨浦区图书馆	有	有	否	有	否
上海市长宁区少年儿童图书馆	有	有	否	否	否

资料来源：上海市公共图书馆数字化转型及高质量发展专项问卷调查反馈统计。

（三）数字资源宣传推广

就图书馆是否知道上海图书馆部分数字资源可进行远程访问并推介给读者而言，知晓数字资源可推介的图书馆远多于不知晓数字资源可推介的图书馆。93.75%的区级图书馆表示知道上海图书馆部分数字资源可进行远程访问并推介给读者，街道（乡镇）级图书馆层面的该项数据为61.18%，明显低于区级图书馆知晓的比例。显然可见，区级馆和街道（乡镇）级馆在利用和推广中心馆的数字资源方面存在较大差距。未来，上海图书馆应进一步加强向成员馆推介本馆优质数字资源的力度，积极引导街道（乡镇）级图书馆通过新媒体等渠道推广数字资源服务，弥补街道（乡镇）级图书馆的数字资源服务短板。

152家填写问卷的街道（乡镇）级图书馆中，120家街道（乡镇）级图书馆表示接受过所属行政区域的区级图书馆推广的数字资源，占比约达78.95%。从行政区域看,接受过区级馆的数字资源推广的图书馆比例达到50%及以上的有14个行政区域,其中,黄浦区、嘉定区、静安区、青浦区、徐汇区的街道(乡镇)级图书馆均接受过所属行政区域的区级图书馆推广的数字资源,其区级馆的数字资源能较充分地渗透到基层;而虹口区和松江区有半数以上的街道(乡镇)级图书馆没有接受过区级馆的数字资源推广,其区级图书馆的数字资源有待进一步下沉。

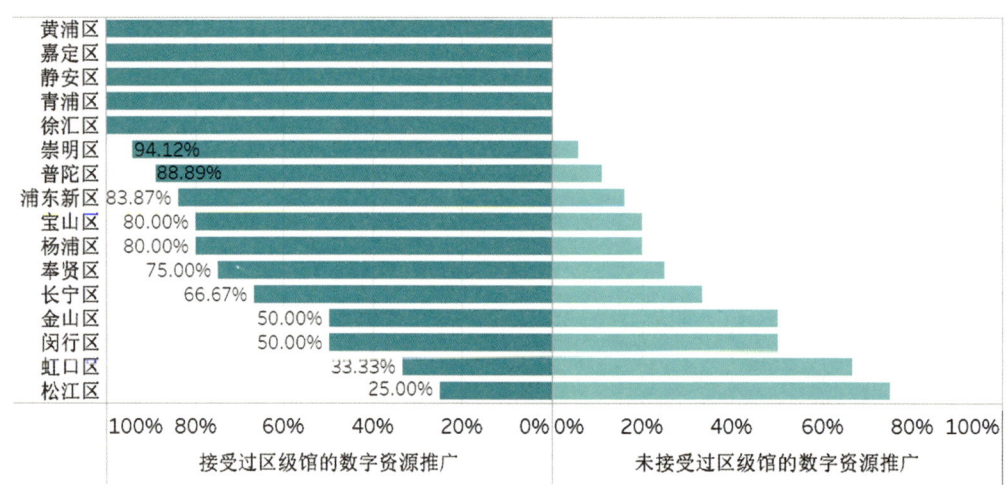

图8.5　街道(乡镇)级图书馆对"所属行政区域的区级图书馆是否曾向贵馆推广过其数字资源"的反馈情况

资料来源:上海市公共图书馆数字化转型及高质量发展专项问卷调查反馈统计。

当前,市(区)级图书馆和街道(乡镇)级图书馆之间数字资源需求结构不均衡,需要发挥市(区)级图书馆的辐射带动作用,破除数字资源获取与利用壁垒,鼓励各街道(乡镇)级图书馆总馆购买和建设的优秀数字资源推送共享,从而促进上海市公共图书馆数字资源建设与服务均衡发展,全面提升基层公共图书馆的数字化建设与服务水平,让基层公众充分享受到内容优质、形式多样的数字文化服务。

三 | 化被动为主动，积极探索线上服务

（一）"我的战疫"阅读马拉松线上快闪赛

自2016年5月起，上海图书馆每年春秋两季都会在线下举办"上图杯"大型阅读马拉松赛事，该活动综合考察了阅读速度和阅读质量，要求参赛者用6个小时阅读一本指定书籍，并完成相应测试。虽有考核，但该赛事的终极目的不是为了汰劣择优，而旨在推广全民阅读，培养读者深度阅读的习惯。从2018年9月开始，"上图杯"阅读马拉松的赛事范围更是从上海扩展到长三角地区，越来越多的阅读者加入到阅读马拉松的行列中，如今，阅读马拉松比赛已经成长为世界规模最大的阅读推广比赛，让社会见证了阅读的力量。

2020年，突如其来的新冠疫情，致使诸多公共文化服务场馆暂时闭馆，线下文化体验按下暂停键，这对阅读马拉松赛事亦是一场大考验。此次的阅马赛化挑战为机遇，顺势而为将线下活动转至线上，参赛者活跃程度更甚往昔。2020年3月5日晚七点，由阅读马拉松组委会、上海图书馆、湖北省图书馆、武汉图书馆、南京图书馆、浙江图书馆、安徽省图书馆共同携手，一场名为"我的战疫"的阅读马拉松快闪赛在线上拉开序幕，比赛书目为《张文宏教授支招防控新型冠状病毒》，活动得到全国338家公共图书馆的积极响应，共计有13 667人参加"我的战疫"阅马比赛，参赛人数再创新高，其中来自湖北的读者有2 913人。相比往届的阅马比赛，此次赛事设计了新型的比赛方式，通过网络向参赛者分发电子书籍，参与者需要在短时间内通过检视阅读了解比赛书籍的基本内容，然后进行相关答题。在线下的阅读马拉松比赛中，上海图书馆会为读者准备完赛纪念照拍摄的背景墙和拍摄道具。这次虽然是线上快闪赛，但依然为读者保持初心，给予读者满满仪式感，读者阅读时的照片、与完赛证书的合影、为湖北读者打气的留言等都可以通过微信发送给获得报名信息来源的图书馆公众号。主办方经过挑选后，将阅读者的照片通过马赛克

拼图的形式汇聚成抗疫公益海报，捐赠给湖北省图书馆和武汉图书馆。

直面疫情的特殊"阅马赛"为本市公共图书馆阅读活动推广工作探索了转型的方向和路径。

1. 拓展阅马赛事新形式，更深更广推进全民阅读

往年的阅读马拉松比赛，主办方为读者提供纸质书籍供其阅读，虽然有出版社的大力支持，但是仍然需要付出较大的人力、物力、财力，快闪赛采用的是阅读电子书籍的方式，更加轻便化，而且符合人们在数字时代的阅读需求，呈现了毫不逊色于线下的线上全民阅读盛景。阅马快闪赛的成功，为阅读马拉松比赛开拓了新的形式，既符合数字阅读的趋势，也能为读者在茫茫数字资源海洋中精选精品，但这绝非是对线下阅马赛的否定，线下阅马赛长达6小时的聚焦有助于提升读者的阅读耐力和深度阅读的思考力。阅读包含碎片化的浅阅读和精细化的深阅读，两种阅读各有优势和技巧，未来的阅读马拉松比赛可采用多样化比赛形式，让线上线下两条阅读跑道共同铺就全民阅读的美好愿景。

2. 提供"宅家"时期新服务，尽心尽力协助疫情防控

疫情之下，读者对正确信息的需求和精神文化的需求比以往更为迫切，由于突发公共卫生事件通常具有较强不确定性和较大危害性，群众恐慌之下难免谣言丛生，而被迫宅家的大部分群众获取信息的渠道是信息纷杂的网络，往往并不属于第一手信息源，由此引发了公众对疫情准确信息的强烈需求。阅读马拉松快闪赛以"我的战疫"为主题，满足读者和社会需求，以阅读赛事的方式来推动大众深入了解病毒预防等知识，利用文化服务来缓解人们恐惧不安的情绪，是图书馆界积极履行社会职责的体现。另一方面，阅读马拉松快闪赛以特殊的方式鼓舞抗疫，将读者参赛场景和留言做成公益海报，通过阅读活动进一步引发读者去思考每一个人在疫情大背景下的责任和作用，是一种引人向善的高质量文化服务。

（二）数字人文建设与应用

随着数字技术的兴起，数字人文正在积极引领文化时空的数字化转型，并展现出广阔的发展前景。上海图书馆积极投身数字人文的研究与实践中，利用新技术更好地整合开发馆藏资源，尤其是用活、用好珍贵的历史文献资源，为广大学者提供更好的学术环境，为广大读者开启历史文化新视野。

1. 特色资源库打造古籍新生态

上海图书馆的数字人文项目建设始于2014年，从特色资源家谱开始，上海图

书馆利用以关联数据、知识图谱为主的语义万维网技术，融合597家馆藏机构和众多私人收藏者的家谱元数据记录、专家的研究成果（姓氏、祠堂、家规家训等）、网络资源、人名词典等数据资源，基于本体（Ontology）建模的方法重组整合数据，建成"中国家谱知识服务平台"，提供基于人、地、时、事、堂号多维分面浏览，建立了人、地、时、事、堂号等概念之间的关联关系，实现了基于概念而非关键词的精确查询。①经过数年的探索实践，目前已经建成盛宣怀档案知识库、中文古籍联合目录及循证平台、人名规范库、上海年华之从武康路出发（AR导览应用）、老电影库、红色文献库、历史文献众包平台等各类特色资源库。此外，上海图书馆开发了基于数字人文项目的开放数据平台，以关联数据的方式在互联网公开发布，数据集包含上图数字人文项目所用的基础知识库（人、地、时、事、物）、文献知识库（家谱、手稿档案、古籍等）、本体词表以及项目组发表的相关研究等资料，并以提供各种数据消费接口供开发人员调用，以促进数据的开放获取、共享和利用。

2020年，上海图书馆启动"历史人文大数据平台"，该平台设置了文献导航、报馆地图、报人关系、文本分析、海派品牌等五大板块，利用数字人文方法和技术将其馆藏历史人文资源整合起来，实现资源、数据、知识的统一管理和服务，支持数字人文的典型研究范式和应用场景。截至2020年10月，已整合近代报纸510余种、篇目140 760余种、广告44 210余条、图片20张；期刊8种、篇目30余种、图片16张；近代图书124 400余种；家谱71 820余种；古籍602 450余种；盛宣怀档案15万余件；红色文献8 500余种；以及1 332 440余人物和7 480余事件。

作为综合性研究型公共图书馆，上海图书馆积极推出各类数字人文特色资源库及应用平台，这些成果不仅推动了技术领域与历史人文领域的互动融合，也推动了历史人文知识向更大范围的公众开放，使得读者能够更加便捷有效地学习中华民族的历史文化，对弘扬优秀传统文化、增强文化自信意义非凡。

2. 开放数据竞赛汇聚创新力量

截至2019年，上海图书馆开放数据竞赛（原上海图书馆开放数据应用开发竞赛）已成功举办四届。早在2017年，该竞赛获得国际图联第十四届国际图书馆营销奖（IFLA BibLibre）第二名。同年，竞赛的数据支撑平台"数字人文知识库服务平台"入围LODLAM2017国际竞赛前五名。

---

① 夏翠娟,贺晨芝,刘倩倩,朱武信.数字人文环境下历史文献资源共建共享模式新探[J].图书与情报,2021(01):53-61.

2020年,第五届上海图书馆开放数据竞赛全面升级为国际赛事,由上海图书馆和国际科学技术信息理事会(International Council for Scientific and Technical Information)联合主办。该赛事聚焦"全媒融合,用DH解构历史之美",多家单位联合开放大量历史人文数据,包括但不限于:上海图书馆6.8万余种家谱元数据、15万余种盛宣怀档案目录数据、138万余种古籍循证数据、132万余人的人名规范库、150万余种上海联编中心书目数据基础、8千余种红色文献书目数据,以及上海优秀历史建筑、上海历史文化事件、收藏机构名录、地理名词表、中国历史纪年表、藏印知识库、避讳字知识库等一系列知识库资源;CADAL项目管理中心5万多条侨批数据;中国历代人物传记资料库(CBDB)42万余条人物信息;广州搜韵文化发展有限公司84万首历代诗词、42余万条相关词条用韵参考、140余万条古人诗例用韵参考、200万条对仗词汇参考;《全国报刊索引》编辑部《晚清期刊全文数据库》(1833—1911)中500余种期刊、50余万篇文献,《民国时期期刊全文数据库》(1911—1949)中2万余种期刊、近1 000万篇文献,《图述百年——中国近代文献图库》(1833—1949)中逾100万幅图片,《中国近代报纸数字文献全库》中4千份中英文报纸,以及现刊索引数据库等一系列数据。最终,比赛决出十支获胜队伍,分别来自上海、北京、江苏三地,获奖团队的成员主要来自高校、科研机构和图书馆,产出了《沪动(Running Above SH)》《佛教建筑时空地图》《红色记忆·申城寻踪》《沪上印记》《沪影云图》等一系列优秀作品。

  开放数据竞赛的举办在用户和历史人文开放数据之间架起了一座桥梁,凝聚了许多对历史人文开放数据感兴趣的专家学者和用户,为其提供交流学习的平台,让许多隐藏于浩瀚数据之海的历史人文价值得以体现,为传统文化的传承保护提供了新思路。此外,上海图书馆开放数据竞赛已于2020年7月与SODA开放数据创新应用大赛、"慧源共享"全国高校开放数据创新研究大赛等其他七大赛事组建"开放数据赛事联盟",未来上海图书馆开放数据竞赛将以加入赛事联盟为契机,发挥赛事联盟的联动效应,不断提升办赛水平,带动全社会对历史人文开放数据的关注,引领和推动历史人文开放数据在数字人文领域的创新和应用。

(三)基于新媒体的特色服务

  上海图书馆积极克服因为疫情防控要求而带来的线下限流问题,主动在新媒体平台上开辟服务新阵地。疫情期间,上海图书馆灵活应变,在抖音平台发布一系列"抗疫主题短视频",从疫情防治相关新闻科普到抗疫名家手稿,从开馆服务指南到清明悼念影片,内容丰富,充分以专业优势应社会之急、缓大众之忧。此外,上海图书馆立足于"阿基米德FM平台",打造温情有声节目——给抗疫前线家庭的孩子们讲故事,征集到90余名志愿者贡献声音,将有声故事投放至平台上,历时2个月,达到了200多万次的播放总量,社会化力量与新媒体服务的巧妙融合,达到了四两拨千斤之效。2020年8月12—18日,上海图书馆以直播荐书的方式,开展了"馆员带你逛书展"系列直播活动,前后覆盖文艺、大众、文创、少儿、科普等五个主题,馆员精心挑选好书、倾情详尽荐书、开放福利送书,让阅读的种子在线上开花。

虹口区图书馆于疫情期间开展"虹图直播"系列在线直播22场,吸引7 000余读者实时线上观看,涵盖"知遇·作者"阅读品鉴、"科普知音"读书会、虹口科普讲坛、虹口文化名人讲坛等四大系列,将讲座、座谈会、读书会、科普演示等多种形式的优质内容分享给更多的读者。2020年的虹口区青少年阅读节开幕式,为兼顾读者参与度和直播质量,也采用了线上直播和部分视频录屏相结合的方式。为了降低参与门槛,让读者们无障碍观看直播,"虹图直播"未选择时下流行的需注册下载观看的各类直播平台,而是与中国移动合作,在微信平台上扫描二维码即可直接进入观看、自由留言和互动。

嘉定区图书馆携手各街道(乡镇)级图书馆,共同打造了一个全新的有声地方文献阅读推广项目——"嘉乡嚟音·悦读嘉定"栏目。"嘉乡嚟音·悦读嘉定"立足嘉定地方文化,精心遴选地方文献图书,并附上书目简介、封面图片和卷首语,同时,由各街道(乡镇)级图书馆邀请方言代表人,用特色乡音来录制推荐书目中的精彩篇目,每期的推送音频均控制在3分钟左右,将"嘉乡人""嘉乡事"娓娓道来,读者只需扫描二维码即可聆听充满地域特色的方言朗读。"文字+方言"形式的地方文献在线服务,巧妙融合了生动鲜活的地方文化元素,让读者在视听阅读中增加对嘉定历史文化的了解。

四 | 汇聚文化资源，构建云端服务新空间

（一）"文化云"的服务实践

文化云作为公共文化服务领域中资源汇聚、活动汇聚、服务汇聚的一站式服务平台，是上海市推进公共数字文化工程的重要抓手，有力提高了公共数字文化服务在基层的丰富性、便利性和可选择性，提升了公共文化服务的供给能力。市民通过电脑、手机、移动终端和电视接入平台，即可享受一站式公共文化服务，诸如知识服务、艺术欣赏、虚拟场馆、交流互动等内容。

上海文化云平台由上海市文化和旅游局指导，各区文化主管部门具体承担建设任务，各区级云平台汇聚相关信息后在上海文化云平台统一集成。截至2020年底，共有2家市级图书馆、17家区级图书馆、155家街道（乡镇）级图书馆参与文化云建设，市级馆参与比重为100%，区、街道（乡镇）级图书馆参与比重为72.88%。从行政区域看，87.5%的行政区下辖的图书馆参与文化云比重都超过50%，其中奉贤区、长宁区、嘉定区、黄浦区的参与比重达到100%。2020年，上海市各级公共图书馆在文化云平台共计推送活动信息26 672条，平均每家图书馆推送活动信息约为112条。图书馆活动信息推送量在各行政区分布不均，区内图书馆活动信息推送总量从几百条到上千条不等，平均每家图书馆活动信息推送量从几十条到上百条不等，其中，区内图书馆在云平台推送活动信息较频繁的行政区有黄浦区、崇明区、静安区。

表8.6　2020年上海市市、区级公共图书馆公共文化云参与情况

单位类型/行政区域	文化云图书馆活动信息推送量合计（条）	文化云图书馆活动信息推送量均值（条）	文化云建设参与比重（%）
市、区、街道（乡镇）三级图书馆	26 672	112.07	73.11
市级图书馆	20	10	100.00
市级以下图书馆（区级馆、街道（乡镇）馆）	26 652	112.93	72.88
杨浦区	327	25.15	84.62
奉贤区	253	28.11	100.00
虹口区	0	0.00	0.00
普陀区	638	53.17	83.33
长宁区	284	23.67	100.00
闵行区	326	23.29	42.86
静安区	3 710	231.88	62.50
青浦区	2 379	198.25	91.67
徐汇区	701	50.07	57.14
嘉定区	682	52.46	100.00
松江区	2 285	126.94	83.33
黄浦区	6 032	502.67	100.00
宝山区	827	63.62	69.23
浦东新区	908	23.89	50.00
金山区	2 401	200.08	75.00
崇明区	4 899	257.84	94.74

数据说明：云平台活动信息推送量均值=云平台活动信息推送量合计/图书馆总数。参与比重=已参与文化云建设的图书馆数量/图书馆总数。

资料来源：上海市图书馆行业协会及文化云平台后台数据。

作为上海市建设最早的区级文化云，2014年12月18日，"文化嘉定云"正式上线运营，形成了由"文化嘉定云"网页版、"文化嘉定云"手机APP、"文化嘉定"微信公众号、"文化嘉定"新浪微博服务号等四大品牌组成的公共文化数字信息服务集群。"文化嘉定云"高度整合了区级图书馆、文化馆、博物馆、美术馆和街道

（乡镇）级文体服务中心的文化资源，精心构建了文化活动、网上书房、数字展馆、文化众筹、文化场馆、文化赛事、文化e家、文化社团、曲艺荟萃等九大板块，提供远程数字阅读、虚拟场馆体验、特色资源获取、文化活动预告、文化课程培训、线上交流展示等一站式文化服务。

静安区"智"文化服务平台作为"文化上海云"试点项目之一，于2018年通过第三批国家公共文化服务体系示范项目集中验收评审。该平台不仅集结了静安区图书馆、文化馆以及各社区文化活动中心等体制内文化资源，还将各大书店、大宁剧院、大宁国际商业广场等体制外场馆的文化活动信息囊括其中，增大文化辐射范围。在资源共建共享的基础上，项目开发了更为便捷的微信端微网站，设置了抢票预约、文化日历、场馆预约、数字资源、重大活动、在线投票、个人中心、积分商城、社会组织等九大功能板块。通过静安"智"文化服务平台的精准定位系统，静安区图书馆（闻喜路馆）三楼的实时人流分布情况可随时掌握。此外，"社会组织"板块为文化团队及市民开辟了自我展示、交流分享的空间，文化团队可以进行活动信息发布、团队会员招募等相关工作，有助于培育公共文化服务的社会力量。

（二）"文化云"的应用探索

1. 公共数字文化资源整合任重道远

"十四五"期间，文化和旅游部将面向公共图书馆系统组织实施全国智慧图书馆体系建设项目、面向文化馆系统组织实施公共文化云建设项目，公共数字文化建设再次从条块管理层面进行了重新切割。在区域性公共文化云平台上，图书馆既是数字文化服务的重要提供者，同时也是地方公共数字文化标准制定、资源整合、跨平台服务的主力军。以"文化嘉定云"为例，嘉定区图书馆承担了嘉定文化云平台基层管理业务流程、信息审核发布等相关标准、规范的制定工作，率先将原本仅限馆内电子阅览室使用的万方数据、维普期刊、库克音乐、中国知网等国内主要数据库上线到文化云平台，实现图书馆的远程知识服务，用户凭上海市中心图书馆"一卡通"读者证在"文化嘉定云"注册登录后，便能随时随地通过互联网检索与阅览各种知识资源。同时，由于上海市及其各区的文化云平台均面向全部互联网用户免费开放，在这样的背景下，如何化解数字资源版权规范与数字阅读便捷体验之间的矛盾，如何促进图书馆、文化馆及各类政府主办文博机构自建数字资源的共建共享，将成为"云服务"未来发展的新课题。

2. 资源建设标准化与平台服务多样化

从开篇里上海市公共图书馆新媒体矩阵的发展盛况不难发现，图书馆馆员们对于新媒体技术的应用有着异常敏锐的嗅觉，文化云平台也成为图书馆服务破圈输出的通道之一。图书馆的各类阅读推广活动，通过线上服务体验、线上服务线下体验、线下体验线上分享、线上与线下同步服务等多元组合，在一定程度上既打破了时间和地域界限，也打破了文化服务过程中的信息不对称。读者足不出户，通过电脑、电视、手机等终端访问，便能知晓馆中各类文化活动信息，并进行预约和参与互动评论。在这一过程中探索资源建设的标准化可以让不同渠道、不同平台形成的数字资源能够实现快速多渠道、跨平台发布；通过构建公共文化行业"融媒体"，可以推动实现平台服务的多样化，提升资源的推广度和利用率，让云上资源真正在人民群众中落地生根。

3. 用户画像应用与"信息茧房"突破

随着各区文化云平台陆续上线，该平台逐步汇集起市民使用文化资源的海量行为数据，图书馆可以通过获取这些标准化数据，分析各类讲座课程的读者反馈或阅读推广活动的用户偏好，通过复刻广大读者的用户画像和文化消费行为模式，以寻求进一步精准的服务推送和阅读推荐，不断改进公共文化服务。但是，当大多数公共文化机构还欣喜于算法所带来的服务效能红利时，上海的图书馆人更应当走先一步，勇于探索"信息茧房"的突破路径，面对纷繁芜杂、良莠不齐的各类资源，在为读者推荐好书与给读者自主择书空间二者中寻找平衡点，让既叫座又叫好的优秀数字文化资源进一步丰富"云平台"的内涵，提升"云服务"的效能。

撰稿人	彭莹真，华东师范大学经济与管理学部，图书情报学硕士研究生。 研究方向：数据科学，数字服务。

第九章
融合发展谱新曲

公共图书馆作为城市建设的重要文化象征，记录着城市的文明和记忆，承载着文化收藏、传承、传播的责任。作为公共文化服务体系建设的重要阵地，在当今社会转型发展期，促进公共图书馆与其他业态的融合发展既是自身与时俱进建设的需要，也是时代赋予的挑战和使命。本章节选取了近年来本市公共图书馆具有代表性的图书馆融合发展创新案例，从文教结合、文旅融合、社会合作、乡村振兴等维度，探索新时代公共图书馆在"图书馆+"理念下的创新发展，感受图书馆事业在转型与重塑中焕发出的勃勃生机。

一｜文教结合，构建青少年服务生态圈

——上海市嘉定区图书馆文教结合项目可持续发展的思考

2019年，上海市发布了《上海市文教结合三年行动计划（2019—2021年）》，要求聚焦落实习近平新时代中国特色社会主义思想进教材、进课堂、进头脑"三进"工作，着力推进全员、全过程、全方位"三全育人"，在促进学生文化艺术素养提升、促进文化传承创新方面发挥更大作用[①]。上海市嘉定区以文教结合项目为抓手，不断拓宽文化和教育的合作边界，依托教育体系，逐步实现青少年公共文化服务均等化。

（一）中外文教结合的主要模式

1. 国外文教结合案例

西方文教结合的历史较为久远。在《西方馆校合作:演进、现状及启示》一文中，把1895年以来博物馆与学校合作分为三个阶段，分别是萌芽期、发展期和成熟期。萌芽期的合作方式以参观访问、资源出借为主；发展期合作形式以融合专门设计的参观访问、博物馆校外服务、专业期刊和机构的建立；成熟期则包括国家和第三方组织的介入、课程合作、教师专业发展支持等[②]。《史密森博物学院：馆校合作的标杆》一文则提供了博物馆和学校合作的三种设计，一是设计出了"在线教师论坛""在线教师研讨会""教师资讯委员会"等一系列互动平台，大大增加了教

---

① 关于印发《上海市文教结合工作三年行动计划（2019—2021年）》和《上海市文教结合2019年工作要点》的通知 [EB/OL].（2019-07-25）[2019-12-08].http://edu.sh.gov.cn/html/xxgk/201907/3022019002.html.

② 宋娴,孙阳.西方馆校合作:演进、现状及启示[J].全球教育展望,2013(12):103-110.

师与博物馆教育专家深入探讨的机会。二是史密森博物学院充分利用丰富的馆藏资源，为不同年龄段、不同兴趣的学生量身打造了多种形式的参观模式。三是提供驻校服务，为全美国的学校输送最棒的史密森艺术家、历史学家、科学家，他们为师生量身定制课程，针对学校提出的目标要求，推出契合的方案，强化师生的学习体验[①]。《公共图书馆与中小学合作的中美比较研究》一文归纳了美国公共图书馆在教育中发挥的作用。进入21世纪之后，美国除了延续20世纪90年代的关怀儿童和青少年的学习环境的做法，还开始以实验研究来探讨学生通过图书馆合作服务的学习成效[②]。

2. 上海市文教结合开展情况

文教结合工作是上海市素质教育的重要组成部分，要求文化部门和教育部门协同合作、优势互补，通过文化及教育资源的共享、建设双向服务文化和教育的跨界人才队伍、开展师生人文综合素养普及提升等工作，传承弘扬社会主义核心价值观和中华优秀传统文化并打造文化艺术传播与发展的新模式。

上海图书馆通过理事会进一步提升了文化和教育的关联性。在教育界理事的支持下，上海图书馆加强了与上海市教委下属学校的沟通联系，为全市中小学生电子学生证增加"一卡通"读者证功能，中小学生凭个人电子学生证即可在全市中心图书馆范围238家区、街镇图书馆借还书刊。上海市戏剧家协会、上海市群众艺术馆等为进一步推动戏曲艺术在青少年群体中的普及、推广与传承，成立了上海市民文化节中华梨园经典赏戏团。邀请沪上梨园"名角"担任"赏戏团"特邀导师及市民导师，并且面向全市各大中小学生，进行以中华戏曲为主题的文教结合系列讲座[③]。刘海粟美术馆则与高校合作，推进文教结合的开展，依托高校学术研究资源，提升美术馆展览的学术含量，拉近了社会文化和高校之间的距离。在其新馆开馆之后，推出了"艺术无限"学术系列讲座，在学校、高校、社区开设讲座、分享会、艺术课堂及工作坊等各类公共教育活动，将更多的艺术资源分享给青少年[④]。上海各文化场馆在阵地服务的基础上，不断探索服务模式，延伸服务范围，挖掘服务深度，从而促进学生对公共文化场馆的资源利用程度的提升，使其获取更多的知识信息。

---

① 马伟丽.史密森博物学院：馆校合作的标杆[J].中国民族教育,2017(5):27-28.
② 史拓.公共图书馆与中小学合作的中美比较研究[J].图书馆建设,2012(5):77-83.
③ 蔡越.传统戏曲落地开花 文化自信根植于心[J].上海艺术评论,2019（4）:1-3.
④ 吴昊.美育思想下的美术馆发展形式——以刘海粟美术馆为例[J].美术教育研究,2020（4）: 64-65.

（二）嘉定区文教结合开展情况

近年来，嘉定区积极贯彻落实上海市以及嘉定区关于开展文教结合工作相关文件精神，探索并面向全区师生开展"文化教育实践普及项目"，通过制定《嘉定区学生文化艺术教育实践活动指导要求》，将学生文化教育实践活动纳入中、小、幼各年龄层学生的教学计划，让每个学生"在幼儿园阶段初识图书馆，在小学生阶段参加图书阅读、艺术普及、文博艺术活动各一次，在中学阶段按兴趣享受专业院团文艺演出观摩活动及参与文化志愿服务"等，让文化教育实践体验贯穿青少年的成长过程。各文化单位集中围绕文教设施共享机制、文教人才共建机制、文教项目合作机制等3项共建机制，有特色、有重点地开展各类文教结合工作，打造了"图书馆书香时空""文化馆艺术课堂""走进博物馆""爱上美术馆""韩天衡美术馆之旅"等一系列富有特色的文教结合项目品牌，效果显著，深受学校与社会的好评。

2020年，嘉定区图书馆从线上、线下、参观、培训等多个角度组织开展"文化教育实践普及项目"，努力培育和践行社会主义核心价值观，弘扬优秀传统文化，充分发挥公共图书馆社会教育职能。图书馆举办了2020年上海市民文化节青少年传统文化知识大赛、"爱上图书馆"线上答题挑战赛等活动，以竞赛的形式，提高了青少年学习优秀传统文化的积极性，促进了中小学生信息素养的培养和提升；录制了《"爱上图书馆"图书馆应用培训》《名家经典诗词赏析》《戏里戏外听故事》《跟着生态学博士认识身边的野生动物》等视频讲座，赠送给学校，助力增强学生的人文科学素养；组织了幼儿园大班、小学二年级、六年级三个年龄段上万名学生参观图书馆，了解图书馆不同区域的设施及功能，感受图书馆的文化氛围，体验阅读的乐趣。

为了更详细地了解嘉定区文教结合的开展情况，调研组通过问卷调查、现场访谈等方法对文教结合的提供方与被提供方进行调查，对项目的服务内容、需求细节有了更全面的了解。调查工作建立了两份不同的调查问卷，被提供方的调研对象是学生和家长，了解学生在参与文教结合时的服务效能和文化需求；提供方的调研对象是学校老师和公共文化实施的工作人员，了解工作人员视角下文教结合的问题和改进方向。针对被提供方，发放问卷141份，收回问卷139份，无效问卷2份，有效率97%；针对提供方发放问卷33份，回收问卷33份，有效率100%。

1. 学生与家长

在针对学生和家长的问卷调研中发现，家长和学生总体上对文教结合的服务内容表示满意，满意度达到63.7%，但是满意度在一般及以下的也有近10%的学生和家长，服务内容的设置依旧有较大的提升改进空间。在针对文教结合服务内容的问卷调研中，89.63%的青少年及家长更希望可以参加互动性、趣味性更强的活动，与日常在学校、在公共文化场馆可以参与到的活动有一定区别，希望以文化体验为主，也非常支持社会力量参与到文教结合中，带来更多丰富精彩的文化体验，增强青少年的文化兴趣。同时，所有的家长和青少年都希望学校可以和公共文化场馆开展共建，进一步加强文化进校园活动的数量和质量。

2. 学校老师和公共文化实施的工作人员

在针对学校老师和公共文化场馆工作人员的问卷调研中发现，81.82%的老师和工作人员认为文教结合活动是对日常学校教育的一种补充，希望通过利用公共文化场馆内的文化资源学习在课堂上学不到的传统文化知识，不断提升学生的文化素养。而调研中也显示工作人员对现行文教结合的服务模式非常满意的只有半数，一半的工作人员认为在服务中仍有提高的空间。在参与文教结合是否增加了学校老师对公共文化场馆的了解的条目中，有9%的受访者选择了不了解，作为成年人在参加完活动后并未增进对公共文化场馆的了解，表明了文教结合的内容还是以基础性的体验为主，需要开发一些深度、新颖的活动进一步提升项目的吸引力和体验感。在针对文教结合项目整体和内容设置的问卷调研中显示，84.85%的老师以及公共场馆的工作人员认为馆校间缺乏沟通合作。一方面是双方缺乏沟通导致需求和供给不对等，另一方面是公共文化场馆数量较少，难以顾及所有学校，导致合作的机会不多，难以开展深入合作。

在针对如何延展文教结合的问卷调研中显示，馆校共建，进一步开展文化、志愿活动，在学校课程中加入更多文化元素和开展文化传承的文化行走被81.82%的受访人所肯定。文教结合作为一个常态化的教学学习项目，需要不断更新服务项目，精准对接青少年文化需求。通过社会力量和志愿者丰富活动内容，增加新鲜感和吸引力，给予青少年自主参与、持续学习的平台，努力将文教结合打造成学生的校外课堂。

（三）文教结合运行中存在的问题

1. 服务供需差异较大，供给精准性仍需加强

现行的文教结合项目对活动的参与年龄进行了分层，跨度从幼儿园大班到高中一年级，不同年级的青少年参加不同的活动，但相同年龄段青少年的活动设置却是一致的，缺乏精准了解青少年的文化需求和活动参与意愿；或根据不同地域、文化积累、兴趣爱好等设置不同的文化主题和课程，缺乏对不同年龄、不同区域的学生

开展大范围的需求调研。因此，文教结合服务供给精准度有待进一步提高。

2. 服务主体单一，服务项目尚需深入挖掘

目前文教结合的服务形式及流程已经逐步趋于稳定。服务主体主要是公共文化场馆，服务内容按照场馆的社会职能，开展相对应的文化活动。然而稳定的服务流程虽然可以最大限度地提升服务能效，加深学习印象，但也导致了场馆单一、服务内容重置、资源缺乏多样性等矛盾。同时，由于图书馆、文化馆、博物馆等场馆是市民们熟知、经常光顾的场馆，也使活动内容缺乏新鲜感度，对一部分经常参与文化活动的学生吸引力不强。

3. 双向互动机制发展不均衡，资源共享、双向促进有待加强

文教结合工作是文化、教育部门间强化协同，以优势互补、资源共享的理念，深化融合、双向促进，营造文化机构主动参与学校育人，学校主动参与社会文化建设的双向互动机制。实践中，文教结合工作的重点主要集中在文化机构利用自身资源优势，开展社会教育，加强文化传承方面，学校参与文化建设方面还有空间。现有工作主要体现在学校实现部分文化设施有组织、分步骤向社会免费开放，教育部门与文化部门间的资源共享、双向促进还有待进一步提升。

4. 线上资源使用率较低，线上课程需进一步整合开发

2020年新冠疫情的爆发凸显出文教结合线上活动的薄弱。目前文教结合的形式主要为场馆参观和体验活动。在遇到特殊情况导致场馆闭馆或无法对外开放时，线上的文化艺术课程是一个补充方案。所有的公共文化场馆虽然都具备一定数量的线上资源，但是这些资源大多是分散、独立的，很难形成具有较强趣味性和参与度的系列课程，无法完全替代现场参观体验文化场馆的直观感受。

（四）加强公共图书馆开展文教结合工作的思考

公共图书馆作为社会教育的重要机构，是学校教育的重要补充，在弘扬社会主义核心价值观、传承中华优秀传统文化方面担负着重要使命。如何更好地开展馆校合作，充分发挥图书馆的社会教育职能，实现文化、教育机构的双向促进，推动文教结合工作的健康发展，是公共图书馆需要不断探索和研究的课题。

1. 提高活动参与灵活性，深化文教服务内容

以嘉定区图书馆为例，每年参与文教结合的青少年高达上万人。自10月起持续至12月中旬，每天幼儿园大班、小学二年级、六年级分三批到图书馆参与活动，以馆内参观体验为主，包括观看传统文化视频讲座、参观图书馆、体验阅读、信息素养

培训等内容，时长约一小时。由于每批活动人数众多，为保障馆内读者的阅读环境，参观路线自多功能厅、展厅、特藏借阅室至少儿馆，成人阅览区、多媒体阅览区、视听室等空间未列入参观范围。阅读体验活动中，幼儿园幼童阅读绘本、小学生阅读期刊。现有活动方式最大的特点为覆盖范围广，但由于人数众多导致活动不够深入和精细。面对以上问题，建议公共图书馆走进学校，开展信息素养培训，借助3D全景技术，带领孩子们参观线上图书馆，并在此基础上开展场馆打卡活动，由家长利用节假日带领孩子到馆，为孩子们打造自由灵活的参观体验。同时，公共图书馆可以释放更多的精力深化服务内容，如举办传统文化课堂、科普教育、非遗展演等。

2. 拓宽线上服务模式，打造线上活动平台

2020年新冠疫情推动了互联网课程、线上展览、讲座的发展，为开展文教结合线上服务提供了一种借鉴模式。公共图书馆可以借鉴商业机构3D全景艺术展，将3D全景技术引入图书馆建设，打造线上3D全景图书馆，将图书馆以线上的方式，全面立体地呈现在青少年面前，让孩子们身临其境地感受图书馆中各个空间的功能，减少以往参观体验的交通费，让整个参观过程更加全面。很多在线下参观中受限的区域（如成人阅览区等），也可以通过线上的方式进行了解。信息素养培训可以延伸至线上，通过网络直播的形式开展，通过学习过程中老师与学生的交流与互动提高授课的效果。另外，还可以开展集趣味性与知识性于一体的线上阅读活动，加强青少年传统文化教育，为青少年打造一个足不出户就可以参观场馆、学习课程、下载资料、参加活动的线上文化平台。

3. 加强阅读指导，提高阅读能力

阅读是获取知识、增长智慧的重要方式，是传承文明、提高国民素质的重要途径。培养未成年人的阅读习惯，提高未成年人的阅读能力是文教结合工作的一个重点。公共图书馆应建立完善的分级阅读体系，根据不同年龄段的智力和心理发育程度为儿童提供不同的阅读建议，通过荐读书目、图书导读等形式让孩子们了解更多的好书，让兴趣成为阅读的动力。阅读体验活动中，馆员可以根据孩子的年龄、兴趣、甚至性别为小朋友们分配图书，让孩子们在意犹未尽的体验中爱上阅读。另外，为了有效指导未成年人阅读，图书馆可与学校建立长期有效的联系，通过举办读书会、讲座等形式开展导读、阅读分享，引导未成年人的阅读方向。

4. 引入社会力量，广泛合作联动

文教结合连续开展多年，形式以公共文化场馆提供场馆及服务资源，让青少年进行文化体验为主。在学生规模巨大、工作人员有限的情况下，很难为文教结合工

作注入新鲜血液,也无法满足青少年日益增长的文化需求。因此在项目的设计上需要更精准,针对不同的群体特点设计不同的内容。基于此,可以邀请文化界、教育界等专家学者组建专家团队,共同策划和开发权威、专业、系统、适合中小学生身心发展特点的活动项目,打造高质量的文教服务品牌。同时,还可以尝试与其他公共文化场馆、社会机构合作,开展文化交流,推动优势互补和资源共享,进一步提升图书馆的服务能力,扩大文教品牌的影响力。

5. 促进"文旅教"融合发展,打造多元研学路线

创新"文旅教"多元融合,建立"传统文化""红色经典""地域文化""现代文化"等主题的研学路线,邀请学校老师参与线路的试运行,考察线路的实际教学意义。线路成熟后,以老师带领学生参与课外实践的形式或以家长带领学习兴趣小组孩子共同参观的形式开展活动。同时,可以研发一些延伸的文化产品,如"文化行走"的场地拓印图集、各文化场馆"镇馆之宝"的"宝藏图"等,增加活动的趣味性和教育性。让青少年在游览的同时,学习中华优秀传统文化的精髓,用双脚丈量城市,用身心体验文化。

6. 加强双方有效沟通,建立评价反馈机制

公共图书馆文教结合工作作为学校教育的一种补充,其活动方案的制定有很大的自主性,但活动效果缺少有效的评价机制和畅通的反馈渠道。在嘉定区图书馆文教结合活动中发现,有的小朋友对播放的视频讲座不是很感兴趣,有的小朋友对阅读体验中的图书不是很感兴趣。公共图书馆应该在活动前期与最了解孩子兴趣点的老师多做沟通,采取寓教于乐的形式,让孩子们在愉快的体验中,感受阅读的魅力,接受传统文化教育。活动后期建立评价反馈机制,及时收集学校老师、学生在文教结合活动中的感受,不断调整、完善活动形式和内容,让文教结合活动不仅仅是文化场馆里的一道风景,还可以最优化活动中人、财、物的效能。

撰稿人	黄莺,上海市嘉定区图书馆馆长,副研究馆员。 研究方向:公共图书馆总分馆建设、法人治理结构改革、数字服务平台建设及管理。 陆志俊,上海市嘉定区图书馆读者服务部副主任,馆员。 研究方向:公共图书馆标准化管理、馆校合作研究。 邵继群,上海市嘉定区图书馆办公室职员,馆员。 研究方向:公共图书馆阅读推广、公益讲座。

二 | 跨界融合，再造主题"悦"读新空间

——上海市浦东图书馆主题分馆建设的探索与实践

自2018年主题分馆建设项目启动以来，浦东图书馆持续创新、跨界共建、多元合作，打破了以往单纯依靠政府办馆的建设模式，坚持公共文化服务体系建设的公益性、基本性、均等性、普惠性、便利性，丰富服务内容、创新服务模式、拓宽服务路径，联合各类社会资源，探索各种合作模式，将政府、社区、居民、非政府团体、企业等各方力量有效整合，强化各种生产要素，进一步提供优质的公共文化产品和服务。

（一）浦东图书馆主题分馆建设情况

浦东图书馆在2016年实现了三级+多元化的总分馆服务模式，全面推进了全区公共图书馆总分馆体系建设。截至目前，浦东图书馆已建成直属分馆2个，街道（乡镇）分馆35个，主题分馆11个，主题书房8个，延伸服务点410个，农家书屋301个，并在人员相对集中的部分区域设立了流动图书车服务点及24小时自助借还机，基本形成了"一体两翼，多型低重心"的发展格局，实现了面向浦东地区读者便捷化、即时化、全面化的阅读服务目标，有力地推动了特色化、品牌化阅读推广活动的延伸。

表9.1 主题分馆一览表

分馆	单位名称	办馆模式	特色	功能
金融主题分馆	融书房	直属型分馆	网上借阅	图书借阅，实现数字图书阅读、活动分享、O2O的网上借阅、24小时信用借书
浦东图书馆南汇分馆	南书房	直属型分馆	24小时自助服务	综合阅览区、青少年阅读指导基地、成人文献借阅区、数字文献借阅区、地方文献库
艺术主题分馆	金桥碧云美术馆	体制内合作	阅读+展览、文化传承	收藏、研究展览、审美教育、文化交流、公众服务功能
国际象棋主题分馆	陆家嘴·林峰国际象棋图书馆	体制内合作	阅读+国际象棋	推出国际象棋快棋赛、培训班
船文化主题分馆	沪东益书房	体制内合作	船文化主题阅读+公益公共活动空间	阅读自习、休闲、交流、展示、分享、公益培训
懿德科艺主题分馆	三林镇懿德社区文化中心	体制内合作	24小时社区书院	展览、阅读、科普、艺术、电竞、直播、群文活动
名人主题分馆	傅雷图书馆	社会力量合作	深夜书房	傅雷文献馆、报刊阅读区、电子阅读区、成人阅读区、少年阅读区、儿童阅读区
影像主题分馆	上海相机摄影博物馆	社会力量合作	阅读+影像类书籍、画册、展览	咖啡轻食区与开放阅览区、摄影器材与工艺技术发展史展区、艺术展厅、相机博物馆展品、银盐暗房
世集主题分馆	世茂服务SUNT世集图书馆	社会力量合作	阅读+社区.第二客厅	六大功能区：图书区、品茗区、会客区、亲子阅读区、创作区、艺文活动区
运动主题分馆	维橙空间	社会力量合作	阅读+体育运动	阅读、体育、咖啡、美食、亲子、文创、路演、讲座、时尚、社交
科创主题分馆	张江科学城书房	社会力量合作	产城融合	阅读、零售、展示、体验、休闲、社交
主题书房	万樱阁	体制内合作	喜马拉雅有声图书	阅读、休闲、交流、展示、自习
主题书房	沪东"来客厅"	体制内合作	智慧健康驿站	健康服务、科普教育、自治议事

（续表）

分馆	单位名称	办馆模式	特色	功能
主题书房	傅雷故居	体制内合作	傅雷书房	阅读、休闲、展览、文献收藏
主题书房	浦东世博楼宇主题书房	体制内合作	开放式、自助式的借阅服务	书籍借阅、电子阅览、党建学习
主题书房	公益177	体制内合作	公益书房	阅读交流、学习讲堂、咖吧休憩、会议讨论
主题书房	金陵红Bar	社会力量合作	文旅主题书房	阅读、休闲、党建、交流
主题阅读空间	诵韵有声书屋	社会力量合作	经典诵读	朗诵艺术、播音主持、演讲口才
主题阅读空间	上海新场古镇投资开发有限公司	社会力量合作	文旅主题书房	游客咨询、休闲、参观

（二）浦东总分馆建设的瓶颈与突破

1. 政府主导，牵制总分馆体系建设深入

浦东图书馆在总分馆建设中承担起总体管理和协调统筹的职责，负责组织、协调、指导全区公共图书馆公共服务、文献信息资源建设、学术研究等工作。但在实际工作中，由于人、财、物管理的层级和渠道不同，使得总分馆体系在街道（乡镇）基层图书馆层面缺乏统一的规划及经费保障，特别是在后续运行管理中，阅读资源补充及阅读活动的开展、延伸等存在北密南疏发展不均衡，基层人员不稳定，建设标准很难统一等问题。

2. 政府引导，拓展阅读空间建设模式

为了突破瓶颈，浦东图书馆积极探索公共图书馆总分馆服务的新方向，尝试突破行政体制的牵制，寻求实现多元化的发展、多群体的支持，多方参与规划建设，希望通过创新举措，打造公共图书馆总分馆建设的新模板，为浦东城市文化空间下阶段的进一步创新实践提供借鉴。

浦东图书馆的主题阅读空间实行政府引导、社会力量参与的建设模式，由合作方负责新空间的运营管理，浦东图书馆负责主题空间建设受理、业务指导、系统建设维护、图书配送和流通，区文旅局负责项目审核和监督管理，以标准化、规范化的建设与服务，为本辖区居民提供图书借阅和文献信息服务的阅读空间。

以浦东科艺主题分馆为例，它作为三林镇懿德社区文化中心，建筑面积3 800多平方米，一楼设有展厅、亲子阅读区和24小时书房，二楼至四楼为科普、艺术

图9.16　浦东图书馆总分馆服务网络分布图

等各类活动教室和报告厅，承担了阅读自习、分享交流等功能。科艺主题分馆着眼于居民需求提供公益讲座、儿童绘本故事、非遗展示等功能模块，还结合其科技、艺术的主题特色，开展市民艺术讲座、青少年电竞培训等活动，为居民提供一个集竞赛、学习、娱乐等多功能为一体的特色空间。

　　3. 资源共享，强化阅读空间生存能力

　　近年来，为进一步推动各类阅读服务品牌面向新型阅读空间倾斜，浦东图书馆加大了对新空间的资源共享支持力度：总分馆建设专项资金的设立、阅读推广活动下沉配送等举措，一定程度上缓解了总分馆同步开展阅读活动可能面临的资金短缺问题；数字资源共享平台的搭建，有声图书平台的推送，推动了数字化阅读资源面向基层服务站点的供给；志愿者协同调度制度的实施，确保了活动同步开展过程中人力资源的优化配置；在提供各类阅读资源的同时，还利用本馆的品牌阅读推广活动，培育了一批有规模、有品质的阅读品牌，如"浦东悦享会""YUE享·非遗""YUE享·童年"等，充实各主题空间的内容。公益讲座以及人文艺术展等品牌化阅读活动的同步组织、同步运营，进一步营造了多姿多彩的阅读文化氛围。

（三）浦东图书馆特色阅读空间的探索之路

　　1. 以活动导入人流，推动空间人气提升

　　浦东图书馆按照各主题分馆的主题特色及人群特点，开展形式多样的阅读推广活动，有绒绣、太极、沪剧、皮影等Yue享·非遗体验活动；有Yue享·童年绘本阅读、Yue享·童年说话的艺术等少儿类阅读活动，还有针对成人读者的浦东悦享会·大咖分享等。在下沉品牌活动的同时，授人以渔，协助空间管理者按照浦东图书馆配送活动的内容、模式选择合适的资源和团队，在享受浦东图书馆免费配送活动的同时，也能自主开展一定规模的品牌活动，增加活动场次，吸引并巩固读者群体，满足分馆读者不同年龄层次、不同形式风格的阅读体验需求。

　　2. 以专业输出内容，提升阅读活动质量

　　在资源共享方式上，浦东图书馆采用了自建和联合创建的方式，走进来、请出去，双管齐下，以专业的人做专业的事为目标，利用空间管理方专业主题资源优势，合并、互补，提升共享阅读品牌的质量，推进特色主题阅读空间的内容建设与共建模式的完善。

　　影像主题分馆是由老相机摄影博物馆改造而成的主题分馆，记载了从1956年开始的新中国照相机工业发展的辉煌历史。浦东图书馆为影像主题分馆配备了各类影像类书籍、画册、期刊三千余册，向读者提供了检索与借阅服务，让市民不仅可以在影像主题分馆看到老相机和老照片，也能阅读到配套的摄影艺术、技法等书籍。同时，浦东图书馆根据目前智能手机普及，手机拍照的广泛应用，依托影像主题分馆摄影技术层面的人员交流和协会组织,为其他阅读空间引进专业手机摄影讲座、家庭摄影构图、摄影作品鉴赏等实用的讲座,让对摄影感兴趣的读者们获得沉浸式的活动体验。

傅雷故居主题书房设立在傅雷故居,以傅雷有声数字阅读为特色。书房内除了傅雷家书、傅雷译稿等纸质傅雷文献外,浦东图书馆还专门与上海浦东傅雷文化研究中心合作,借助傅雷故居讲解人员对傅雷历史、家族情况的熟悉状况,集中开展挖掘收集和保护利用傅雷文献资料工作,将傅雷的许多鲜为人知的故事编辑成《傅雷的故事》并制作成有声图书。同时,汇总喜马拉雅有声平台有关傅雷的有声资料,打造了傅雷有声图书馆。

3. 挖掘点位特色,共同打造主题阅读空间

为了积极参与打造世界的"会客厅",对外展示浦东新区的城市气质,搭建具有城市温度的公共文化空间,提升城市品质,拓展公共文化服务的覆盖面,浦东图书馆在新空间建设过程中,积极嫁接自贸区各片区、楼宇商圈、历史文化风貌区、文创园区、大型居住社区等场馆资源,鼓励社会力量参与公共图书馆建设,对社会出资建设的图书馆分馆在图书资源配置、数字资源配套服务等方面给予扶持。同时,浦东图书馆还尝试跨领域、跨部门合作,与咖啡、轻食、文创、艺术、博物馆、读书会等相结合,打造"图书馆+"博物馆、美术馆、名人故居等多种业态,集功能性、特色性为一体,实施"一馆一策"的建设方案,彰显各个空间特色禀赋,强化文化品牌意识,为公共图书馆的创新发展进行试点,积累经验。

紧跟红色百年的步伐,浦东图书馆从红色文化、方言文化、民族文化等方面入手挖掘符合浦东特色的物质与精神财富,与浦东新区旅游相关主管部门一起努力和打磨,在现有行政体制框架内,以广覆盖、保平衡、促发展为目的,并根据区文体旅游三方结合的特点,拓展统分结合、多元共建跨界合作,在浦东旅游景点、文化地标及五星级酒店等开放空间打造文旅融合的"阅读+"特色主题阅读空间。

结合新场古镇阅读空间打造红色经典主题空间的需求,浦东图书馆为其配置了以党建为主的纸质文献,同时,还根据游客停留时间短、阅读方式多元等特点,在阅读空间内打造了一面有声阅读墙,丰富游客的阅读需求。

在上海市首个五星级酒店文旅主题房里,浦东图书馆以空间为载体,配置了纸质图书、电子图书、有声图书、浦东悦享会·大咖分享等内容丰富的文献和活动,以文旅数字化转型赋能产业转型创新,将公共文旅服务嵌入到酒店生产经营中,提升了酒店的文化氛围,提高了其文化服务水平。

（四）浦东图书馆特色主题阅读空间的发展趋势

1. 创新拓展主题特色阅读空间

浦东图书馆将积极打造浦东特色总分馆体系生态闭环，坚持标准制定与实践探索同步推进，针对新空间的特色进行全面的活动空间挖掘，借力移动信息技术，推进图书馆服务方式更加多元，运用智慧服务和工作人员引领，提升特色阅读空间的建设质量和水平。逐步实现主题特色阅读空间的智慧互联服务模式，即形态上数字化，操作上智能型，如无感（刷脸）进出、自助借还、扫描下载、通借通还、智能荐书等智慧互联服务。

2. 推动延时开放、错时开放

随着更多文化场馆的免费开放、延时开放，浦东的各类阅读空间也将因地制宜设置开放时间，推动公共阅读空间的延时开放和错时开放。尝试为市民提供24小时"不打烊"的智能借阅新体验，使读者可随时进入场馆，借书、还书以及阅览，满足市民全天候的阅读需求。

3. 推动网络预约借书的线上线下融合服务

推动公共图书馆服务线上与线下相融合，打通图书馆优质服务的"最后一公里"。依托"融书房"的设计理念、运营模式、服务形式和服务内容，拓展"易悦读"O2O网上预约借书系统，为读者提供线上借阅，线下取书服务，使读者在网上、手机及其他移动终端上通过微信或支付宝，进入该服务平台进行预约借书，即可坐等送书上门服务。

撰稿人	李洁，上海市浦东图书馆，区域业务协调中心副主任，馆员。 研究方向：阅读推广、总分馆制建设。

三 | 有故事、有品质、有温度、有精神

——上海市杨浦区图书馆推进文旅融合发展的探索与实践

推动文旅融合发展，是党中央、国务院做出的重大决策部署。习近平总书记曾指出，文化产业和旅游产业密不可分，要坚持以文塑旅、以旅彰文，推动文化和旅游融合发展。为贯彻落实习总书记讲话精神和对图书馆"传承文明，服务社会"的殷切期望，近年来，杨浦区图书馆在区文旅局的坚强领导与支持下，以"围绕全力打响'四大品牌'，聚焦上海建设国际文化大都市和世界著名旅游城市的任务目标，全面加强'上海服务=优质服务'的感受度和认知度，坚持高起点的整体规划、高标准的核心功能、高品质的服务体验，不断提高公共文化服务水平"为指导思想，以"构建有故事的建筑文物、有品质的文化场馆、有温度的服务理念、有精神的文化家园"为建设目标，坚持立足本馆、辐射本区域、放眼长三角，充分挖掘历史与文化、文化与旅游、阅读与建筑的交融互通关系，并创新思路，融入新技术手段，切实推进文旅融合发展。

（一）立足本馆，通过空间与服务的创新融合升级，构建有故事的建筑文物与有温度的服务

1. 空间融合，文化空间的创新再造

营造文旅融合宣传氛围，强化文化旅游宣传咨询服务功能。设立旅游信息咨询服务标识"i"，提供馆员手绘地图等旅游宣传资料。特设"旅游专题"和"地理"类借阅专区，以本市、本区旅游图书为特色，并广泛收藏全国各地和世界旅游图书，共藏书1 000余册。专设"上海近代市政文献主题馆"，收集、整理和采选近代上海市政、工业和文化等领域文献资料，自建2个特色数据库，年浏览12 589

人次，检索80 838次，下载15 013篇次。立足"文化+创意"，开发打造"小故宫"相关系列文创用品，如创意笔记本和水笔、孔雀门铅笔与书签、杨浦文旅版藏书票等，通过线上线下互动活动进行展示推广。

2. 服务融合，文化内涵的优化升级

"阅读+"的文化体验服务将旅游融入阅读品牌项目，在馆内现有十大阅读品牌项目中有机融入旅游文化，邀请文化名家为读者打造独具一格的"文化会客厅"。"欧洲之窗"项目挖掘"一带一路"旅游文化内涵，突出中外文化交流服务。阅读建筑服务在馆内长廊以图文形式展示建筑的重生之路，策划"近代市政建筑阅读之旅"活动，组建青年馆员和志愿者讲解队伍，在每周五上午闭馆时间内，为预约团队提供参观讲解服务。开发AR智能互动导览、扫二维码听讲解等新技术，以数字化技术赋能建筑可阅读，市民读者通过扫码即可回溯杨浦区图书馆老建筑历史，打造沉浸式文化体验，创新服务手段，提供全景阅读服务。2020年共讲解63场次，接待1 477人，接待人群中有企业职工、支部党员、中小学生、医院医务人员、部队指战员等来自各行各业和外地慕名而来的读者。

利用本馆微信公众号作为新媒体服务平台，推出一年四季文化旅游线路，从本

杨浦区图书馆

馆的春夏秋冬别样景致延伸到推荐区域游玩线路，同时在参考咨询服务中，增强旅游专题参考咨询服务的功能，为读者提供专业的文献信息服务。

（二）辐射本区域，与社会各类型机构开展文旅融合合作，构建有品质的文化场馆

1. 与公园、景点融合，植入图书馆服务，彰显以文促旅

充分利用公共图书馆总分馆制建设的契机和"1+12+X"的带动作用，在各分馆、服务点、"书界"智能网书柜电子屏等，渲染文旅融合氛围。以秦皇岛码头、滨江驿站等为图书馆服务点，植入"书界"O2O智能书柜，通过互联网+图书馆的网借平台模式，为游客提供图书借阅服务，开展因地制宜的文化活动，为滨江文化旅游带注入图书馆特色服务。围绕杨浦景点类自助服务点开展"书界寻樱记"等活动，将阅读推广和自然景观融合，以互动体验营造文旅融合新场景。目前与景区合作已布设自助服务点9处，包括江浦公园、松鹤公园、杨浦公园、黄兴公园、渔人码头、国际时尚中心、国歌展示馆等区域内主要景点，景点类自助书柜年借阅图书17 910册次，借阅读者7 348人次（数据为2020/04–2021/03）。

2. 与"建筑可阅读"融合，走读上海城市地标，梳理文化脉络

深化"行走杨浦"品牌活动，开发近代市政特色馆藏，绘制杨浦历史建筑地图，带领读者开展城市微旅行，传承杨浦"三个百年"的历史文脉，讲好杨浦故事。2020年因疫情暂停线下活动后，选择具代表性的地方文化历史现象，以线上微专栏原创文章，深度介绍近代杨浦乃至上海的主题文化、推荐馆藏特色文献和推广主题数据库资源，共发布42篇专题推文。"静思讲坛"项目推出"聆听大师课，探访老建筑"高品质系列讲座，邀请俞实、宋路霞、华霞虹等五位专家学者从建筑师、建筑特色、人文历史和建筑保护等角度讲述上海老建筑的故事，并走访徐汇、静安、杨浦等多个区的历史文化建筑进行现场讲解与拍摄，以线上线下相结合的方式推广上海文化旅游建筑，制作成9个短视频参加上海市民文化节老建筑视频大赛，获评"百个优秀短视频"。

3. 与名人故居、博物馆融合，深化文化交流互鉴，讲好上海故事

"开卷有益"项目以"城市漫步"为主题进行图书专题推荐，带领读者回味老上海记忆。创艺生活美学项目通过多场景视频镜头，分享"上海老字号"百年制皂文化、探寻百年纺织工业记忆，讲述"国潮"品牌的传承创新发展，走进瀚艺旗袍工坊呈现以手绣手绘工艺见长的海派旗袍文化。作为市爱国主义教育基地，以红色

文化为引领，与多家红色场馆合作举办特色展览：与宋庆龄陵园合作举办《"为新中国奋斗"宋庆龄与儿童事业主题展》，聚焦宋庆龄与她为之奋斗的新中国儿童事业；与上海韬奋纪念馆合作举办《"真诚为人民服务"邹韬奋诞辰125周年纪念展》，以韬奋先生的"出版物"为主线，讲述韬奋生平和文物故事；与上海孙中山故居纪念馆合作，追寻孙中山在城市建设等方面留给上海这座城市的宝贵历史记忆……在旅游赋能下，讲好红色文化故事。

（三）放眼长三角，交流共享区域特色文旅资源，构建有精神的文化家园

在长三角一体化发展的大背景大趋势下，"寻根家源"项目挖掘吴越文化与沪文化的交融，携手复旦大学中华古籍保护研究院、吴镇纪念馆、良渚博物院、苏州博物馆、上海历史博物馆、扬州博物馆、常熟博物馆分享长三角地区的江南文化、海派文化的故事，介绍与广大读者分享承载着历史、人文、建筑、科学、艺术的展品、文物和对长三角地区"家"文化的传承。"书界"联合长三角网借联盟多家公共图书馆，推出文旅融合藏书票，展示杨浦特色地标性建筑，线上开展"全民阅读·藏尽书香""藏书我做主——我心中的杨浦""打卡三角洲旅城，际遇最美藏书票"等线上活动，昆山市图书馆、吴江图书馆、吴中区图书馆、扬州市图书馆、六安市图书馆、鄞州区图书馆、武进图书馆、金陵图书馆、六合区图书馆、江北新区图书馆、锡山区图书馆等十余家公共图书馆联动参与。"书香下午茶"项目带领读者领略苏州、南京、杭州等江南地区的风土人情、历史文化底蕴，将江南文化、国家级非物质文化遗产以可听、可看、可阅读的多样化展示，激发广大读者进一步了解长三角地区文化的兴趣，以寻找长三角地区的茶文化为线索，书成一篇篇带有"书香下午茶"独特印迹的茶学笔记，探索茶文化之旅。2020"上海·台州周"期间，"和合文化百场讲坛"走进杨浦区图书馆，邀请唐诗研究专家从浙东唐诗之路出发，重走浙东山水人文之路，向市民读者展现台州的文化魅力。

（四）展望未来，多措并举揭示地区历史文化特色，构建高质量文旅融合服务

1. 打造"云享人文书房"

与喜马拉雅合作，读者可通过访问"听见·杨图"专辑，聆听图书馆建筑的前世今生。持续招募"阅读好声音"志愿者，在上海市朗诵协会专家的指导下，制作有声书资源，丰富"建筑可阅读"形式，使市民读者在阅读杨浦文物建筑、优秀历史建筑背后故事的同时，体会杨浦深厚历史文化底蕴。

2. 加强文创产品设计、制作与推广

尝试授权开展文创运营，跨界合作，在多样化场景下增加杨浦区图书馆文化和旅游元素的曝光度，提高国家级文旅融合试点单位的知名度，为上海的城市文旅添彩。

3. 助添杨浦生活秀带活力

配合上海杨浦生活秀带国家文物保护利用示范区建设，把握滨江新馆建设契机，充分利用滨江新馆的选址优势，关注城市与生活、历史与未来、滨江与游人的互动关系，构思合理空间布局、集合专题文献服务，开发沉浸互动体验，打造宜学宜游的杨浦区图书馆滨江新馆，融入杨浦滨江公共城市生活空间，为生活秀带的文化旅游增色。

4. 创建"青&少年研学营"

充分利用出版社、院士风采馆等优质资源，创立"青&少年研学营"，邀请院士、专家作为导师提供专业指导支持，围绕杨浦"三个百年"，以阅读为核心，深度挖掘区域文化资源，提升文旅融合的黏合度。

5. 拓宽展览展示文旅融合服务

举办以近代上海历史文化、传媒发展和市政变迁等为方向的主题展览，将上海故事、杨浦故事、老建筑故事等文化和旅游特色主题、创意展品推广给市民读者及游客。

6. 促进长三角文旅融合一体化

发现、整合长三角各都市的特色文化和旅游体验资源，与长三角区域地市级公共图书馆、博物馆深入交流合作，共享文化和旅游展览资源。推出长三角区域都市文化和旅游相关主题展览，结合各都市文化创意周边产品，为市民读者提供多角度的地区文化体验，促进长三角区域都市文旅融合一体化发展。

7. 激活"百年工业"遗存记忆

在杨浦区图书馆滨江新馆中将新建特藏文献中心"百年工业主题馆"，与现有的"上海近代市政文献主题馆"南北呼应，在专注杨浦"百年市政"的基础上加深对"百年工业"的文献开发利用，唤醒杨浦历史中的工业记忆。新辟"行走杨浦"滨江线路，设计串联杨树浦自来水厂、杨树浦发电厂旧址、怡和纱厂旧址等工业遗存，对比"锈带"与"秀带"，提供生动可感知的文化旅游服务，在行走阅读中看城市发展，扬人文精神，沉浸式感受时代巨变。

围绕打响"上海文化"品牌的战略目标，杨浦区图书馆作为区域内的重要公共文化场馆，将结合自身建筑历史特点，加强党建思想引领，发挥资源优势，创新服务方式，加速转型发展，以提升文化感和文化体验作为文旅融合的核心理念，从空

间融合、服务融合、交流融合方面发力，营造"过去未去，未来已来"的文化旅游空间。未来，杨浦区图书馆将深化"人民城市人民建、人民城市为人民"的主线精神，进一步加大文旅融合发展力度，扩大数字项目、推广新媒体、引入新服务，使读者以更多的方式从中获益，实现图书馆自我转型、更新的可持续发展。

撰稿人	张燕，上海市杨浦区图书馆，阅读推广与宣传辅导部副主任，馆员。 研究方向：阅读推广、文旅融合。

四丨文旅融合助力打造"经典黄浦"

——上海市黄浦区明复图书馆文旅融合试点工作的回顾与展望

在目前文旅融合发展的大趋势下,当代图书馆承载了新的作用和意义,文旅融合背景中的图书馆需重新梳理地方特色,形成丰富的文化资源,而文化事业的发展也需要借助旅游产业来焕发出新的生机,实现"以文促旅、以旅彰文"。黄浦区明复图书馆作为上海市文旅融合试点单位,为聚焦上海建设国际化大都市和世界著名旅游城市,全力打造"经典黄浦",完成突显黄浦区的历史文化和旅游公共服务资源的任务目标,推动区域内文化和旅游功能融合,做出了诸多尝试与探索,并努力形成符合馆情特点的做法。

(一)初心与使命

2020年,上海市文化和旅游局发布《关于开展本市文化和旅游公共服务机构功能融合试点工作的通知》,黄浦区明复图书馆被正式确定为2020年文旅公共服务机构功能融合的市级试点单位。2020年4月,黄浦区明复图书馆随即步入准备阶段,在区文化和旅游局的指导下开展前期工作,成立工作小组,制定《黄浦区明复图书馆文化和旅游功能融合试点工作方案》,统筹现有资源,提出实施计划,整合图书馆自身内容,做好人力、物力等各方面的准备,有序推进文旅融合工作。在至今一年多的实施阶段中,黄浦区明复图书馆深入挖掘人文内涵,立足行业特点,陆续推出了各类活动和展览,参与相关赛事,加强对外合作,扩大宣传推广,探索线上与线下联动模式,不断拓展文旅融合阅读活动的深度与广度。

（二）经验与特色

1. 发挥自身优势，深度挖掘历史资源

黄浦区明复图书馆是上海市优秀历史建筑，也是黄浦区博物馆联盟的成员单位，主体建筑明复楼的前身为中国第一座公共科技图书馆——"中国科学社明复图书馆"，1931年1月正式落成，是由当时中国第一批留美学生胡明复、杨杏佛等回国后发起建造的，凝集了我国一批早期海外留学归国科学家的心血和结晶。会心楼，即原中国科学社总办事处旧址，1945年12月中国民主促进会在此成立，现内设"中国民主促进会成立旧址纪念馆"，目前是民进中央重要的会史教育基地。悠久的历史和深厚的文化底蕴是黄浦区明复图书馆潜在的自身优势，通过加入"黄浦最上海"及"阅读黄浦"平台发布红色文化旅游线路，以馆史讲解、建筑阅读、主题展览等方式向市民游客开展文化推介，打造深受群众喜爱的黄浦文旅融合"打卡地"；尝试开展"明复开放日""红色建筑走读"等彰显黄浦人文旅游特色的主题活动，令市民游客多角度、全方位地了解黄浦深厚的红色文化。

2. 整合多方资源，助推文旅宣传阵地

（1）设置文旅专架专栏

充分整合资源并购置相关信息资源；在新增的24小时自助借还图书室中设立旅游类图书专架，有侧重地进行书籍推荐，同时设置旅游专题宣传手册、海报取阅处；在馆报"读书乐之友报"中开设旅游专栏；顺应当前阅读数字化趋势，采用"互联网+"新方式，在官方微信公众号中推出文旅融合专版专栏，连接"黄浦最上海"微信公众号，推出"微游新品"栏目；为读者介绍相关活动咨询，其中包括"阅游·悦读"系列推文、"读书，读城——一本书一座城"系列活动、"明复开放日"和"明复伴你游祖国"系列直播课及线下配套活动，带领读者云游中国的同时推荐相关文献，以文旅交融的形式进行阅读推广，超4 000名读者阅读浏览，吸引了一批固定的读者群体。

（2）扩大渠道探索合作

与区域内旅游服务中心合作，在明复楼一楼的报刊阅览室外放置旅游咨询服务一体机，有目的、有侧重地进行旅游信息投放；打破文旅服务的宣传壁垒，尝试在区域内的文旅咨询服务点开展文旅主题的阅读推广活动，满足游客感受本地文化的需求；加强与"黄浦最上海""黄浦文化"等文旅线上平台的互联互通，推动资讯共享、推广联动，为市民提供更便捷、更优质的区域文旅信息服务；与黄浦区文化馆携手举办面向楼宇白领、市民游客的"梧桐树下的红色旋律"主题导览活动，用

新颖的互动方式传承红色文化；融合"今天·我们读"明复图书馆演读会与黄浦区"人文会客厅"等文旅红色资源，在黄浦区人文会客厅内打造可聆听、可阅读、可欣赏的"阅读黄浦，我们的精神家园——演读会"，提升与区内文化资源、旅游资源的融合度。

（3）结合节庆精彩助力

黄浦区明复图书馆在文旅融合新机遇下，配合节庆时间点提供多样的文化旅游公共服务，取得了一定的成绩与亮点。举办以在线参观、竞答等网络互动方式开展的"遇见黄浦"线上主题活动，带领广大读者"云游"黄浦的17处经典景点与文化地标。承办的2020年上海市民文化节红色故事大赛创意设计大赛有5组作品入围获奖；"市民游记"大赛，共有18篇作品入围全市百强，其中最美游记10篇，最佳微游线路设计8篇，并收获了这两个项目的优秀组织奖。"日欣阅艺游黄浦"文旅融合打卡活动得到了中新网、学习强国、上观新闻、《文汇报》、《新民晚报》等11家国家级和市级媒体的报道。"七一"期间推出"悦游黄浦，阅读黄浦"——文旅融合之探访红色文化活动，作为"明复开放日"的首场活动，以红色建筑走读的新颖模式获得了读者一致好评，并受到《青年报》《新闻晨报》等媒体的宣传报道，产生了良好的社会反响，进一步扩大了文旅推广活动的大众影响力。

（4）积极开拓馆外服务

充分发挥图书馆总分馆制作用，向下辖四家街道分馆配送相关活动，扩大文旅融合概念与实践工作的辐射范围。与区域内旅游服务中心合作，为上海外滩旅游综合服务中心和黄浦滨江毕卡第旅游咨询服务中心配送线上线下阅读服务，丰富阅读资源。同时，推进旅游服务中心"有声图书馆"建设试点，通过移动终端"听书"的方式，为市民游客提供优质、便捷、高效的线上阅读服务，构建集纸质书、电子书和有声书于一体的阅读新模式，为传统阅读模式提供补充，打造文旅融合新亮点。

（二）问题与挑战

黄浦区明复图书馆在文旅融合工作中由线下推广结合线上模式、传统阅读结合创新技术、馆内活动结合对外合作、历史人文结合旅游走读，积极探索文旅融合时代的新机遇。在深入推进工作的同时，我们也逐渐感受到公共图书馆被赋予的探索文旅融合可持续健康发展的新的历史职责与使命。

一是管理机制有待完善。受到经费预算、活动量和资源固定等的限制，难以满足大众的新期待和新需求。

二是受众的知晓度不足。活动覆盖面相对有限，读者知晓率较低，仅仅靠馆内自有资源可能无法掀起助推热潮。

三是复合型人才不足。新背景下，很多工作现阶段尚处在摸索阶段，没有现成的经验可以借鉴，缺乏既懂文化管理又懂旅游项目的复合型创新人才。

（四）思考与未来

1. 进一步拓展阅读形式，完善服务功能

新媒体的迅猛发展为图书馆创造了继续发展的空间。为紧跟时代发展潮流，把握新媒体技术，黄浦区明复图书馆将创新阅读服务模式，通过场地资源、有声书籍资源、媒体宣传资源等，与具有丰富信息化资源及经验的第三方机构合作，打造具有本馆特色的有声图书馆，把握有声阅读作为全民阅读新增长点这一机遇，将阅读推广深入年轻群体，扩大受众范围，为大众提供集纸质书、电子书和有声书于一体的阅读新模式，在进一步提升读者体验感的同时也可实现统一管理和数字化快捷运行。

2. 进一步提高活动质量，打造品牌项目

在活动内容上，不断推进具有图书馆自身特色的"明复开放日"文旅融合主题系列活动，后续将联合一大会址、大同幼稚园等更多黄浦区红色地标，打造独具特色、形式多样、亮点凸显的品牌项目，丰富活动内涵，提高活动质量，将图书馆的建筑、人文、历史、书香融合推广，发挥教育引领作用，为公共文化服务体系和全域旅游发展注入生机活力。

撰稿人	樊世佳，上海市黄浦区明复图书馆，业务协调部，助理馆员。 研究方向：阅读推广、文旅融合。

五 | 促进"诗与远方"的时代融合

——浅谈上海市普陀区图书馆文旅融合创新发展之路

2018年4月，文化和旅游部的挂牌成立，被誉为诗与远方的结合，标志着我国文化和旅游融合发展的全新时代正式开启，也为公共图书馆的发展提供了全新的体制环境。2019年文旅部指出"文旅融合"发展的思路在于文化和旅游工作的理念、职能、产业、市场、服务和交流方面的充分融合[①]。公共图书馆作为城市建设的重要文化象征，记录着城市的文明和记忆，承载着文化的收藏、传承、传播的责任[②]。作为公共文化服务体系建设的重要阵地，公共图书馆探索与旅游的融合发展既是自身建设发展的需要，也是文旅融合赋予的时代使命。

2020年普陀区图书馆作为区属公共文化机构和旅游公共服务机构融合试点单位，根据上海市文化和旅游局《关于开展本市文化和旅游公共服务机构功能融合试点工作的通知》的工作要求，制定了文化和旅游公共服务机构功能融合试点方案，建立健全工作机制，通过积极探索文旅融合，增加旅游咨询及宣传功能，开展文旅融合活动，文旅信息资源共享，提升文化和旅游公共服务整体效能。

（一）主要做法

1. 服务融合，图书馆成为文旅信息服务阵地

公共图书馆发挥信息服务功能，运用多种方式为广大文化旅游信息需求者提供

[①] 文化和旅游部国际交流与合作局. 努力推动文化建设和旅游发展再上新台阶[EB/OL].（2019-01-07）[2019-01-07]. https://www.mct.gov.cn/whzx/bnsj/dwwhllj/201901/t20190107_836823.htm.

[②] 罗贤春, 姚明. 价值体系研究视角变迁下的公共图书馆价值[J]. 中国图书馆学报, 2014, 40（3）: 27-36.

文化旅游信息服务，是推动文旅融合发展的重要表现。普陀区图书馆在一楼总服务台增设文化和旅游信息咨询、信息宣传服务等项目，印制发放各类文化和旅游宣传资料，提供普陀区文化和旅游服务机构馆址和开放时间等信息；同时，馆内电子LED屏滚动播放文化和旅游宣传海报和视频；馆内瀑布式电子阅读屏、电子阅读本自助借还书柜等设备上增设旅游相关图书推荐；馆内流通、借阅区增设旅游新书和专题书目推荐；此外，充分运用图书馆微信公众号、官方网站等媒介优先推送旅游图书及相关文旅资讯，扩大文旅信息宣传。

2. 空间再造，"图书馆+"跨界融合

2019年起，普陀区图书馆实施整体功能提升改造工程，全新设计打造"苏州河书房"样板空间，创新阅读体验，打造网红旅游目的地。在原有空间基础上，将8楼改造成艺术人文阅读展示空间，9楼为综合性阅览空间，两个空间内部通过空中花园旋转扶梯连接，供读者学习、访问信息和交流休闲。在整体设计和装修布置的过程中，根据建筑条件充分融入苏州河沿线历史文化遗产这一主题元素。在功能定位上，既有阅读体验、文化活动的公益功能，也有展览展示的艺术推广功能。读者身处其中，以"书"为媒，以"书"会友，享受多元化的阅读体验。创新的空间设计、完善的功能布局、浓厚的地域氛围及独特的馆藏优势，成为吸引读者的重要原因，逐步形成了网红打卡地。

此外，普陀区图书馆积极推进与社会力量的合作，探索资源共建共享的新模式。引入全国首家报业集团开设的线下精品店"申活馆"，打造咖啡+阅读新服务，实现了空间的转型升级。1楼提供轻餐饮区、展示区，2楼提供阅读和文创产品区。此外，策划推出阅读品牌"苏州河书房·悦读申活"，围绕江南文化、海派文化、突出地域特色和文化符号，开展读书沙龙活动。

3. 内容融合，拓展服务内涵

（1）"苏州河书房"系列阅读活动

依托普陀区图书馆全民阅读文化品牌项目"苏州河书房"，在"苏州河书房读书会""苏州河书房悦读乐园""苏州河作家联盟""苏州河阅读沙龙"等四大支撑活动内融入旅游资源，邀请名家名师讲述上海历史、普陀故事，通过讲座、展览、培训等活动形式，进行文旅活动融合。

（2）举办市民文化节赛事

开展上海市民文化节"市民游记"大赛，发动"最美游记"作品征集，围绕江南文化、海派文化、红色文化，突出地域特色和文化符号，以游记的方式，阐释和丰富城市的精神文化内涵，展现地域之美、人文之魅。

开展"最佳微游线路设计"作品征集，微游线路将根据苏州河沿岸线、工业遗产、文博场馆、非物质文化遗产、创意园区等文化旅游要素，结合其周边特色公共活动空间进行设计、推荐。

开展上海市民文化节"红色故事演讲大赛"，发动"红色故事"视频作品征集，聚焦"永远跟党走"主题，立足上海红色文化资源历史足迹，拍摄演讲视频参赛。

（3）开展阅读之旅活动

普陀区图书馆联合"申活馆"策划推出"追寻红色足迹，品读《星火沪西》"行走普陀活动，结合《印迹——上海市普陀区文化遗产图志》书中的历史文化遗产，通过设计具有区域特色的红色人文历史行走路线，招募读者行走打卡红色景点和地标，将图书与阅读、交流与体验有机融合，让参与者沉浸式体验红色旅游文化，获得阅读新体验。

此外，普陀区图书馆积极推动公共图书馆总分馆制建设，统筹建设基层服务点，鼓励有条件的点位增设旅游专题书目推荐，举办各类文旅融合活动。以"长风都市休闲区"成功创建上海市全域旅游特色示范区为契机，在长风地区"苏河水岸"驿站嵌入式融入苏州河书房，通过在城市公共空间植入文化阅读元素，优化游客体验，促进文旅融合。

普陀区图书馆还组织大中小学生志愿者到馆参与文旅志愿服务，通过志愿者广泛宣传普陀区文旅资源和服务项目。组织青少年参与暑假文旅服务体验日活动，提供图书馆理书上架、旅游导引等服务岗位，让志愿者近距离感受文旅融合的服务模式。

（二）工作成效

1. 图书馆人气提升

普陀区图书馆重新装修后，服务升级。因气势恢宏、极具艺术性、彰显人文关怀的馆容馆貌，普陀区图书馆成为普陀的地标性建筑。年均到馆人次近20万，成为市民普遍喜爱的公共空间，为文化旅游发展提供强大的精神动力和智力支持。

2. 社会化成效显著

随着"苏州河书房"实体阅读空间的对外开放，图书馆联合社会各界力量，开展多元文化活动，扩大读者覆盖面，提升全民阅读素养，不断丰富读者的精神生活，取得了良好的社会口碑。图书馆举办多场阅读、展览活动，提升游客丰富的感官体验，如"百册撷芳·百年辉煌"马克思主义在中国主题文献展、"沉思翰藻"馆藏古籍文献展、"我眼中的苏州河书房"摄影作品征集活动、"建筑可阅读，在上海寻找海派文化与江南文化的融合"主题讲座等，累计参与人次达万名。

3. 文旅融合的互补共赢

图书馆通过网站、微信、微博、小程序、市民云平台，把读者和旅客想要的信息及时推送、链接，提升了图书馆和所在地域的知晓率，将传统服务与科技前沿有机嫁接、深度融合，赢得流量。从而以文化丰富旅游内涵、提升旅游层次、增强旅游魅力，形成以旅游传承交流文化、带动文化产业、促进文化繁荣的良好格局，推动文旅产业转型升级和高质量发展，更好地满足人民群众日益增长的文化和旅游生活需要。

（三）发展思考

1. 完善文旅深度融合的新机制

《中华人民共和国公共文化服务保障法》《中华人民共和国公共图书馆法》以及文化和旅游部组建后颁布的一系列文件法规为文旅深度融合提供了良好的法制环境和保障[①]。当前，公共图书馆文旅融合还处于刚起步阶段，这需要图书馆积极培育深度融合的新机制。首先，公共图书馆要制定主动融入的规划，建立健全相关管理和服务制度。其次，建立项目评估机制，定期或不定期地对公共图书馆开展的与旅游服务相关的活动项目进行考核评估，因地制宜地调整发展策略，为以后的相关旅游服务项目提供借鉴，这不仅有利于整体提高公共图书馆文旅融合的水平，而且还有利于提高广大服务对象的参与热情。

2. 加强人才队伍建设，培育新一代馆员

文旅融合是一项复杂的系统工程，需要大量具有创新意识、专业技能、实施能力的复合人才。公共图书馆在实现服务的创新与发展中，有必要加强对相关优质专业人才的培育。同时，建立激励机制发掘人才、引进人才，吸引更多人才投身文旅融合服务中，如定期组织馆员参加与文旅融合有关的专业培训教育，使其能够接触学习更多先进的服务理念与工作模式，增强自身的文化创新意识与能力，从而更好地服务广大读者与游客。

[①] 王世伟.关于公共图书馆文旅深度融合的思考[J].图书馆,2019(1):1-6.

公共图书馆是优秀文化的聚集场所，承担着一个国家文化传承与发展的重要责任，它拥有丰富的历史馆藏和厚重的文化底蕴，具有特殊的建筑艺术优势和文化资源优势。在文化和旅游融合发展的时代背景下，公共图书馆除了承担收集保存人类文化典籍、开发整理文献信息资源、开展社会教育等职能外，还应当以文化旅游为新的切入点，充分开发馆藏的文化和旅游资源，积极参与文化旅游建设，在满足读者和游客需求、推动旅游经济增长的同时，借助"文化旅游热"彰显自身价值，提高社会效益，努力在广大公民群体中形成热爱图书馆、热爱阅读的文化氛围，做到"以文促旅，以旅彰文"，让诗和远方真正走在一起。

撰稿人	张谦，上海市普陀区图书馆，馆长。 研究方向：公共图书馆建设与发展。 叶静，上海市普陀区图书馆，辅导部副主任，馆员。 研究方向：阅读推广、总分馆制建设。

六 | 文明修身　文化寻根

——上海市松江区图书馆全民阅读链接全域文旅资源

松江历史文化悠久，传承着"上海之根"的文化血脉，富含着"上海之根"的文化基因和精神财富。松江区图书馆结合人文松江建设，挖掘"上海之根"优秀传统文化现实教育意义，整合各类文化资源，开展"文明修身　文化寻根"全民阅读活动，通过线上闯关、线下打卡等方式，引导市民了解松江历史文化，培育和弘扬社会主义核心价值观，有效提升公共文化服务效能，为建设"书香之域"打下坚实的基础。

（一）发展历程

深入开展全民阅读活动，大力推广全民阅读，对加强社会主义精神文明建设、促进社会进步具有重要意义。松江区图书馆贯彻落实全民阅读工作部署要求，以松江区品牌文化活动——"百姓明星"评选活动增设阅读项目为契机，自2014年开始开展"文明修身　文化寻根"全民阅读活动。

"文明修身　文化寻根"全民阅读活动在上海市松江区委宣传部指导下，鼓励市民以家庭为单位，通过领取文化寻根护照，在松江区文化场馆参加知识答题，并在文化寻根护照上收集满10个场馆以上参观章后，参与第二轮网上知识答题，最后评选出松江区"百姓明星"阅读明星的方式，引导市民体验松江的文化魅力，增强爱乡爱国情感，传承中华民族传统文化，在全区形成"爱读书、读好书、善读书"的良好社会氛围和文明风尚。

2018年，"文明修身　文化寻根"全民阅读活动全新升级，在徒步打卡+趣味答题的基础上，以电子文化地图+电子护照的新形式，开启文化传承的新模式。

（二）特色亮点

1. "文化寻根护照"串联文化场馆，闯关寻宝感受人文积淀

"文明修身　文化寻根"全民阅读活动打破了图书馆以往静态展示文献知识的形式，将文化知识、文化场馆良好结合，引导市民从书本走向生活。

文化寻根护照是"文明修身　文化寻根"全民阅读活动开展的核心，具有互动性、纪念性、唯一性、收藏性等特点。初期的纸质文化寻根护照，印刷有活动简介、参与活动的文化场馆基本图文介绍以及盖章区域，同时兼具门票功能。凭借文化寻根护照进入文化场馆，完成文化场馆的参观，并在场馆中完成知识答题，即可得到相应场馆印戳一枚，集齐一定数量的章可参加后续活动。升级后的电子文化寻根护照，文化场馆的展现形式则是以电子手绘文化地图的形式串联起来，完成场馆实地打卡、探索答题后，获得相应的电子通关证书保存留念。参与者以文化寻根护照打卡为契机，走进文化场馆，积极主动地探索每个场馆并回答与之相关的问题，这种闯关寻宝的方式，让参与者从游戏中自发地参观学习松江文化与特色，加深对松江发展的理解，增加认同感。

2. 开启"互联网＋"新模式，激发"文化寻根"新活力

随着信息化进程加速，互联网的移动化、便捷化、社交化等特性不断降低进入门槛，互联网渗透到社会生活的各个角落，对全民阅读活动也带来了深刻影响。"文明修身　文化寻根"全民阅读活动将原来的市民到文化场馆领取文化寻根护照开启活动的形式，转变为主动推送活动到市民手机上，吸引市民参与其中。

市民以个人或家庭为单位，在各参与单位的公众号菜单上找到活动入口，或者通过线下摆放的宣传海报，扫描宣传页面的二维码即可开启"文明修身　文化寻根"全民阅读活动。除了将以往的在松江区文化场馆参加知识答题，升级为根据活动界面的提示在场馆中找到答案，完成题目后上传场馆照片获得电子通关证书外，还增设了足不出户就能挑战的在线闯关模式。同时，活动界面另设置板块，将松江地区各文化场所、各街道（乡镇）级图书馆、实体书店、部分旅游景区（景点）的介绍信息和近期活动信息以电子地图的形式展现出来，使市民了解更多身边的文化设施、文化活动、文化服务等相关信息，新的"文明修身　文化寻根"全民阅读活动全方位展示了松江区域文化特色。

通过线上线下互动闯关答题得积分的形式，根据总积分高低评选出排名靠前的家庭或个人参与活动复赛，最终决出松江区"百姓明星"阅读明星十佳，进一步深化活动品牌的推广。

3. 加强各界合作，扩大社会影响力

为了用好用足松江丰富的"江南文化"资源，"文明修身 文化寻根"全民阅读活动在上海市松江区委宣传部指导下，区文明办、区文旅局、区教育局、区总工会、区团委、区妇联、区绿化市容局、区科委、区残联、区史志办共同主办，上海市松江区图书馆承办，集结了松江24个文化场馆、17个街道（乡镇）社区文化活动中心。在活动中，各委办局、各参与活动场馆广泛发动、积极宣传，逐步形成了全民"爱我松江、文化寻根"的生态圈。

同时，"文明修身 文化寻根"全民阅读活动加强与松江区实体书店、松江区部分景区景点、松江大学城的合作。活动界面设置松江区实体书店介绍板块，引导参与者在活动页面打卡并分享自己喜爱的书籍。与松江区部分景区景点合作，在线上打卡页面在线浏览景点介绍、交通信息、活动信息等相关景点展示内容时，可以获得额外的门票优惠福利。与松江大学城部分高校合作，活动界面设置板块"云间墨韵在线展"，鼓励松江大学城全体师生上传自己的作品，用书画和摄影作品展现松江建筑与文化之美。"文明修身 文化寻根"全民阅读活动得到了多方支持，进一步提升群众参与度和平台辐射面。

4. 丰富活动内涵，提高活动吸引力

为了保证"文明修身 文化寻根"全民阅读活动健康持续发展，引起市民大众的持续关注，活动从互动形式和活动内容上激发市民的参与意愿。

在互动形式上，"文明修身 文化寻根"全民阅读活动在答题、打卡得积分的基础上，鼓励参与者通过分享的方式获取额外积分。一是在打卡成功后，将打卡的成功页面转发分享，二是支持参与者将参观文化场馆的心得体会分享出去。积分的高低与是否能参与后续的活动、得到额外奖励相关联，激励了参与者的互动意愿。同时，分享机制满足了参与者的社交需求，优质的内容还会形成二次转化，进一步激发更多市民的参与意愿。

在活动内容上，"文明修身 文化寻根"全民阅读活动逐步增加可供参与者打卡的文化场馆，从2014年的10个场馆到2020年的24个文化场馆、8个实体书店、5个景区，拓宽了参与者的选择面。线上闯关知识答题每年更新主题内容，保证题库时效性，如2020年将防疫相关知识进行巧妙设计，作为特别关卡推出。同时，活动每年会在保留在线闯关、场馆打卡板块的基础上，开辟新板块，如进行线上书画展播、推出VR云游红色经典等，增强活动趣味性。

（三）实际成效

1. 线上线下融合互动，服务效能提升显著

"文明修身 文化寻根"全民阅读活动自开展以来，参与人次逐年增加，2014年有7千余人次参加，2017年有2万余人次参加，在2018年转变为借助"互联网+"的线上线下相结合互动模式后，打破了活动开始时间与空间的局限，使活动触角接触互联网延伸至更大的范围，参与度有了显著提升，2018年有5.6万点击量，2020年有14万点击量。

线上的融合体验带给参与者文化探索之旅，线下的答题任务增加趣味性与探索性，满足了人民群众的精神文化需求。在"文明修身 文化寻根"全民阅读活动后期调研中，不少参与者表示通过活动不仅收获了乐趣，更了解了自己的家乡，增进了历史文化知识，受益匪浅。

2. 活动知名度打响，社会反响良好

"文明修身 文化寻根"全民阅读活动开展至今，不断升级转变，形成了一定的规模，得到了广大市民和社会各界的积极参与和热烈响应，逐渐成为一项富有影响力的文化品牌，为传承传统文化起到了积极的作用。"文明修身 文化寻根"全民阅读活动先后荣获2018年度上海市民文化节优秀项目奖、上海市中心图书馆第四届职工岗位"新技能"大赛阅读推广方案比赛优秀奖。

上海市松江区图书馆未来将进一步探索"文明修身 文化寻根"全民阅读活动在推进总分馆制建设和促进文旅融合发展中的作用，促进活动与服务体系建设相互融合、优势互补、协同共进。同时，推动公共文化服务供给主体多元化，让更多的主体参与其中，进一步拓宽活动辐射面，让人文松江深度融入城市血脉、根植市民心中。

撰稿人	陈诚，上海市松江区图书馆馆长，副研究馆员。 研究方向：公共图书馆服务和管理、公共文化服务。 夏玲，上海市松江区图书馆，助理馆员。 研究方向：公共图书馆服务和管理、公共文化服务。

七 | 书香文化助力乡村振兴开新局

——上海市崇明区图书馆助推乡村振兴的实践和思考

实施乡村振兴战略是党的"十九大"做出的重大决策部署。随着我国乡村振兴战略不断推进，党和政府愈发关注和重视文化在乡村振兴中的作用，也制定了一系列乡村文化振兴的措施。公共图书馆作为由国家公共财政支持的、面向社会公众开放的、提供知识信息服务的公益文化机构，是公共文化服务体系的重要组成部分，能够有效助推我国乡村振兴的进程。崇明区地处上海市的偏远郊区，以常住农业人口为主，本区内行政村数量众多。近年来，崇明区图书馆紧紧围绕《乡村振兴战略规划（2018—2022年）》中提到的"推动县级图书馆、文化馆总分馆制""推进农家书屋延伸服务和提质增效""推动全民阅读进家庭、进农村，提高农民科学文化素养"等方面的要求，积极探索公共图书馆助推乡村振兴的方式和路径。

（一）崇明区"图书馆+乡村振兴"的发展现状

1. 崇明区总分馆制发展现状

依托上海市中心图书馆"一卡通"知识管理与服务系统，在上海市文化和旅游局、上海市中心图书馆、崇明区文化和旅游局业务指导、协调和技术支持下，崇明区图书馆总分馆制建设于2018年7月启动，2019年1月正式拉开帷幕。崇明区图书馆总分馆体系建设为"1个总馆+18个分馆+若干个基层服务点"，即以区图书馆为总馆、街道（乡镇）级图书馆为分馆、居委图书室、村农家书屋为馆外基层服务点，24小时自助图书馆、百姓书屋、共建阅读点等为补充的公共图书馆馆群，发挥资源利用率，实现资源在区域内的联动共享，充分满足广大人民群众日益增长的精神文化需求。截至2019年12月，崇明区总馆和18个乡镇分馆、4个基层服务点已基本实现文献资源统一参考采购、统一编目、统一配送、统一培训和通借通还。另有部分乡镇分馆已为辖区内的阅读点（农家书屋）办理了集体借书卡，通过集体借阅的方式实现资源共享。

2. 崇明区农家书屋发展现状

崇明区农家书屋工程建设从2008年底开始申报，至2011年4月完成对各农家书屋的书籍、铜牌、规章制度、桌椅、书架、报架等硬件配送，实现全区269家农家书屋全覆盖，并由崇明区图书馆坚持每年不定期为农家书屋配送书籍，自2016年起每年还为每个农家书屋订阅十多份报纸和杂志。目前，区97%的农家书屋能做到每周开放56个小时以上。区农家书屋管理员共有269名，但大部分都不是专职农家书屋管理员。目前，区大部分的农家书屋以开展传统借阅活动为主，有个别行政村的农家书屋会开展延伸服务，比如开展各种农业科技培训、组织中小学生开展读书活动等。

3. 崇明区文旅融合发展现状

近年来，崇明始终坚持以"绿水青山就是金山银山"发展理念为指引，依托优良的生态环境和浓厚的乡村底蕴，因地制宜发展生态民宿产业，促进农民就业、增收、致富，引导鼓励民宿主通过文旅融合，开发新的创意、新的设计、新的产品、新的服务和新的活动，初步形成了建设镇虹桥村、竖新镇前卫村、竖新镇仙桥村、绿华镇绿港村等多个民宿集聚区，涌现出如"也山花园""知谷1984""逅院""黑森林""久居""颐一"等一批精品民宿。同时，区文化和旅游局以土布为媒介，积极推进文旅融合发展，先后组织举办了崇明土布创意大赛、崇明土布纺织大赛、衣尚系列等节庆活动，保护传承土布文化，打造土布主题旅游产品。在重点景区点、重要文化场馆设立土布体验中心，开展土布展示体验活动，丰富崇明土布宣传展示渠道，大力扶持土布旅游伴手礼、纪念品开发，土布包、土布旗袍、土布地图等成为热销产品。在文旅融合的背景下，区图书馆已不仅仅是提供单一阅读服务功能的场所，其功能和服务涉及的范围会越来越广泛。

（二）崇明区"图书馆+乡村振兴"的具体实践

1. 促进区图书馆总分馆制建设不断完善

近年来，崇明区图书馆利用总分馆制平台，整合各类资源做好全民阅读工作，提升公共文化服务效能，不断满足百姓文化需求。

（1）以活动为载体，丰富全民阅读

区总馆依托总分馆制平台，积极开展各类全区全民阅读活动，不断丰富读者文

化生活。每年区总馆组织全区乡镇分馆参与上海市民文化节、上海书展崇明分会场乡镇阅读周、农家书屋及"我的书屋·我的梦"征文、少儿书画赛、花博知识大赛、区阅读团队微书评等各项活动；吸引了近万名读者参与。在此过程中，区总馆做好统筹、引领、指导、宣传发动工作，乡镇分馆、基层服务点做好区域内组织落实，发挥了整体效能，推动了全民阅读。

（2）以配送为手段，保障全民阅读

在总分馆制建设中，区总馆协调各类资源，发挥资源利用率，服务乡镇分馆，服务基层服务点。一是做好阅读活动配送。利用总分馆制专项资金，每年选择购买服务的方式，联合社会机构在部分乡镇分馆做亲子阅读和阅读志愿者培训的资源配送，帮助各乡镇分馆培育阅读志愿者团队。二是做好数字资源配送。为了加强乡镇数字资源建设，区总馆为各乡镇分馆统一配送七彩阳光数字图书馆和博弈特色库两个数字资源，目前各乡镇分馆的数字资源已达到4TB，大大丰富了读者的阅读内容。三是做好展览资源配送。利用区总馆的展览资源，向各分馆发布展览信息，各分馆根据实际，选择性地提出申请，总馆根据分馆需求，安排好各分馆的展览日期，满足分馆的展览需求。四是做好书籍配送。区总馆发挥总馆优势，每年为全区269家基层服务点（农家书屋）配送报纸、杂志、绘本等近4万份（册），并为中兴村、园艺村、油桥村等5个基层服务点配送书籍。

2. 推进农家书屋服务提质增效

作为本市农家书屋数量最多的辖区，崇明区图书馆对农家书屋工作始终不懈怠，以加强领导为保障，建立了县、乡镇、村三级工作协调管理机制，强化了各级部门工作职责，努力形成合力，确保农家书屋全年正常运行。

（1）加大农家书屋文献资源配送力度，满足民众文化生活需求

近年来，区图书馆每年免费为全区所有农家书屋订阅十多份报纸和杂志。定期为农家书屋补充书籍，每年送书下乡近2万余册，配送书籍、报纸、光盘、杂志近万册。同时，每年还为农家书屋配送各类讲座和展览，如"'瑞犬旺春'奉贤区第八届生肖撕纸（纸艺）大赛展""李大钊与中国共产党的创建图片展""书香瀛洲颂端阳——端午节图片展""'弘扬诚信美德，共圆中国梦'诚信建设宣传展"等，很好地推动了农家书屋读书读报工作，丰富农村百姓的业余文化生活。

（2）积极开展各类活动，促进农家书屋和全民阅读有机结合

近年来，崇明区图书馆组织本区内269家农家书屋积极参加上海"农家书香"征文活动和"我的书屋·我的梦"农村少年儿童阅读实践活动，并鼓励和支持本区

农家书屋组织开展形式丰富、群众乐于参与的文化活动，如紧贴农村生活实际的读书日主题活动、春节期间开展的儿童征文活动、寒暑假期间举办的"道德文明"讲座、家乡人士座谈会、妇女姐妹茶话会等，不断丰富着广大村民的精神文化生活。

（3）设立"百姓书屋"，逐步解决农家书屋服务"最后一公里"

为进一步缩小群众读书半径，把文化服务触角延伸到每位读者身边，区图书馆根据各乡镇的实际情况，在农家书屋的利用率的基础上，有针对性地选取几户家庭，在其家中设立"百姓书屋"。"百姓书屋"是经乡镇文广站筛选和推荐，由区图书馆提供相关设备，定期更换图书，老百姓自行管理的一种服务模式。自2012年起至2020年底，崇明县图书馆在建设、新河、竖新等地先后设立了11家百姓书屋和2家企业书屋。目前，崇明区图书馆已为每家百姓书屋办理了集体借书证，每半年进行书籍调换。几年的运行效果显示，百姓书屋的利用率较高，有针对性的书籍配置也受到了大家的一致好评和欢迎。

3. 文旅融合开创乡村文化振兴新天地

崇明区作为国家全域旅游示范区，已成为上海广大市民游客短途游、近郊游的首选目的地。在文旅融合模式下，图书馆承担的深度服务功能更趋广泛，全民阅读半径更广，因而对图书馆的服务要求更高。近年来，崇明区图书馆在文旅融合方面作了以下探索和尝试。

（1）图书馆+民宿

2019年9月，崇明民宿协会正式成立，标志着崇明民宿的发展从零散个体式发展阶段进入到了组织行业式发展阶段。目前，崇明共有生态民宿430家，客房2 567间，带动就业近2 000人，旅游直接收入近2亿元。民宿行业的蓬勃发展为区图书馆的发展提供了新的契机，区图书馆把书籍配送资源延伸至民宿，分别在黑森林、谣歌、香朵、久居等开心农场或民宿设立阅读点，为民宿配送旅游、美食、文化休闲、健康等书籍，将图书馆和民宿、周边环境、历史人文、民宿风情进行融合，不断延伸图书馆公共阅读服务范围，为岛外游客提供了丰富的具有特色的阅读文化项目。

（2）图书馆+土布

作为曾经的崇明经济支柱，崇明土布有着灿烂辉煌的历史和浓郁的人文气息。2009年，崇明土布纺织技艺被列入上海市非物质文化遗产。区图书馆紧紧抓住这个契机，在全民阅读工作中以土布为媒介开展土布文化的体验与传承。2019年下半年，图书馆引入本岛一家集传承、体验、开发文创等项目的民间组织木棉花开手工社。在图书馆设立"木棉花开"文化创意小馆，读者可以在这安静的一隅放松阅读，也能坐在织布机旁体验织布的过程，倾听关于土布的故事，跟着老师做一些简单的土布小件，参加土布传承活动，让读者感受土布文化。同时，图书馆还与崇明另一家致力于土布产品开发、土布制作体验、深受国外友人的喜爱的布布瀛创新工作室结对，根据工作室需求在竖新惠民村和新河井亭村为布布瀛工作室配置书籍，满足来馆人员的阅读需求，进一步丰富了文旅融合内涵。

（三）崇明区"图书馆+乡村振兴"的发展思考

1. 完善总分馆制建设的思考

区总分馆制建设实施三年多来，开展了一些工作，取得了一些效果，但仍有很大的提升空间。在上海市中心图书馆FOLIO系统推出后，区图书馆将配合上海市中心图书馆网络体系建设，推出区总分馆网络管理系统。在总分馆制运行保障方面，增加人员开展对基层阅读点及阅读活动的管理，积极争取区级专项运营资金支持，并建议制定一些明确的条款或指导性文件保障总分馆制建设实施。同时，在保障基本服务的基础上推出一些个性化的服务，发挥更好效率，以进一步提升乡镇分馆和基层服务点的服务效能。

2. 优化农家书屋服务的思考

一是继续优化农家书屋网点布局。今后，区图书馆将根据本地区的实际情况，进一步优化农家书屋的服务。将农家书屋由行政村向农村（居）密集、活动集中的地方延伸，向青少年聚集的地方延伸，向一些商业设施延伸，逐步形成以农村书屋为核心、"百姓书屋"和图书服务流动点为补充的便民阅读服务网络。

二是进一步创新服务模式。支持农家书屋按照"按需制单、百姓点单"的模式，不断创新农家书屋服务形式和内容，并更加突出对农村青少年的精准服务。培育一批有特色的农家书屋阅读活动品牌，不断增加农家书屋的吸引力和影响力，推动农家书屋和全民阅读的有机结合。

三是加强管理员队伍建设。针对农家书屋缺乏专职管理员、人员流动性大等问题，通过建立健全农家书屋管理员培训机制、坚持志愿服务与政府服务相衔接等制度建设和政策引导，培育一支农家书屋管理员、文化协管人员、阅读指导员、志愿服务人员和文化能人共同参与的管理员队伍，全民提升农家书屋管理服务和水平。

四是加大社会各个层面的支持力度。通过建立健全财政保障机制、完善农家书屋的管理制度、支持社会组织和企业捐助、加强宣传引导等多种手段，对农家书屋给予激励和扶持。

3. 促进文旅融合发展的思考

一是图书馆在全民阅读工作中如何做到与旅游的全面融合，如何界定全民阅读和旅游的深度和广度，在全民阅读工作开展中如何处理公益性和旅游市场化问题；二是图书馆在文旅融合中的职责属性，图书馆的主要工作是做好文献的借阅，开展各类全民阅读活动，做好区域内图书馆总分馆制工作及其他一些工作，由于受人员及经费的限制，部分工作在开展过程中存在一些困难；三是疫情防控常态化全民阅读过程中，如何满足老年读者的数字阅读需求，让数字阅读更具人性化，更便于老年读者的阅读。

公共图书馆的服务在乡村文化振兴中有其重要的积极作用，尤其在文旅融合的背景下，公共图书馆提供的服务和阅读的半径将不断扩大，起到的作用将愈发明显。乡村文化振兴是乡村振兴的灵魂，乡村文化振兴能促进乡村人才、乡村产业、乡村组织振兴。未来，崇明区图书馆将继续积极发挥公共图书馆的功能、价值和作用，探索公共图书馆参与乡村振兴的新模式和路径，不断助推乡村振兴进程的发展。

撰稿人	康燕芳，上海市崇明区图书馆，《崇图书苑》责任编辑，馆员。 研究方向：新农村建设背景下的阅读推广。

第十章
全社会参与提能效

进入21世纪，从初步形成布局优化、设施先进、结构合理的社区公共文化设施网络，到全面推进公共文化服务体系，再到加快构建现代公共文化服务体系建设，中央和地方出台了一系列的政策、法规，把全国的公共文化服务体系建设纳入法治化、规范化、制度化轨道。一系列的政策、法规中，提出并鼓励各类公共文化服务机构与社会力量合作，动员社会各方力量参与公共文化设施建设运营、内容供给、绩效评估，为推动公共文化服务社会化、专业化发展提供了决策支持和政策法规保障。社会力量参与图书馆建设，有利于提高图书馆服务质量与业务水平，提升图书馆的社会地位与影响力，助推图书馆事业发展，更好地保障和维护人民群众基本的文化权益。近年来，公共图书馆对引入社会力量参与公共文化服务社会化、专业化建设的重视程度不断增强，加大了资金投入力度，且专业能力、服务能力和资源优势是公共图书馆选择承接主体的重要考量，但社会力量参与公共图书馆建设在标准规范、资金保障、评估体系、激励机制及后续导向性等方面尚有待提高和完善。

一 | 多元主体协同治理

——上海市公共图书馆服务社会化专业化建设现状调研

随着构建现代公共文化服务体系要求的不断提高,以及图书馆事业的不断深入推进,公共图书馆与社会力量合作、寻求社会化专业化发展,已是大势所趋。图书馆服务建设主体从简单的单一主体向丰富的多元主体转型,形成政府、社会、市场的良性互动,丰富了服务内容、强化了资源配置、提高了服务效能。

(一)引入社会力量的意义

进入21世纪,从初步形成布局优化、设施先进、结构合理的社区公共文化设施网络到全面推进公共文化服务体系到加快构建现代公共文化服务体系建设,中央和地方出台了一系列的政策、法规,把全国的公共文化服务体系建设纳入法治化、规范化、制度化轨道。2007年中共中央办公厅、国务院办公厅《关于加强公共文化服务体系建设的若干意见》对全国公共文化服务体系建设做出全面部署;2015年中共中央办公厅、国务院办公厅印发的《关于加快构建现代公共文化服务体系的意见》中又明确提出,要"鼓励和引导社会力量参与""吸引社会资本投入公共文化领域""建立健全政府向社会力量购买公共文化服务机制",并于同年发布了《关于做好政府向社会力量购买公共文化服务工作的意见》;2017年3月起开始施行的《中华人民共和国公共文化服务保障法》,将公共文化服务定义为"由政府主导、社会力量参与";2018年起实施的《公共图书馆法》第四条中有"国家鼓励公民、法人和其他组织自筹资金设立公共图书馆。县级以上人民政府应当积极调动社会力量参与公共图书馆建设,并按照国家有关规定给予政策扶持"。这一系列的政策、法规中,提出并鼓励各类公共文化服务机构与社会力量合作,动员社会各方力量参与公共文化设施建设运营、内容供给、绩效评估,为推动公共文化服务社会化专业化发展提供了决策支持和政策法规保障。

而同时,公共图书馆与社会力量合作,也具有更多的现实意义。在浙江图书馆馆长褚树青主编的《社会力量参与公共图书馆事业建设研究》一书中提到,"公共文化服务"强调以全体公众为服务对象,形态具有多样性,仅靠单一渠道无法全部覆盖,只有寻求社会力量合作,才能真正满足整个社会的日趋多样、丰富、变化的文化需求,实现共建共享,同时还能激发全社会的文化活力,优化配置各种公共文化资源①。除此之外,社会力量参与图书馆建设,还有利于提高图书馆服务质量与业务水平,提升图书馆的社会地位与影响力,助推图书馆事业发展,更好地保障和维护人民群众基本的文化权益②,促进政府职能转变③。

(二)社会力量的分类与参与方式

1. 社会力量的分类

郑丽萍、邓银花等学者将社会力量定义为政府机关和下属文化事业单位以外的组织和个人④,其中的组织又笼统地分为第二部门、第三部门两类⑤。而随着社会化专业化实践的不断深入,以及相关研究、政策、法规的不断成熟,对于社会力量的认识越来越全面——黄莺认为,应有更多的社会组织与个人作为社会力量参与建设,其中的社会组织应分为三类,一是公有制企业、私营企业、各种混合所有制企业,二是从事非营利性活动的政府以外的所有组织,三是其他公益单位,包括除政府机关和文化事业单位外的公益单位⑥。马祥涛、王威从另一个角度定义社会力量,即"除图书馆机构之外的能够对图书馆事业发展发挥作用和产生影响的各种参与主体"⑦。罗洁则用列举的方式对社会力量进行说明,认为包括公民个人、社会组织、党政机关事业单位、非政府组织、党群社团、非营利机构、企业等⑧。这里结合目前

---

① 褚树青.社会力量参与公共图书馆事业建设研究[M].北京:国家图书馆出版社,2019.
② 郑丽萍.社会力量参与公共文化服务研究——以浙东南地区的实践为例[D].上海:华东理工大学,2012.
③ 陈志强.非政府组织在构建公共文化服务体系中的作用[J].北京观察,2008,(3):54-57.
④ 邓银花.社会力量参与图书馆建设的缘由、模式和激励[J].图书馆杂志,2014,33(2):14-19.
⑤ 陈志强.非政府组织在构建公共文化服务体系中的作用[J].北京观察,2008,(3):54-57.
⑥ 黄莺.社会力量参与公共图书馆建设的实践与思考——以上海市嘉定区公共图书馆为例[J].图书馆工作与研究,2019,(4):79-83,101.
⑦ 马祥涛,王威.关于"社会力量参与公共图书馆建设"的思考[J].新世纪图书馆,2016,(3):73-77.
⑧ 罗洁.公共图书馆利用社会力量提升供给的实践探索与思考[J].图书馆界,2017,(4):28-31.

公共文化服务实际情况,将类型进一步调整具化,分为文化企业、其他类型企业、文化类社会组织、群众业余文艺团队、文化志愿者,以及其他。

2. 社会力量的参与方式

社会力量与公共图书馆的参与方式,目前的研究分类是多种多样的。彭秋平、唐琼通过对广州"图书馆之城"建设的经验得出,社会力量参与的方式分为协议合作式、政府购买式、专业改造式、社会众筹式四种[①]。苏福、柯平总结公共图书馆服务社会化实践模式,将之分为公司化模式、公私合作模式、竞争选择模式以及"图书馆+"模式四种[②]。欧亮通过文献检索统计,发现主要有利用志愿者、社会赠书、理事会、基金会、民办图书馆和图书馆之友六种模式[③]。而比较常见的分类,如王子舟分为独立建馆立馆、捐资建馆及捐书助馆、与公共图书馆合作、参助图书馆的志愿者四种[④]。邓银花将之分为独立创建、慈善捐赠、志愿服务、合同外包(总体外包或部分外包)四种[⑤]。张若冰、申晓娟、李丹将之分为承接公共图书馆运营与管理、兴办图书馆并提供公益性服务、向公共图书馆提供款物捐助、志愿参与公共图书馆服务四种[⑥]。马祥涛、王威将之分为参与独立办馆、参与募捐助馆、参与运营管理、参与合作兴馆、参与志愿服务五种[⑦]。这些分类都比较类似。2019年,褚树青将参与方式做了更详细的分类,分为慈善捐赠、政府购买、公私合作、民办机构、民办公助、志愿服务、公民参与、文化事业与产业融合八种[⑧]。

根据上海市公共图书馆社会化专业化建设的实际实践情况,本节主要聚焦"政府购买"这一参与方式,购买内容包括物业、保安、保洁、图书上架、文献编目加工、图书流通、阅读推广、信息系统开发与维护等,购买形式分为"整体委托运营管理"与"部分购买"两种。

(三)社会力量参与公共图书馆建设的现状

2020年4月,上海市图书馆行业协会发放了关于上海市公共图书馆公共文化服

---

① 彭秋平,唐琼.社会力量参与广州"图书馆之城"建设:模式、问题与经验[J].图书馆论坛,2019,39(5):79-87.
② 苏福,柯平.公共图书馆服务社会化的探索与实践研究[J].图书馆论坛,2017,37(9):55-61.
③ 欧亮.我国公共图书馆利用社会力量研究综述[J].重庆第二师范学院学报,2017,30(1):121-126.
④ 王子舟.伟大的力量来自于哪里——解读社会力量办馆助馆[J].中国图书馆学报,2010,36(3):26-33.
⑤ 邓银花.社会力量参与图书馆建设的缘由、模式和激励[J].图书馆杂志,2014,33(2):14-19.
⑥ 张若冰,申晓娟,李丹.社会力量参与公共图书馆服务体系建设现状简析[J].国家图书馆学刊,2015,24(4):21-24.
⑦ 马祥涛,王威.关于"社会力量参与公共图书馆建设"的思考[J].新世纪图书馆,2016,(3):73-77.
⑧ 褚树青.社会力量参与公共图书馆事业建设研究[M].北京:国家图书馆出版社,2019.

务社会化专业化的调查问卷，围绕购买内容、承接主体类型、评估考核、培育激励、困点难点等方面展开，共回收问卷206份，其中，区级馆20份，街道（乡镇）级馆186份；与此同时走访了全市28家街道（乡镇）级馆，就社会化专业化的推进情况和影响因素进行实地调研和深入交流。

1. 向社会力量购买服务的基本情况

从已回收的问卷来看，20家区级图书馆中，有19家引入社会力量参与公共文化服务社会化专业化建设，均为部分购买服务，社会化程度高达95%。

而186家街道（乡镇）级馆中，104家街道（乡镇）级馆未向社会力量购买服务，55家街道（乡镇）级馆向社会力量购买了部分服务，另外有27家街道（乡镇）级馆则由社会力量整体委托运营管理，分别占比56%、29.5%和14.5%。可见，街道（乡镇）级馆的社会化程度明显低于区级馆。

2. 购买内容

当前，公共图书馆向社会力量购买服务涉及的业务主要有物业、保安、保洁、图书上架、文献编目加工、图书流通、阅读推广活动、信息系统开发维护（如网站、微信、办公系统）等。

19家部分购买服务的区级图书馆中，阅读推广活动、物业保安保洁、信息系统开发维护是区级图书馆中社会化专业化程度比较高的三个领域，大部分区级图书馆选择将这三方面的业务引入社会力量参与，相对而言，图书上架、文献编目加工、图书流通等图书馆传统业务的社会化程度则较低。

街道（乡镇）级馆方面，除去27家整体委托运营管理的街道（乡镇）级馆，55家部分购买服务的街道（乡镇）级馆中阅读推广活动、文献编目以及物业保安保洁分别占据了购买内容的前三位。

值得一提的是，随着全民阅读的持续推进，图书馆向社会力量购买阅读推广活动的需求大幅增长，因公共图书馆普遍存在人手不足的情况，而阅读推广活动的策划、宣传、组织和开展往往需要花费大量的人力、物力和精力，因此图书馆更倾向于向专业的社会组织购买活动，以此保证阅读推广活动的质量。另外，随着新媒体的深入应用，信息系统开发的需求也日渐凸显，而系统开发专业程度高、难度系数大，图书馆较难招聘到具备相关专业技能的馆员，因此往往需要向社会力量购买相应服务。综上，引入社会力量参与可以更加紧密地结合图书馆管理与读者需求，大大提升图书馆的服务效率和效能，创造良好的阅读空间与氛围，节约人力成本。

3. 承接主体的选定方式

根据公共文化服务的具体内容、特点和各馆实际情况，按照政府采购的规定，目前，上海市公共图书馆通常采用公开招标、邀请招标、竞争性谈判、单一来源采购等方式确定承接主体。据统计，区级图书馆基本都选择了公开招标的方式，也有通过竞争性谈判、单一来源采购、竞争性磋商的方式来确定承接主体。在街道（乡镇）级图书馆中，近一半的街道（乡镇）级图书馆采取公开招标的方式，另外也有少数图书馆采取了三方比价、区级馆推荐等方式。值得注意的是，有相当一部分的街道（乡镇）级馆在确定承接主体时，是由所在街道政府统筹选定的。

4. 承接主体类型

结合调查问卷和走访调研的结果来看，公共图书馆选定的社会力量类型有文化企业、其他类型企业、文化类社会组织、群众业余文艺团队、文化志愿者等。其中，选择与文化企业、文化类社会组织合作的区级馆有12家，占区级馆总数的63%。在街道（乡镇）级馆中，有56家街道（乡镇）级馆选择了与文化类社会组织进行合作，有48家街道（乡镇）级馆选定了文化企业。究其原因，公共图书馆往往更青睐选择与图书馆业务有关的，或与阅读服务有关的文化类企业或社会组织合

浦东新区周浦镇傅雷图书馆

作，以保证在后续的合作中沟通更顺畅。

另外，文化志愿者在公共文化服务中扮演着越来越重要的角色，30%的区级馆和多家街道（乡镇）级馆引入了文化志愿者，吸纳社区志愿者、白领和学生等群体开展服务，有的图书馆与志愿者协会合作，形成了相对稳定的志愿者队伍，如嘉定区菊园新区图书馆服务时间大于100小时的志愿者已超过100人，其管辖的4家居委"我嘉书房"中有3家实现了完全由志愿者管理服务，有效缓解了图书馆普遍存在的人员不足的问题。

5. 选定承接主体的因素

在选定社会力量作为承接主体时，公共图书馆着重考虑的三个因素分别为专业能力、服务能力和资源优势，承接主体的专业能力和服务能力直接决定着图书馆的服务质量与服务成效，而资源优势则能为图书馆引入更新的理念和更多的资源，帮助图书馆更多元地开展服务。尤其是采取整体委托运营管理的图书馆，社会力量的服务能力、资源储备、宣传渠道对公共图书馆的运营和宣传推广的影响更甚。此外，社会力量的履约能力、宣传能力、投入成本、与图书馆战略的匹配度等因素也在公共图书馆的考量范围之内。

6. 投入经费

从已回收的问卷来看，2019年各区级馆在引入社会力量参与公共文化服务社会化专业化建设方面年投入经费平均为551.3万元，有7家区级馆的投入经费高于这一平均值。具体金额呈现了两极分化的态势，投入经费最多的区级馆年投入经费高达2 021.78万元，与其合作的社会力量达87家，最低的则仅10万元，只与1家社会力量有合作关系。

从经费分布上看，引入社会力量的19家区级馆中，投入经费在50万元以内的有3家，50万~100万元的2家，100万~200万元1家，200万~500万元的有6家，500万~1 000万元的3家，1 000万元以上的4家。由此可见，目前各区级馆经费投入普遍在200万元以上，占比达68%，主要集中在200万~500万元之间，其次是投入经费在1 000万元以上的，100万元以下的仅有5家。各区级馆的投入经费和与其合作的社会力量在数量上也呈现出正相关的关系，即投入经费越多，其合作的社会力量也越多，2019年，一家区级馆平均会与17家社会力量进行合作，同样有7家区级馆的合作单位数量高于这一平均数值，合作数量最多的高达87家和52家，两家都是投入逾千万的区级馆。说明当前各公共图书馆对引入社会力量参与公共文化服务社会化专业化建设的重视程度不断增加，越来越多的公共图书馆加大了资金投入力度。

街道（乡镇）级图书馆中，27家由社会力量整体委托运营管理的街道（乡镇）级馆，年投入经费30万元以下的有7家，10万元至30万元的有9家，30万元以上的8家，另有3家未统计相关经费。其中，投入经费最多的街道（乡镇）级图书馆有297万元。55家购买部分服务的街道（乡镇）级馆中，年投入经费10万元以下的有22家，10万元至30万元的有23家，30万元以上的5家，另有5家未统计相关经费。其中，投入经费最多的街道（乡镇）级图书馆有210万元。由此可见，各馆在对社会力量的经费投入上存在较大差距。

7. 对承接主体的评估考核

对社会力量进行评估考核，不仅可以客观公正地评价财政资金使用的经济性、效率性和效益性，也能检验社会力量的合作能力和运行情况，提高社会力量的服务与管理水平，作为后续合作的重要依据。据统计，仅有2家区级图书馆尚未对社会力量进行评估考核，有8家区级馆委托第三方评估考核，以保证评估结果的客观性和公正性。另一方面，街道（乡镇）级馆对社会力量的评估考核机制并不完善，虽然80%的街道（乡镇）级馆对社会力量开展评估考核，但多数馆以参考上海图书馆和各区级馆制定的业务标准为主，仅有少数馆对开放时间、活动场次、外借册次和读者满意度等做出了具体规定，总体而言，对社会力量并无硬性的考核指标，评估考核工作相对薄弱，缺乏明确完善的激励机制、问责路径及后续导向性。

8. 对社会力量的培育

向社会力量购买公共文化服务是对公共文化服务供给机制的创新，更是扶持、培育社会组织的重要手段。目前，16%的区级馆和39%的街道（乡镇）级馆尚未建立对社会力量的培育机制，另有84%的区级馆和61%的街道（乡镇）级馆通过资金扶持、人才培训、合作项目优先选用、场地支持、推荐申报各级政府补贴等方式对社会力量予以扶持。主要体现在：一是人员培训，组织社会力量从业人员参加图书馆专业培训，提高其专业技能，特别是在区级馆中，人才培训为主要的扶持方式，高达45%的区级馆通过该方式为社会主体的发展提供智力支持，为其创造更多生存空间；二是场地支持，举办阅读推广活动时，由图书馆出面联系文化活动中心、企业或者其他适宜的场地开展活动；三是资金扶持，有新增项目或创新活动时优先选择已合作的社会力量，并予以资金保障。

9. 典型案例

总体而言，嘉定区公共图书馆的社会化、专业化外包程度相较于其他区表现较高，具体表现在：一是合作对象的多元化，既有文化企业、文化类社会组织的有序引入，如南翔镇图书馆与大隐书局等20余家社会力量开展合作，借助其专业优势有序推进图书采选加工、阅读活动、信息宣传、场馆开放系统的开发维护等；也有文化志愿者的积极参与，并与辖区幼儿园、社区达人合作，与周边社区、两新组织对接需求，共同举办了接地气的书童故事会、沪语童谣会、童乐美工坊等特色活动。二是合作内容的丰富化，以阅读推广活动为例，既沿袭举办图书馆的常规活动、品牌活动，也有依靠社会力量的内部资源组织的活动。同时，社会力量也在不断辐射延展，联合其他社会力量或者其合作伙伴以购买或资源共享的方式开展活动，使阅读推广活动更为丰富。三是运行模式的多元化，如嘉定区域内的"我嘉书房"成功实践了"政企合作、资源共享、文化增值、百姓受益"的运营模式。因每个书房的受众人群、资源优势和运行时间不尽相同，各个点位的运营模式也大相径庭，有委托社会力量整体运营管理的，也有依靠志愿者力量提供服务的。此外，为满足读者的阅读需求，菊园新区图书馆下辖的4家"我嘉书房"还专门委托了物流公司进行图书流转，实现区域内图书资源的共建共享。

（四）社会力量参与公共图书馆建设存在的问题

1. 配套的法律、政策、制度有待健全

虽然国家出台了一系列促进社会力量参与公共文化服务供给的意见和法规，但这些意见和法规只明确了鼓励社会力量参与公共文化服务供给的基本方针，较为笼统和模糊，对于社会力量如何参与公共文化服务供给缺乏具体的指导，没有可供遵循的实施条例，相应的服务规范和标准尚未建立，完善有效的绩效评估体系也尚未形成。这使得公共图书馆在引入社会力量参与公共文化服务供给时没有统一的标准，也缺乏长远的规划，而部分街道（乡镇）级馆也因为相关政策保障不足，在引入社会力量时存在街道、图书馆和被委托方三方职责模糊、立项难等问题。

2. 资金扶持的力度有待加强

目前，上海地区各公共图书馆在引入社会力量参与公共文化服务供给方面投入的经费仍以政府财政投入为主，大部分图书馆特别是街道（乡镇）级馆存在着资金不足的问题。街道（乡镇）级馆的办馆经费是由街道（乡镇）进行划拨，根据各街道（乡镇）对基层公共文化服务的重视程度不同，不同街道（乡镇）级馆可使用的经费差距悬殊。对于经费有限的街道级馆来说，向社会力量购买服务或者整体委托运营管理时支付的费用仅能维持其最基本的运营，部分社会组织表示承接公共图

馆的相关业务无法实现盈利，只能在维持运营的基础上再谋求进一步的发展，这也造成了社会力量参与公共图书馆服务供给的积极性不高，并有部分社会力量存在逐利现象，倾向于通过降低服务品质或是提供低成本的基础性服务来获得利益。

3. 专业的社会力量有待培育

近年来，我国的社会组织发展较快，但能够承接图书馆服务外包业务的社会力量仍然有限，并存在着类型单一、专业化程度不高、规模较小等问题，可供公共图书馆选择的范围较窄。在区级图书馆层面，图书馆多选择与图书馆业务相关、与阅读服务有关的文化类企业或社会组织合作，因此会产生同一家文化类企业承接了多家图书馆业务的情况，导致各馆的阅读推广活动趋于同质化，未能体现出各自的特色；在街道（乡镇）级馆层面，其整体委托运营的比例要高于区级馆，而整体委托运营对于承接主体的要求更高。部分承接街道（乡镇）级馆整体委托运营项目的社会力量成立时间较短，本身发展还不成熟，因而承接项目、开展服务的能力也不足。还有部分社会组织在图书馆业务管理方面并不专业，其专业知识和技能与图书馆不匹配，承担图书馆整体运营较为吃力。

（五）社会力量参与公共图书馆建设的优化建议

1. 制定实施细则，规范社会力量参与公共图书馆建设的途径及方法

社会力量参与公共图书馆建设还处在探索阶段，国家通过出台《关于加快构建现代公共文化服务体系的意见》以及《公共文化服务保障法》《公共图书馆法》，明确了社会力量参与公共图书馆建设的可行方向，也为其提供了法律依据及政策支持，但只有宏观政策，缺少可操作的细则和程序，落实到基层执行上有一定难度。各级政府以及文化主管部门应尽快制定与地区发展水平相适应的实施细则，规范社会力量参与公共图书馆建设的途径及方法，出台配套的管理机制、保障机制、监督机制，同时公共图书馆也应发挥自身的优势，积极参与服务标准的制定、服务监督评估机制的确立。

2. 搭建服务平台，拓宽筹资渠道，建立可持续的合作机制

针对当前图书馆资金投入差距悬殊的现状，归根结底，还是要进一步增强资金支持力度，各级政府不仅要做好"保底"，也可以通过搭建线上服务平台，在平台上发布公共文化服务项目冠名权、承办权等信息，以此获得更多的社会捐助或民间投资，减轻财政资金的压力，拓宽筹资渠道。同时通过公共文化服务项目推介、公共文化服务购买目录发布、优秀社会组织名单公布，畅通社会力量参与公共图书馆

建设的渠道。社会力量可利用服务平台查询公共图书馆及文化主管部门发布的公共文化服务项目及公共文化服务购买目录，选择项目或具体的服务活动进行承接，而优秀社会组织名单则为公共图书馆购买服务提供依据，图书馆可以通过查询优秀社会组织的名单，选择正规且专业对口的社会组织进行合作，实现社会力量与图书馆的持续有效合作。

3. 进一步培育社会力量，建立合理有效的激励机制

社会力量的能力决定着公共图书馆社会化专业化发展的质量和成效，但目前的现实是社会力量特别是文化类社会组织无论在数量上还是质量上都无法满足现阶段的发展需要。各级政府、文化主管部门以及公共图书馆应进一步培育社会力量，通过政策激励、技术指导、项目培训等方式提升社会力量的服务能力。要结合实际，放宽文化类社会组织的准入门槛，简化程序，帮助更多有实力的社会组织取得登记资格。二要加强对文化类社会组织的鼓励培育，建立合理有效的激励机制，通过设立专项资金、税收减免、政府购买等方式进行激励，并在行业内开展评选，给予相关社会组织荣誉称号，提高其参与公共文化服务供给的积极性。三要为社会力量提供免费的专业培训和技术指导，帮助社会力量提升专业水平和服务能力，不断发展壮大，实现可持续供给。

撰稿人	房芸芳，上海市徐汇区图书馆馆长，研究馆员。 研究方向：阅读推广、地方史。 朱晔慧，上海市徐汇区图书馆办公室主任，馆员。 研究方向：新媒体阅读推广、图书馆创新服务。 芦羿云，上海市徐汇区图书馆办公室文员，助理馆员。 研究方向：公共文化服务、图书馆服务与管理 刘岩，上海市徐汇区图书馆办公室文员，助理馆员。 研究方向：新媒体阅读推广。

二 | 提升服务效能、彰显公益文化

——上海图书馆志愿者服务侧记

目前，随着市民对文化阅读需求的不断增长以及对公共文化场馆服务要求的进一步提升，公共图书馆普遍存在不断增加的服务质量要求与人力资源和经费不足的矛盾，如何解决这个问题，目前看来除了提升馆员自身工作能力和工作效率的方法之外，最具可行性的方法之一就是采用志愿者服务工作模式，以此弥补人力资源不足的问题，提高公共图书馆服务能效，且能有效彰显公共文化设施的公益属性。

（一）公共图书馆开展志愿服务提升能效的可行性和必要性

1. 提升服务效能，彰显公益服务

一方面随着物质水平的提高，人民群众对文化的需求也越来越高，公共图书馆在提升服务质量的同时，也面临着工作量不断加大而人员、经费却有限的问题，引入志愿者服务能有效地缓解人力资源的不足，节省事业经费，提升服务效能。另一方面公共图书馆作为公共文化空间，是体现公益服务最好的场所，也是满足更多公益人士实施公益服务的理想场所。

2. 遵循发展规律，推动互利共赢

在无偿、公益、利他这个基本原则上，公共图书馆服务与志愿者行动是一种双向的互动行为，一方面是图书馆引入了志愿者，另一方面可以说是志愿者走入了图书馆，双方在其中都是受益方，实现了双赢的结果。

3. 搭建沟通桥梁，提升质量效能

志愿者群体中有寻求实践机会的大学生，也有人希望通过奉献来实现自我价值，图书馆为他们提供了一个很好的平台，可以增长技能，充实自己，可以满足自

身社交的需要。同时图书馆能更了解参观者的需求，提供更好的服务，可以说是一种对双方都有益的选择。

4. 引导公众参与，提高社会认知度

通过开展志愿者活动，可以让大众对图书馆的职能、服务有更深层次的了解，提高普通民众对公共图书馆的认知度，提升形象，让更多的人走进图书馆。

（二）提升服务效能、彰显公益文化——上海图书馆志愿者服务

上海图书馆作为上海重要的大型公共文化设施单位，把世界级城市图书馆作为目标，致力于传播公益文化和志愿精神，在2005年5月成立了上海图书馆志愿者服务队，充分利用上海图书馆文化资源优势，广泛开展全民阅读活动，把知识服务与志愿者服务有机结合，有效发挥了基地的辐射作用和社会教育功能。经过15年的发展，目前志愿者服务队已拥有注册个人志愿者1 300余名，团体志愿者90余个，志愿者年龄从16岁到65岁，有学生、职员、教授等各行各业有志愿服务精神的人士，每年有超过7 000人次的志愿者参与到读者咨询、图书整理、文明巡视、助残服务等各项公益文化志愿活动中，累计开展志愿服务超过62万小时，每年可以为上海图书馆节省超过100万元人民币的人力成本，有效地通过志愿服务工作，提升公共图书馆能效。

1. 发挥阅读文化特色，提升读者阅读效率

（1）渗透日常，引导读者高效阅读

上海图书馆在疫情发生前每年接待读者近400万人次，为了积极应对大流量读者的考验，在双休日读者数量较多的日子，上海图书馆的每个阅览室、办证处和讲座展览厅都会出现志愿者的身影，在读者享受免费阅读服务的同时，还能接受志愿者的公益帮助，这成为上图一道美丽的风景线。通过志愿者提供各项志愿服务，加快读者借阅书籍流程，通过各项阅读公益活动，引导市民以高效方式广泛阅读，积极推广全民数字阅读。

（2）借助品牌，发挥文化志愿特色优势

有着40年发展历史的"上图讲座"已成为全国公共图书馆界一个响亮的文化品牌。每年举办公益性讲座近200场，直接听众超过10万人次。讲座资源共享范围不断扩大，共享单位超过600家。上图志愿者参与到各个公益讲座中，承担讲座通讯员、会场管理、双语主持人、现场摄影等工作，树立良好的公益志愿文化形象，不断推广上图讲座特色文化服务在全国的公益品牌效应。

（3）示范基地，引导青少年树立核心价值观

上海图书馆被评选为首批市级高中生社会实践服务基地，对全市所有高中生开放，提供学生社会实践志愿服务工作岗位，目前已经与上海中学、复旦附中、华师大二附中等35所高中签订志愿服务协议，成为高中生志愿服务基地，为培养青少年学生志愿服务精神和弘扬社会主义核心价值观起到了良好的作用。

（4）倾心帮扶，保障残障读者基本文化权益

上图盲人阅览室每年接待视障读者2 000人次左右，提供盲文文献、阳光听书郎外借，有声电子图书下载等服务，盲人阅览室也安排了相应的志愿者，辅助盲人更好地进行阅读，为残障读者提供志愿服务。

2. 规范志愿服务运营，加强制度化、标准化、品牌化建设

（1）制度化管理模式

上海图书馆志愿者服务队是由党委直接领导，各部门负责人协同负责的志愿者组织，组委会下设秘书处，负责服务队日常工作和相关活动的组织开展。服务队在成立之初就制订了《上图志愿者服务队注册管理办法》《上图志愿者服务守则》等相关规章制度，并不断规范志愿者档案管理，创建了志愿者OA管理系统，对志愿者的基本信息、工作岗位、出勤情况等做好记录，及时更新制作志愿者服装、手册、胸卡等工作用品。服务队一贯注重对志愿者的岗位培训，定期对新进志愿者进行岗位技能和志愿服务精神的集中培训，以此保证志愿者服务规范化、常态化开展。

（2）标准化基地建设

2020年开始，在市委宣传部的指导下，上海图书馆志愿者服务队开展了学雷锋志愿服务基地标准化建设，通过进一步完善制度体系建设、视觉形象系统设计、制作志愿者服务管理手册和志愿者岗位地图，建立志愿服务阵地、志愿服务站、志愿服务点等多层级标准化志愿服务基地建设框架，有效开展各项志愿活动。

（3）品牌化项目推进

上海图书馆志愿者服务队通过推进多个品牌化志愿服务项目建设，让上图志愿服务更上一个新台阶。通过与东方航空共建志愿服务项目"让阅读插上飞翔的翅膀"，东航的空姐空少们来上图进行志愿服务，提升上图志愿工作的服务形象和服务质量；与中国电信上海号百签约共建上图志愿服务点，实施"红色星期五"品牌志愿项目；从2012年就开始的"知识点亮星空 用爱温暖孤独的心"品牌项目，为成人孤独症患者提供适合的工作岗位，并签约成为正式的图书管理员，实现了孤独症患者就业零的突破，为全国首例，《解放日报》对此进行了整版系列报道；通

过"阅读马拉松"阅读公益活动，引导市民通过高效方式广泛阅读，积极推广全民数字阅读；通过"老洋房阅读之旅"品牌项目，让更多的人了解上海历史、融入上海文化、漫步上海街道，感受上海城市温度。

3. 扩大志愿服务范围，辐射基地志愿服务功能

（1）参与社区文明创建

为了扩展上图志愿者服务队的公益服务范围，让更多人感受到志愿服务的关爱精神，上图志愿者队伍一直紧密与社区街道联建共建，充分发挥志愿服务基地的辐射功能，同时也为社区文明创建做出一份贡献。后世博时代，上图志愿者积极实施走出去战略，连续10年深入开展上海南站城市志愿服务，提供便民咨询、文明宣传、爱心伞出借、志愿者招募等服务。

（2）参与"西部计划"服务贫困乡镇

为了进一步传播志愿精神，帮助贫困地区青少年，上海图书馆与上海团市委共同开展"西部计划乡村图书室"项目，为志愿者所在西部贫困地区的中小学教学点募集图书，也为受援地的孩子送去知识和关爱。

近年来，志愿者工作取得了一定的成效。上海图书馆志愿者服务队自成立以来，在2010年被上海市志愿者协会授予首批"上海市志愿者服务基地"称号。2016年12月，中宣部、中央文明办等七部委联合发文，上海图书馆被认定为全国首批公共文化设施学雷锋志愿服务示范单位，中央电视台新闻联播、人民网、新华网在全国范围进行宣传报道。2014—2020年，团队集体和个人，连续荣获"上海市志愿服务先进集体""上海市优秀志愿者"等市级荣誉。同时也是上海市志愿者协会理事会理事单位，上海市青年志愿者协会理事单位。

（三）公共图书馆志愿者服务发展的几点思考

1. 加强法律、法规和保障体系建设

（1）通过立法确定志愿服务的法律地位，为志愿者提供法律保障，确保志愿服务工作健康发展。

（2）国内部分公共图书馆制定了志愿者管理办法，但大部分图书馆还是缺乏制度化的建设。只有加强有关志愿者服务的法律、法规的制定，才能保障志愿者的合法权益，才能保证志愿者队伍的不断壮大和健康发展。

2. 健全公共图书馆志愿者工作机制

（1）建立公共图书馆志愿服务工作机制是志愿服务工作规范化、常态化发展的

保障，是志愿服务工作发展的必然趋势。

（2）要建立健全公共图书馆志愿者招募、培训、考核、激励等一系列工作机制。

（3）公共图书馆志愿者招募环节中，要充分利用现代技术，如网站、微博、微信、社区论坛等方式加强对志愿者工作的宣传，提升志愿者的黏合度；也可采取单位共建、团体招募等方式扩大招募力度。在志愿者培训环节中，除了专业技能和实务知识外，更要注重加强志愿者精神的培训。

（4）注重绩效考核和表彰激励，可建立公共图书馆志愿者星级认定、嘉奖制度和志愿服务回馈制度，保持图书馆志愿者工作的持续性。

撰稿人	罗天雨，上海图书馆（上海科学技术情报研究所），团委书记，副研究员。 研究方向：志愿服务、青年工作。

三 | 携手打造"我的图书馆"

——上海市静安区图书馆开启"读者融合"阅读服务新模式

读者既是公共图书馆资源的使用者,也是图书馆的宝贵资源,在图书馆阅读推广服务中加入"读者"元素,为读者提供一个成长的机会、一个有归属的团体、一个实现自我价值的平台,让图书馆成为读者们"我的图书馆",会使同样的服务散发不一样的魅力。

(一)变客为主,重新诠释图书馆服务模式

《图书馆学百科全书》认为图书馆服务是图书馆使用馆藏资源及其设施向用户提供文献信息的一系列活动。[①]在其他学者对图书馆服务的定义中,不难发现很多人认为提供服务的主体是图书馆,用户(即读者)为客体,即一种B2C模式(Business-to-Customer),由图书馆向读者提供服务,满足读者的文化需要。这种单向的服务输出模式,在各图书馆提供的产品趋于雷同时,难以吸粉或产生铁粉。如果提供的活动在形式或内容方面并非很吸引眼球,如何让一位上班族愿意放弃周六睡懒觉来参加读书活动?如何让一位嘉定或青浦的读者坐一个半小时的车来静安参加一场讲座呢?

马斯洛需求层次理论(生理需要、安全需要、社交需要、尊重需要、自我实现需要)给我们提供了一些思路,图书馆在设计阅读推广产品时,除了满足读者文化需要,更应当花些功夫关注他们的情感需要和自我实现的需要,即建立C2C服务模式(Customer-to-Customer),注重为读者构建一个交流的平台、自我价值实现的舞

---

① 龚杰.大学图书馆服务质量评价研究——南昌大学前湖校区图书馆个案研究.[D].南昌大学,2015.

台，在实践中注重培育一部分读者，让他们在接受图书馆服务的同时，将其转化为服务的提供者，使这部分读者成为图书馆阅读推广的组织者、策划者，让他们在参与过程中产生归属感、成就感、价值感。"在人自我实现的创造性过程中，产生一种所谓的'高峰体验'的情感，这个时候人处于最激荡人心的时刻，是人的存在的最高、最完美、最和谐的状态。"C2C的阅读推广服务模式将以培养读者对图书馆的归属感、成就感为目的，使图书馆在读者的心中不再仅仅是一个可以看书、自习、蹭网、参加活动的场所，而是他们成长过程中的一部分。在上海市静安区图书馆的"河畔故事会""静安白领朗诵沙龙"等活动中，可以很明显地感受到读者的自我实现给图书馆阅读推广服务带来的推动作用。

（二）"我们的故事会"——河畔故事会的故事[①]

2014年3月一个阳光明媚的早晨，"河畔故事会"诞生了。从一开始两周一次活动，到响应读者呼声变为每周一次，通过每期一个主题、一本书、一个互动活动，使孩子们体验到阅读的乐趣，让家长陪伴孩子成长。从最初的十几人参加，到拥有百余位忠实拥趸，直至现在每一期活动的微信报名"秒杀"……"河畔故事会"正不断汲取着养分茁壮成长，焕发着勃勃生机和活力。

1. 故事妈妈的故事

在策划打造这一少儿亲子阅读品牌活动时，图书馆非常重视年轻白领爸爸妈妈这一读者群体。图书馆从以往参与活动的读者中选定了第一位"故事妈妈"，由她策划了第一期故事会的活动主题，并选取绘本《猜猜我有多爱你》。有意思的是，第三期活动组织人员还没有着落，可能需要馆员上阵时，一位默默参加了前两期故事会的爸爸主动请缨，策划了第三期活动，给了我们一个意外的惊喜。在活动过程中，馆员经常与前来参加故事会的爸爸妈妈们交流，并主动向其中一些家长发出邀约，同时对外进行志愿者招募。经过近一年的运行和培育，图书馆建立起了一支"河畔之家"故事妈妈、爸爸团队，将这些长期参与少儿馆活动、来自社会各行各业的家长们组织起来，其中有公司职员、药剂师、美术老师、出版社编辑、全职妈

[①] 截至2020年底，河畔故事会已经举办325期，有400余人次参与故事讲述者。"河畔故事会"活动荣获华东地区"交融与创新"案例三等奖，2016上海市民文化节"百个优秀阅读推广组织"称号，2016上海童话节最佳活动奖，2016年度静安十佳青年志愿者组织，其中个人志愿者荣获市级优秀志愿者称号，2018年荣获上海市公共文化建设创新项目、第三届"静安最美志愿者服务项目"荣誉称号。

妈……团队成员以书为媒，运用各自的专长和社会资源策划活动，使河畔故事会的内容和形式更加丰富多彩。"河畔之家"微信群也热闹极了，任务领取、绘本推荐、养娃分享……孩子家长们在这里交到了很多好朋友，大家一起成长。第一位"故事妈妈"也在图书馆推荐下，获得了2014年度上海市民文化节"百个优秀市民阅读家庭"称号。

2. 少年故事团的故事

河畔故事会汇聚了很多爱听故事的小粉丝。一转眼，这些忠实的小听众变成了"小哥哥"和"小姐姐"，他们对河畔故事会有着深厚的感情。随着孩子们的长大，2016年成立了"少年故事团"，培育这些7~12岁的爱阅读、乐分享的小读者，给予他们学习与锻炼的机会，使他们从爱听故事的孩子变为会讲故事的"故事哥哥""故事姐姐"，使故事会成为孩子们喜爱的"我们自己的故事会"。这些"少年故事团"的成员们，运用手偶剧、舞台剧、课本剧等多种形式拓展图书外延，带来了兼具亲和力与活力的阅读互动活动。看着他们绘声绘色地讲述故事、娴熟地与小娃娃们互动，与当初牵着他们的小手、带着他们来听故事的"故事妈妈""故事爸爸"比起来，颇有青出于蓝而胜于蓝的气势。少儿馆与"河畔故事会"的Logo（标识）也是从这些小读者中征集得来的。

2019年，图书馆策划和组织了"少年故事团 为公益发声"系列课程，通过"培养公益初心""公益初体验"等多样化的社会实践活动课程，培育孩子们的语言、动手能力，让践行公益成为孩子们的生活习惯。除了河畔故事会外，图书馆各类阅读推广活动中，都能看到这些孩子们热心付出的身影。现在第一批故事团成员很多已是初中生了，而他们的后继者们也已经整装待发。馆员们看着为孩子和自己报名河畔故事会团队的家长们翻出几年来陪同孩子听故事、参与互动游戏的照片，分享这些珍藏在影像记忆里的故事，仿佛也看到了读者们所认同的"我们自己的故事会"的成长。

（三）"回归真挚柔软的诗意生活"——静安白领朗诵沙龙的故事[①]

静安商务楼宇密集、白领一族汇聚，针对白领青年多元的文化需求，于2015

---

① 静安白领朗诵沙龙入选"2016上海市公共文化建设创新项目"，获上海市图书学会"2018阅读推广案例分享交流会"优秀案例奖，2019年度阅文杯"悦读青春"深阅读计划"十佳读书会组织"，"回归真挚柔软的诗意生活——静安白领朗诵沙龙阅读推广活动方案"荣获上海市中心图书馆第四届职工岗位"新技能"大赛阅读推广方案二等奖。

年"世界读书日"成立了"静安白领朗诵沙龙",该阅读推广项目由上海市静安区图书馆、上海市作家协会诗歌专业委员会联合打造,搭建起一个集阅读、交流、展示于一体的平台,让喜爱阅读、热爱朗诵、乐于分享的白领青年找到志同道合的伙伴,感受文学之美,发现诗意生活。

1. 最好的礼物

科技的发展改变了很多年轻人的阅读习惯和交流方式,但沙龙以专题培训、作品分享、围坐诵读、阅读打卡、与作者互动等形式吸引白领青年们相聚一起,并使彼此成为朋友。每当有读书活动、朗诵会、演出会等,白领青年们都会赶紧在沙龙群里呼朋唤友一起参加。"工作了五天好不容易周六可以睡个懒觉,我几乎不参加周六上午的活动,但只有朗诵沙龙的活动是可以让我愿意周六早上放弃睡懒觉的!"2019年度的年终朗诵交流会上,成员司红如此感慨。成员任艳听了大家的分享,现场即兴创作了一首诗《鹧鸪天·庚子静安朗诵沙龙年会》:"又是梅花傲雪时,沙龙五载育新枝。闻鸡起舞心犹壮,击节踏歌志未迟。情切切,兴孜孜。一声一字费三思。玉喉同逐晓云弛。才男俊女听鸣凤,难辨今朝谁最痴。"她也哽咽着与大家分享,当初是因为亲人离世情绪非常低落,好友向她推荐了静安白领朗诵沙龙。在沙龙里她感觉到了大家对阅读、朗诵、生活的热爱,也在这里渐渐被治愈、恢复了对生活的热情。

图书馆邀请专业培训师、朗诵大咖为沙龙成员进行朗诵技巧培训、文本解读,开展与作家、诗人面对面等交流活动,组织或提供朗诵演出、比赛、其他阅读推广活动表演等机会,不断提升朗诵沙龙成员的朗诵技巧和文学素养。成员陈菁菁说:"以前不敢当众朗诵、分享,参加沙龙招募面试时自己的声音都是发抖的。然而通过参与朗诵沙龙,我现在已经能够自然、自信地站在这里,谢谢朗诵沙龙给了我这个舞台。"

正如成员戴瑛所言:"每个与沙龙有约的周末都很有意义,我也在其中感受与成长。阅读是成就自己的一种方式,是一种最美好的状态,是如歌岁月给我最好的礼物。"

2. 施比受更有福

生活不仅有诗和远方,还有实实在在为社会做份贡献。静安白领朗诵沙龙不仅让沙龙成员感受到了阅读的温度、成员之间建立了深厚的情谊,同时成员们还将这份对阅读喜爱的美好坚持传递出去,通过声音将阅读的力量带到更广阔的空间,带动更多的人群参与。2017年,沙龙推出了"经典品读"专栏,通过图书馆微信公众号、喜马拉雅平台推送沙龙成员朗诵的文学作品和阅读感悟，包括"名家名作""品读诗歌""建筑可阅读""红色印迹"等系列，至2020年已推出92期。沙龙成员潘蓉在参加图书馆组织的"阅读探索静安"活动中认识了上海人民广播电台FM107.2《悦读越动听》栏目主持人丁薇。她积极向丁老师推荐朗诵沙龙，组织沙龙成员参与节目内容录制，通过电波让更多人认识静安白领朗诵沙龙。"2018《疼痛》外语朗诵会"，一些擅长英语的沙龙成员报名翻译主持稿，或现场为嘉宾翻译。在翻译微信群里大家一稿稿确认、一字字推敲，投入了极大的精力和热情。2020年，成员孟琳芳研究了在喜马拉雅直播的方法后在线为读者主讲了两场"说说朗诵那件事儿"专题培训。同年，经作家授权，沙龙成员和少年故事团成员录制了赵丽宏的最新书信散文集《明亮的黑眼睛》朗诵音频，通过公众号进行文学导赏和阅读推广。

在静安白领朗诵沙龙五周年诗会上，图书馆启动了"声悦读"阅读推广计划，使沙龙成员们成了"领读者"，走进社区、走向城区更多的文化旅游空间，用声音传递文字的温暖、阅读的力量，为更多群体提供阅读服务。

读者是谁？他们可以是图书馆服务的客体，也可以成为服务的主体，他们可以是流通人次、活动参与人次等报表上的一串数字，也可以成为我们熟悉关心的朋友。图书馆是什么？可以是读者打卡点的几张照片留影，可以是读者发挥专长兴趣的舞台，也可以成为读者人生经历的一部分，读者会在其珍藏的影像记忆中成就自身的人生价值。

而图书馆正在做的，是将这些报表上的数字，还原成一个个名字。

撰稿人	杨圣洁，上海市静安区图书馆，宣传辅导部。 研究方向：阅读推广。

四丨拓展服务外延，助推全民阅读

——上海市奉贤区图书馆社会组织合作的探索与实践

公共图书馆是一个城市和地区文化发展的标志，是社会主义公共文化服务体系的重要组成部分。其为社会公众免费开放，收集、整理、保存文献信息并提供查询、借阅及相关服务，并开展社会教育。公共图书馆通过开展各种主题活动的"图书馆+"全新服务方式，可为广大市民提供更优质、更便利的阅读体验，帮助市民养成阅读习惯，释放更多阅读正能量，引领阅读新时尚。

2019年，以培养公众阅读意愿和阅读能力的图书馆情报与文献名词"阅读推广"服务正式对外发布。以此为契机，为进一步丰富阅读推广活动内涵，拓展图书馆服务外延，奉贤区图书馆在丰富活动内容和活动形式方面进行了更多的尝试，特别是在活动资源方面，积极开展了与社会组织[①]的合作探索与实践。

（一）积极探索合作模式

1. 公共图书馆+教育事业单位

各类教育事业单位资源丰富，是图书馆很好的合作伙伴。公共图书馆可充分挖掘高校优势，将高校一些专业性较强的图书信息资源引入到日常活动中来，有效形成资源共享、校馆联动的合作模式。2020年，奉贤区图书馆与上海音乐学院合作联合推出了"上海音乐学院第五届中国传统音乐研习所暨我们的节日奉贤区图书馆元旦之夜"主题活动。上海音乐学院教授、学生共同为奉贤市民奉献了一场集中国

---

① 本文中的社会组织是指狭义上为实现特定目标而有意识组合起来的社会团体，如政府、学校、社会团体和新兴的社会组织形式、个人媒体群等。

传统乐器知识普及和民族音乐推广为一体的演出活动，同时学院教授另外开设了传统音乐文化的系列讲座。这一系列活动充分体现了学院师生高水平的专业素养，演出、讲座深受市民欢迎。

奉贤区图书馆也与其他教育单位形成良好互动。奉贤区青少年活动中心作为一家区级校外教育活动事业单位，近年来打造"四院一团一部"项目，成了优秀学生"七彩成长"的天地，"贤文化"发展传承的摇篮，大批优秀作品应运而生，但这些作品的展示问题也随之而来。为弘扬优秀传统文化，奉贤区图书馆主动与青少年活动中心对接，将优秀展览、表演资源纳入馆方资源库。在后续筹划和开展阅读推广活动时，有计划地将一些优秀作品融入读者活动中，既丰富了馆内活动内容，也给了孩子们更多的展示平台和展示空间，助力学生素质教育。

2. 公共图书馆+实体书店

文化发展是一座城市发展的软实力，而文化发展的载体之一即是实体书店，作为城市中重要的文化消费场所，实体书店在很大程度上具有文化地标价值。2019年至今，大隐书局在奉贤九棵树未来艺术中心打造了上海面积最大的艺术书店，中版集团同样选址奉贤区毗邻清溪古镇的宝华帝华广场，将传统纸质书籍、跨媒体出版物及时尚化的新型空间融为一体。奉贤区图书馆与上述两家品牌实体书店进行了

奉贤区图书馆九棵树艺术主题馆

深度合作，除了采购纸质图书外，也邀请书店深入参与图书馆年度读者读书活动策划。2018年新入驻上海外滩的"读者书店"，与奉贤区图书馆圆满完成了首次高质量的读者活动合作，并达成后续再度合作的意愿。

上述几家实体书店的空间布局时尚、舒适，吸引了大批读者愿意停留和阅读，为实体书店带来新活力。虽然如此，但实体书店很多书价格偏高，让读者有心阅读却无力购买，针对此类现象，图书馆与九棵树签订"奉贤城市阅读联盟——九棵树艺术主题图书馆"合作协议，采编艺术类书籍，将其全部放置于艺术书店现场，开辟图书馆阅读专区。图书馆拓宽发展思路，实现以"变"应"变"，努力开拓新的发展空间，更好地为广大市民提供优质的阅读服务。

3. 公共图书馆+市场化文化机构

奉贤区图书馆与各类文化企业展开积极合作。近年来，图书馆分别与上海城市动漫出版传媒有限公司、上海海派连环画中心、助艺文化、JART艺术服务中心、虞衡文化等机构合作组织开展了"永远跟党走"红色主题连环画展、"一幅版画的诞生"艺术展览、为民办实事环保换书会等众多文化活动。文化机构充足的资源及较好的业务水平结合图书馆数量众多的读者优势，确保了上述活动的顺利举行和良好效果。

4. 公共图书馆+各类文化类协会

文化类社会组织集聚了各个文化行业较高水平的人员，与这类组织合作，能够保证各项活动的质量和水平，提升市民的文化艺术修养。图书馆长期与区级社会文化组织如奉贤区摄影家协会、奉贤区书法家协会、奉贤区作家协会等密切合作，每年多频次举办集聚优秀作品的各类与文化相关的展览，弘扬中国传统优秀文化。

5. 公共图书馆+阅读推广组织

近几年，图书馆对奉贤区内的阅读推广组织进行了全面梳理，与上海市奉贤区小时光文化促进中心、趣野科普俱乐部、橙诚教育、南尚文化创意中心、沁池信息、南桥镇海岛诗社、爱帕教育机构、合川教育、上海雅韵文化艺术传承中心、探新奇公益活动中心等阅读推广组织建立密切合作关系。双方共同精心策划的活动，诸如绘本阅读、科普知识导读、艺术培训、传统文化推广展示、专题诗歌会、沉浸式体验展、手工互动等，参与名额一公布，即一抢而空，广受读者欢迎和喜爱。

6. 公共图书馆+数据库提供商

随着现代信息技术的发展，数字阅读服务在各大图书馆的服务内容中占据了越来越重要的位置。奉贤区图书馆在经费有限的前提下，优先推进图书馆数字化和信息化，采购了云图有声数字图书馆、QQ阅读、软件通数据库、智立方知识资源服务平台、万方中国数字化期刊全文数据库、慧科搜索及慧科新闻等数据库厂商的10种数据库资源平台。图书馆在采购数据库时，将数据库自我推广力度作为采购依据之一，即借力数据库公司资源来帮助图书馆开展数据库推广类读者活动，以进一步扩大区域读者对数据库的知晓度，提升对数据库的使用率和利用率，充分发挥数据库的服务效能，加快推进图书馆的数字化改革进程。

7. 公共图书馆+优秀阅读推广人

奉贤区图书馆积极开展优秀阅读推广人项目，聘请国内外的专家、学者，以及名教师、名作家、名主持等优秀人士为图书馆举办讲座，同时也邀请他们作为优秀阅读的推广人，参与一些活动策划、作品评选等活动。优秀阅读推广人项目利用名人效应和榜样力量，激发了大家的阅读热情，收到了很好的宣传效果。

8. 公共图书馆总馆+分馆

为了更好地为读者服务，奉贤区图书馆实践总分馆组织模式和运行机制，建设以奉贤区图书馆为总馆，12个街道（乡镇）级图书馆为分馆结构的"公共图书馆群"，形成图书馆服务体系，提供普遍均等服务。区馆作为总馆在业务上为各街道（乡镇）级图书馆作指导，同时在阅读推广服务上进行全区资源统筹，推出"一镇一品"的品牌活动项目，避免了各街道（乡镇）馆读者活动的同质化倾向，也激发了各镇深入挖掘镇馆活动特色的积极性，为广大读者提供更加人性化的服务。

（二）牢牢把握合作优势

1. 资源丰富

在与图书馆合作的社会组织里有高校、校外教育机构、文化类协会、文化企业、阅读推广人等诸多对象，他们带来了丰富的活动资源。科普、历史、人文、艺术等内容通过讲座、沙龙、展览、培训等多种形式，很好地满足了各年龄段的读者的需求。

2. 专业性强

术业有专攻。社会组织具有很强的专业性，无论是上海音乐学院、上海应用技术大学等高等教育学院，还是上海市朗诵协会、市科学技术协会、文化企业公司等阅读推广组织，乃至阅读推广个人，都充分体现了在所推广知识内容方面的专业性以及很好的组织管理能力，确保了每一场推广活动的质量。

（三）不断提升合作水平

1. 提升馆内核心团队活动策划能力

馆内活动策划核心团队必须明确全年活动方案，掌握重要节点，清晰活动目标，在接触社会组织洽谈合作意向时，做到心中有底。同时策划团队必须不断提升活动策划能力及判断力，避免在资源选择较多的时候失去方向。

2. 加强对合作过程的效果监测

在与社会组织合作过程中，要进一步加强前期沟通、中期跟进、后期反馈。特别在活动质量反馈方面，图书馆可为活动量身定制线上读者调查问卷，邀请读者朋友现场评判，并将打分情况及时予以反馈，帮助合作方了解读者需求、清晰自我定位、提升业务水平。图书馆也可将问卷效果监测结果作为是否继续合作的依据。

3. 建立与社会组织交流合作良好机制

对合作过的社会组织进行遴选，同时不断根据新的需求，扩大合作领域，成立奉贤区图书馆全民阅读推广联盟。联盟成员与奉贤区图书馆之间，联盟成员与联盟成员之间资源联动、活动联办、平台联建，条件成熟的可以进行场地联动，空间共用、品牌联创。期待形成一个以奉贤区图书馆为核心，资源丰富、特色鲜明、多元发展的全民阅读服务体系，为建设书香奉贤营造良好阅读生态环境。

撰稿人	施静华，上海市奉贤区图书馆馆长，馆员。 研究方向：公共图书馆阅读推广。

五 | 心灵的交汇　思想的碰撞
——上海市浦东图书馆"陆家嘴读书会"

1972年，联合国教科文组织向全世界发出"全民读书（Books for All）"的倡议，"4·23世界读书日"在1995年正式确立，全民阅读成为世界性的共识与追求。我国政府也于1997年提出实施"倡导全民读书，建设阅读社会"的"知识工程"以推进全民阅读。尤其是党的"十八大"以来，以习近平同志为核心的党中央高度重视全民阅读。"倡导全民阅读"多次写入国务院政府工作报告，并被列入"十三五"规划，全民阅读被提升到国家战略的高度。2016年，国家新闻出版广电总局印发了我国首个国家级全民阅读规划——《全民阅读"十三五"时期发展规划》，旨在推动全民阅读工作常态化、规范化，推动建设书香社会。在推进全民阅读、建设书香社会的背景下，读书会如雨后春笋般涌现，成为图书馆阅读推广的重要途径。读书会拉近了图书馆与读者之间的距离，激发了读者的阅读兴趣，为读者提供了一个读书交流、文化学习、信息沟通和人际交往的多功能平台。

（一）陆家嘴读书会的诞生

浦东陆家嘴是上海最具魅力的地区之一，是改革开放的象征。陆家嘴金融区高楼林立，写字楼更是驰名中外。陆家嘴金融区聚集8家国家级要素市场，435家中外金融机构，70多家跨国公司地区总部和5 000多家贸易、投资和中介服务机构，其区域流量经济总量和GDP（国内生产总值）贡献值在全国国家级开发区名列第一，证券市场交易额等单项指标已超过香港中环和新加坡中心区，位列全球前三。繁华的都市，高速运转的工作节奏，使工作、生活于此的人们更需要一个缓减压力、释放自我、休闲娱乐的港湾。

1989年陈占美夫人捐赠的浦东第二图书馆（浦城路150号），其老旧的建筑设施和传统服务已不能完全满足周边市民，尤其是陆家嘴金融区工作人员对美好阅读生活的追求。为打造新时代的文化高地，阅读推广创精品，浦东新区区委宣传部（文旅局）将浦东新区陆家嘴图书馆二分部改造成为新型阅读空间——"陆家嘴融书房"。

2018年4月22日，充满着人文情怀和阅读情趣的"城市书房"陆家嘴融书房正式启动运营。与此同时，具有"快乐、价值、温暖、趣味"的"陆家嘴读书会"闪亮登场。

（二）陆家嘴读书会的运营

陆家嘴读书会是由浦东新区区委宣传部（现为文旅局）主办，上海市浦东图书馆、北京世纪文景文化传播有限责任公司和东方财经·浦东频道承办的大型专业读书会，并有多家特别合作单位为读书会提供名家资源和内容支持。陆家嘴融书房三楼是陆家嘴读书会举办地点，自读书会开展以来，每场开放的150个名额，几乎"秒杀"。截至2020年底，陆家嘴读书会共举办201场分享会，邀请了300多名嘉宾，吸引了约3万名读者现场聆听。短短的2年，陆家嘴读书会就成为上海举办频次较高的读书会之一和浦东文化的一大品牌，这离不开政府和社会各界的支持以及读者的厚爱。

1. 引进社会力量参与活动运维

全民阅读活动的推广和实施需要社会力量的参与。《全民阅读"十三五"时期发展规划》中明确提出"组织引导社会各方力量共同参与"全民阅读。我国的《公共图书馆法》也明确提出公共图书馆可以引进社会力量参与运维管理。公共图书馆鼓励社会力量与图书馆共同打造具有公信力与影响力的阅读推广活动，这有利于丰富阅读推广活动内容，激发和提高阅读推广服务效能。

陆家嘴读书会通过引进社会文创团队来铸造浦东自己的阅读推广品牌，运用市场资源撬动文化活力。陆家嘴读书会引进东方财经·浦东频道制作团队和上海世纪出版集团旗下北京世纪文景文化传播公司，和浦东图书馆一起作为承办单位，参与读书会的具体运维。东方财经·浦东频道是上海市浦东新区人民政府与上海广播电视台联合打造的全国数字电视频道，而北京世纪文景是一家在海内外均有影响力的主流商业图书出版机构。陆家嘴读书会充分利用他们成熟的运作模式和平台，吸引他们丰富的名家资源向浦东聚集，从而打造浦东的阅读品牌和文化名片。陆家嘴读书会还有多家特别合作单位，从第一批战略合作伙伴上海市作家协会、SMG、上海世纪出版集团，到后来加入的上海财经大学商学院、视讯中国、上海大学、上海市科技创业中心等，都为陆家嘴读书会提供了强大的资源支持。

2. 线上线下相结合服务不留白

数字和全媒体时代，信息传播方式发生了深刻变化，信息传播形式更加多元。图书馆也积极融入科技浪潮中，运用多种渠道和方式进行阅读推广，让图书馆服务信息和内容顺利抵达读者。

陆家嘴读书会实现"在场+在线"无缝对接。陆家嘴读书会通过多渠道发布活动招募信息，既有传统的张贴宣传海报，在融书房一楼入口处和三楼读书会举办地门口或露台放置海报、易拉宝，让进馆读者都能看到读书会的活动安排，同时，也有线上的信息推送，包括微信公众号的推文发布和微信社群的报名招募。陆家嘴读书会通过"陆家嘴读书会LUJIAZUIBOOKCLUB""ALLinBLOOM"两个微信订阅号和"浦东新区陆家嘴图书馆"微信服务号以及多个500人的微信群进行高质量的信息推送，尽可能地让信息传递给更多的读者。读书会通过线上报名、线下参与的方式进行，活动现场由东方财经·浦东频道进行全程电视录制，在《几何书房》栏目中播出，以"在场+在线"的方式覆盖到全国2.2亿观众。陆家嘴读书会还有直播和录播模式，不能亲临现场的读者可以通过"浦东TIME"等直播平台聆听专家的演讲。2020年1月，新冠疫情在国内大面积爆发，线下读书会暂停举办，陆家嘴读书会录播了多场活动，丰富了读者的精神文化生活，给疫情笼罩下的读者带来心灵的慰藉。此外，陆家嘴读书会还通过新媒体平台同步推送活动回顾精华，并与喜马拉雅合作，将嘉宾的现场分享音频传播给更广泛的全球听众。

3. 名人大咖不拘一格跨界交流

跨界融合是公共图书馆重点关注的课题。公共图书馆要想保持和发挥自身在文化服务方面的优势，必须搭建平台，引进社会力量，通过跨界合作实现资源共享，才能为读者提供多领域、多主题的阅读分享。

陆家嘴读书会的举办地点在融书房的三楼，地处陆家嘴核心区域。融书房的"融"既有金融的内涵，也有融合的寓意，融入民众，融入读者，更有读书会主题的跨界融合。陆家嘴读书会的嘉宾多是各界名人大咖，第一年就邀请了新东方联合创始人王强、零点有数董事长和飞马旅联合创始人袁岳、中国作家协会副主席叶辛、上海评弹团团长高博文、中国科学院院士舒德干、复旦大学著名教授和历史学家葛剑雄、华东师范大学紫江学者和著名史学专家许纪霖、著名作家金宇澄和蔡骏、国际芭蕾舞艺术家谭元元、国际象棋世界冠军居文君等。嘉宾分享的主题不拘一格，经常是跨主题或多主题的交流，将文化要素与经济、金融、贸易、科技、历史、创业、艺术、教育、旅游等领域实现更广范围、更深程度、更高层次的融合创新，把金融文化、科技文化、高雅文化带到百姓身边。经常是不同领域的专家同聚一堂，在台上进行思想的碰撞和"头脑风暴"。2018年6月30日晚，"当芭蕾挥舞起金融的裙摆"分享会上，国际芭蕾舞艺术家谭元元对话云翎资本创始合伙人杨云逻，现场嘉宾还有中航融资、华信证券、上投摩根、光大期货等负责人，艺术与金融产生了极佳的"化学反应"，跨界交流让人大开眼界。

（三）陆家嘴读书会的影响

融书房成为浦东文化新地标和网红打卡地，陆家嘴读书会则成为上海举办频次较高的读书会之一和浦东文化的一大品牌。陆家嘴读书会每场向公众开放150个名额，招募信息一经公布，名额很快就被全部"秒杀"，活动场场爆满，部分场次一楼大厅也挤满了观看直播的观众。截至2020年底，陆家嘴读书会共举办201场分享会，邀请了300多名嘉宾，吸引了约3万名读者现场聆听，参加每周五、周六晚上的读书会成为很多市民读者生活和学习的一部分，形成了良好的社会效应。嘉宾推荐图书，是陆家嘴读书会的传统。每期读书会上，主讲嘉宾都会介绍跟当期读书会主题密切相关的最新书籍，有些是嘉宾自己的最新作品，有的是嘉宾推荐的他人优秀作品，这是对读者最为直接的阅读指导和引领。

同时，融书房和陆家嘴读书会的人气和名气也吸引了一些文化机构或社会团体前来合作。2019年，观复博物馆和陆家嘴融书房共同举办了公益性的系列亲子文化体验工作坊，进行传统文化推广。浦东新区妇联也和陆家嘴读书会合作，和读者一起探讨女性的职业发展、子女教育等话题。陆家嘴读书会还联手复旦诗社、上海戏剧学院电影学院、日本百年纸业品牌竹尾特别策划"世界读书日"系列体验活动，推出了诗歌分享、对话话剧、脱口秀表演、特种纸张介绍和展示等活动，取得了良好的反响。

（四）思考与展望

陆家嘴读书会举办的时间不算长，但已经打响品牌，成为上海读书会中举办频次和知名度都颇高的大型专业读书会。回顾以往，展望未来，陆家嘴读书会可以在以下几个方面加强探索。

一是加强需求调研，进一步贴合读者需求。陆家嘴读书会两年多以来举办了各种主题的分享会，基本出现了场场座无虚席的盛况。然而，读者的需求和声音也需要被听到，应强化读者需求调研，通过线上、线下问卷形式，全面了解和分析读者需求，从而更有针对性地引进资源，给读者更好的学习和文化体验。

二是加强与区域内其他文化艺术单位的联动与协作发展，建立阅读联盟。近年来，黄浦江东岸沿线也在逐步引进文化项目，包括"筒仓"空间艺术展览馆、1862时尚艺术中心、艺仓美术馆、"缶+"书房、朵云书院、观复博物馆、望江驿等，独具浦东特色的东岸滨江品质生活体验带正在形成。陆家嘴读书会作为黄浦江东岸的文化名片，主动与其他文化艺术机构合作，实现资源共享和联动发展，陆家嘴读书会就能拥有强大的生命力和创新力，有助于融书房品质服务的进一步提升。陆家嘴读书会通过与其他读书会、社会阅读团体、实体书店等组成阅读联盟，增进社会联盟间相互交流与合作，为读者提供阅读活动菜单，读者可以多元地选择感兴趣的活动参加。

三是实施"走出去"战略，化被动为主动。陆家嘴读书会在引进资源的同时也应走出去，可以与区域内的楼宇协会、浦东新区金融促进会等社会机构合作，定期在一些商务楼宇或其他白领聚集的地方举办读书分享会。例如"午间文化一小时"分享会利用中午时间，根据白领的阅读倾向和需求，把陆家嘴读书会送到白领身边。

四是加强与全媒体尤其是线上媒体的合作。以全媒体渠道，进行内容的多渠道、多媒体、多平台发布，进行跨界人群的更广泛覆盖。陆家嘴读书会有强大的现场读者群，而线上传播的力度仍有待加强。目前，主要是通过《几何书房》电视节目、喜马拉雅和"浦东TIME"直播平台进行传播，更多的传播平台尤其是视频传播平台需要挖掘，如哔哩哔哩、梨视频、咪咕视讯等，让不能亲临现场的读者可以通过直播及其回放聆听专家的知识分享。

撰稿人	郁伟东，上海市浦东图书馆陆家嘴分馆主任，副研究馆员。 **研究方向**：公共图书馆读者服务、阅读推广、总分馆制建设等。 唐倩，上海市浦东图书馆陆家嘴分馆，馆员。 **研究方向**：公共图书馆阅读推广、新媒体服务创新等。

六 | 行是知之始　知是行之成

——上海市宝山区大场镇图书馆"行知读书会"

行知读书会于2018年10月18日成立，是以陶行知的教育理念为基础，"文教结合"为特色的读书会。行知读书会成为宝山区大场镇图书馆特色品牌活动的创新点，旨在弘扬陶行知"爱满天下"理念，倡导"全民阅读"，建设书香社会。

（一）初心

2018年1月《中华人民共和国公共图书馆法》的实施，为公共图书馆的发展提供了新契机，该法明确规定公共图书馆应当免费向社会公众提供阅读推广服务。大场镇图书馆叩问初心，践行初心，以推广阅读，促进全民阅读，建设书香社会为目的，行知读书会应运而生。

宝山大场是陶行知的第二故乡，1932年，他在这里创办了与晓庄师范并称的山海工学团，并开展教育实践，推动着教育改革和社会改造理想的实现。大场镇图书馆一直继承和发扬陶行知"爱满天下"的理念，并以"读者·爱　爱·读者"为图书馆理念。2018年10月18日，陶行知诞辰127周年，行知读书会成立。读书会坐落在上海市宝山区沪太路2999弄24号的文创园区内，毗邻山海工学团旧址，遥遥致敬先贤。

行知读书会是以陶行知的教育理念为基础，"文教结合"为特色的读书会，旨在构建书香阅读新空间，传承弘扬陶行知"爱满天下"的理念，致力于推广阅读，倡导"全民阅读"，使读者能在此感受到精神上的幸福，成为陶行知期望的求真之人。

（二）运营模式

行知读书会采用以三方合作为基础、数字服务为支撑、文创周边加持和以读者满意度为反馈的运营模式。

1. 三方模式，合力输出

2018年中华人民共和国文化和旅游部、财政部联合出台的《关于在文化领域推广政府和社会资本合作模式的指导意见》，其中明确指出"坚持政府主导、社会参与、重心下移、共建共享"要求，确立了社会资本可参与公共文化基础设施的运营和产品服务。行知读书会工作组经过多方考察，确立了大场镇图书馆、阎华工作室、上海人民出版社三方合作运营模式。

大场镇图书馆于2014年12月11日开馆，作为街道（乡镇）级图书馆，藏书量超13万册，在文献入藏量、图书流通量、读者流通量、办证量等各方面都长期位于上海市街道（乡镇）级馆的前列，连续4年获得"上海市中心图书馆工作先进集体"荣誉，并在2016年上海市第六轮街道（乡镇）级图书馆评估中荣获十大最佳示范馆称号。大场镇图书馆拥有较为专业的人员和规范的服务技术，能为行知读书会提供充分场地、人员管理、后勤保障等服务。

阎华工作室是资深文化策划、电视制作团队，拥有丰富的学者、作家、艺术家资源，近年来成功推出了"克勒门文化沙龙""博物馆奇妙夜""上图之夜""海上花开——海派文化进校园"等品牌项目，取得了良好的社会反响和效益。阎华工作室主要提供行知读书会的主题策划、内容实施、读者反馈等服务。

上海人民出版社是一家综合性出版机构，依托其丰富的作家资源库，为行知读书会提供讲者资源，保障活动内容质量。葛剑雄、陈子善、周圣伟、方笑一、王汝刚和史依弘等众多学者、艺术家纷纷走进读书会，带来一场又一场精彩的分享。

三方分工明确，各司其职，定期开展联席会议，商讨活动全流程细节，相互进行无缝链接，确保活动内容有序展开和质量保障。

2. 数字支撑，保障服务

随着互联网的飞速发展和普及，数字化运营成为行知读书会不可或缺的一部分。行知读书会开设有"行知Reading"微信公众号，发布活动预告、读者报名链接、活动情况反馈、线上读书活动、文化推文等。自成立以来，"行知Reading"共发布推文422篇，其中活动预告55篇，活动情况反馈54篇，线上读书赏析活动23篇，其他赏艺类文章78篇等。行知读书会借由"上海市文化云"平台提供读者报名链接，双平台报名渠道拓宽了活动宣传路径，目前粉丝群体有3 000余人。微信平台建有"行知读书会粉丝群",给广大书友们提供一个自由交流思想观点与读书心得的平台,其中有一位读者,每次在参加完活动后,都会制作读书会当期的精选视频,并在群内分享。

3. 文创产品,提升参与感

行知读书会专门定制打造了"读书会集点卡",每位读者签到盖章满8次即可换取周边文创产品(精美书签、特定书籍等)。活动现场,嘉宾与读者在互动环节,还会有嘉宾作者的签名书籍赠送,进一步拉近了与读者的距离。文创产品促进了读者与嘉宾的交流,加强了读者的参与感。

4. 健全反馈机制,发挥激励作用

行知读书会设有健全的自我考核机制,每两周一次周六下午定期举行,每年举办场数不低于24场。隔周周一会提前发布周末的读书会预告及报名通道,读者可以在周初就规划本周的文化生活,也是给读者一个固定的期待。

读者反馈机制则是一面镜子,既能反映往期做出的成绩,又能照出工作中存在的问题。行知读者会的满意度调查表分别从内容、形式、环境、服务等方面征询读者的意见和建议。

据调查,行知读书会深受女性读者喜爱,女性读者是男性读者的2倍多,对于嘉宾分享的内容满意度高达97.54%,更有65.57%达到非常满意,并且近100%的读者表示还愿意再次参加读书会的分享活动,对于现场环境,工作人员服务态度,读书会流程和形式的满意度都在93.45%以上。读者所从事的职业主要是学生、管理人员、专业人士(如会计师、律师、建筑师、医护人员、记者等)。不少读者给出了许多宝贵的意见和建议,让行知读书会了解读者的文化需求,以此丰富活动的内容和形式。

行知读书会通过三方协作模式,深度融合,资源共享,各方提供其优势、成熟的服务,三方及时有效沟通,且广听谏言,征集读者关于内容和形式的建议,保持了行知读书会的活力和效率,正确的管理运营模式为读书会的长久发展奠定了根基。

(三)内容

行知读书会的内容多定位于本土文化、上海文化开展,即红色文化、海派文化、江南文化、潜溪文化。上海是中国共产党诞生和成长的见证者,中共一大会址、《新青年》编辑部旧址、龙华烈士陵园等无不诉说着城市血脉中流淌着红色基

因。海派文化在根植于中华传统文化的基础上,吸纳了吴越文化和其他地域文化,受到世界文化的影响,逐渐形成的"海纳百川,兼容并蓄"的上海特色文化。江南文化是长三角地区共有基因和精神纽带,上海继承了江南文化敢为人先、崇文重教、精益求精的精神,这正与陶行知的理念不谋而合。大场旧时别名"钱溪",又因"钱""潜"通名,久而乃专名"潜溪",潜溪文化即是大场本土文化。行知读书会以红色文化为立足点,以海派文化为出发点,以江南文化为闪光点,以潜溪文化为结合点,开展读者喜闻乐见的读书分享活动。

1. 内容多样化

大场镇拥有41万人口,所传递的文化诉求也层次不一,复杂多样。为尽可能满足广大读者的不同阅读文化需求,读书会讲座内容丰富、形式多样,有文化解读类、科学普及类、文学赏析类等。

行知读书会开办至2020年共举办线下活动54期,数文化解读类最多,共举办21期,占38.89%,其中在第17期邀请著名军事专家、上海交通大学历史系的刘统教授讲述《不忘初心——上海解放第一年》,以幽默而生动的语言和大家分享了70

宝山区大场镇图书馆·行知读书会

年前上海解放那段鲜活的历史。又在第19期邀请到中共一大会址纪念馆原馆长、时任上海大学特聘教授、上海红色文化研究院执行院长张黎明先生为现场读者作《我们的伟大事业——感受总书记的初心和共产党人的使命》主题演讲。

文艺结合类位居第二，共举办14期，占25.93%，在第35期《画船听雨眠——评弹遇上古诗词》邀请《中国诗词大会》命题专家、华东师范大学中文系副主任、博士生导师方笑一与评弹表演艺术家周红、徐惠新妙语连珠，以"说""唱"形式解读古诗词，让传颂千年的江南诗词余音绕梁，余味留心。

艺术赏析类仅次于文艺结合类，共举办10期，占18.52%，曾在第42期邀请到华东师范大学美术学院副教授、中国美术家协会会员汪涤讲述以《宋画与文治时代》为主题，告诉读者，花在宋代美学中是极为重要的审美对象，是宋人的情趣所在，是创作灵感的触发之物，也是其歌以言志的载体。

文学赏析类占9.26%，其中第33期《阆苑与仙葩——〈红楼梦〉里的园林》邀请了园林文化专家、中国风景园林学会文化景观专委会委员、园林科普作家林小峰，将书中人物的命运与园林建筑相呼应，将宝黛传奇的细节与万千植物相关联，带领着读者重游不一样的大观园。

科学普及类占5.56%，在第20期邀请了现上海交通大学讲席教授江晓原讲述《科学为什么需要外史》。在第47期文玩鉴赏类中邀请了知名主持人、货币收藏者潘湧湧讲述《"触摸得到的历史"——中国古代货币的故事》。

2. 主题系列化

行知读书会的讲座内容在探索中不断丰富成型，自开办以来主题逐渐由零散的碎片的向系列化方向转化，自2020年下半年开始，主题系列有江南文化季（第32—36期），古典音乐季（第37—40期）；文博淘宝季（41—47期、49期）；红色起点季（第50期、第51—53期）;《红楼梦》与花香系列（第54—57期（计划））。

除了定时每两周一次读书会本部活动，行知读书会亦不定时推出特别活动，如"且行且知"线下活动"：在"行"中获"知"，跟随《这里是上海：建筑可阅读》书本，走进上海的文化地标——上海大世界。

3. 线上有辅助

2020年上半年，受疫情影响，读书会的线下活动转移到线上，助力全民抗"疫"。共开展了"行知小课堂"系列活动6期，分别是《古诗文里的美食故事》《海派绘画的"魔"力》《活在桃花源里新技能get术》《唐朝诗人们的日子》《樱花树下的曲水流觞》《樱花树下之西园雅集》。由于打破了时空和地域限制，可以把五湖四海的朋友通过网络、通过社群紧密地连接在一起，借此收获了大批书粉，碰撞出不一样的火花。

（四）效果

行知读书会自开办以来，实行线上报名方式，只要推文一出，两三天内就报满，不管是炎炎夏日，还是寒冬腊月，每次前来参加的人数都不少于80人，不少情况下甚至达到100多人。

1. 会行知

行知读书会在选取内容上运用"绣花之心"，精准定位不同读者群体的需求，内容形式丰富多样，读者范围已从镇域内发展至整个上海市，读者成员已从退休人员扩大到学生和白领。读者群体范围越来越广，更是形成了一批忠实的固定粉丝，每一期的活动都按时参加，在活动现场积极发言交流自己的意见与看法，在线上微信粉丝群内畅所欲言，互相交流各自的所见所闻，还积极推荐适合行知读书会开展的内容，真正实现了共建共享的可持续发展理念。

2. 宣行知

行知读书会自成立以来，深受社会和各界媒体关注，累计各类媒体发稿已达400余篇，搜狐网、《人民日报》、澎湃新闻、新华网等媒体都进行了广泛的报道，提高了行知读书会的传播效应，营造了"行知求真"的社会文化氛围。

3. 行知行

行知读书会一路走来，不忘初心，践行使命，开展的一系列阅读推广活动获得了群众的喜爱和追捧，市、区级给予的肯定与殊荣。2018年12月，行知读书会被市文明办评为"上海市市民修身行动"市级示范点；2019年，荣获"宝山区市民修身基地"荣誉称号；2019年，被评为"上海市公共文化创新项目"。

（五）展望

"行是知之始，知是行之成"，行知读书会将不忘初心，笃志前行，进一步完善阅读体系，提升服务水平，建立长效发展机制，做好行知文化的"引路人"，做好读者的"贴心人"，做好粉丝的"知心人"，做好全民阅读的"传播人"。

行知读书会是上海北部宝山区大场镇的读书会，立足于现有的城市格局和居民文化多样性的特点，读书会将面临多元化、亲民化的长期挑战。行知读书会将不断挖掘自身，完善自身，以红色文化、海派文化、江南文化、潜溪文化为底色，根据群众的不同文化需求，开拓创新，丰富活动内容，不断加强与社区的黏性，实现文化服务的多元化和均等化。

于时代之中，步履不停。行知读书会将不断开拓创新，保障品牌化建设的持续健康发展，营造资源充足、形态多样的阅读环境，助力城市文化形象提升和全民阅读社会建设。

撰稿人	侯慧娴、高小燕、李莉，上海市大场镇社会事业发展服务中心。 研究方向：图书馆管理。

第十一章
长三角联动攀新高

为全面贯彻《长江三角洲区域一体化发展纲要》《上海市贯彻〈长江三角洲区域一体化发展规划纲要〉实施方案》及习近平总书记在扎实推进长三角一体化发展座谈会上的重要讲话精神，围绕长三角地区图情服务实现更高质量一体化发展要求，上海市公共图书馆行业积极联动苏浙皖，坚持区域共建、合作共赢的方针，稳步推进长三角地区公共图书馆服务便利化。

本章总结了近年来上海图书馆及全市公共图书馆行业长三角联动的发展现状、创新举措，选取了各专业联盟发展中部分区级图书馆颇具特色的代表性案例，如宝山区图书馆的长三角儿童文学阅读联盟、青浦区图书馆的长三角一体化阅读联盟、杨浦区图书馆的长三角网借服务联盟等项目，由点及面，协同四地，共同凝聚发展合力，促进长三角图情高质量"一体化"发展。

一 | 开启图情"加速度" 服务新发展格局

——上海市公共图书馆行业长三角联动发展纪实

2019年5月13日,中共中央政治局会议审议通过《长江三角洲区域一体化发展纲要》(以下简称《发展纲要》),把长三角一体化发展上升为国家战略。2019年6月27日,上海出台《上海市贯彻〈长江三角洲区域一体化发展规划纲要〉实施方案》(以下简称《实施方案》),要求举全市之力抓推进、抓实施,强化靠前指挥、统筹协调、有序推进、责任落实,形成推动贯彻落实《发展纲要》的强大合力。2020年8月20日,中共中央总书记、国家主席、中央军委主席习近平在合肥主持召开扎实推进长三角一体化发展座谈会并发表重要讲话。他强调,要深刻认识长三角区域在国家经济社会发展中的地位和作用,结合长三角一体化发展面临的新形势新要求,坚持目标导向、问题导向相统一,紧扣一体化和高质量两个关键词抓好重点工作,推动长三角一体化发展不断取得成效。为全面贯彻《发展纲要》《实施方案》及习总书记重要讲话精神,围绕长三角地区图情服务实现更高质量一体化发展要求,上海市公共图书馆行业积极联动苏浙皖,坚持区域共建、合作共赢的方针,稳步推进长三角地区公共图书馆服务便利化。

(一)战略协作,推进高质量一体化发展

为推动实现长三角地区高质量的一体化发展,促进长三角区域公共服务供给便利化取得新突破,上海图书馆(上海科学技术情报研究所)、南京图书馆、浙江图书馆、安徽省图书馆立足自身主业主责,本着平等互利、优势互补、长期合作、共同发展的原则,建立战略合作关系,共同加强长三角公共图书馆的跨区域合作与交流。

1. 战略协同，形成年度例会制度

2018年9月28日，上海图书馆、南京图书馆、江苏省科学技术情报研究所、浙江图书馆、浙江省科技信息研究院、安徽省图书馆、安徽省科学技术情报研究所在上海举行长三角图情服务高质量发展战略合作联席会议暨签约仪式。各参与单位签订了包括总体目标、推进机制、联动模式、交流平台、队伍建设、项目分工、保障措施在内的合作框架协议，通过建立战略合作关系，加强公共图书馆和情报研究机构的跨地域合作与交流，促进长三角地区图情服务高质量发展。

2. 加强交流，保持联动工作机制

2019年11月27日，2019年长三角地区公共图书馆战略合作年会在安徽省图书馆举行。会议从组建专业联盟形成合力、合作举办活动形成联动、开展合作互访增进了解、共同编制报告展示风采等四个方面，总结2019年长三角地区公共图书馆战略合作情况，研商2020年工作计划。

2020年9月21日，2020年长三角地区公共图书馆战略合作年会在安徽省马鞍山市举行。与会人员从各馆自身特点出发，交流"十四五"规划的目标；坚持上海龙头带动，苏浙皖携手扬所长；进一步落实社会承诺，推进"城市阅读一卡通"建设。

（二）发布倡议，推动跨区域无障碍阅读

为推进落实《发展纲要》提出的"城市阅读一卡通"要求，全面提升区域公共文化服务水平，2020年5月25日，在图书馆服务宣传周之际，上海图书馆、南京图书馆、浙江图书馆和安徽省图书馆共同向长三角区域三省一市的公共图书馆发出"城市阅读一卡通"倡议书，号召各馆通力协作、开放创新，共同实现"借阅办证零门槛，文献传递无边界，个性服务通全域，通借通还重实效"。

倡议书的发布，促进优质及专业读物的充分流动，逾越地域的阻隔和馆藏的局限，满足公众阅读和专业研究的个性化需求，进一步有力推动阅读在区域内的无障碍流动，深化长三角公共图书馆之间的合作互动，从而为实现长三角公共文化服务的一体化发展增添新的助力。

倡议书发布后，得到了三省一市区域内全部地市级图书馆的积极响应。社会各界对倡议书的发布反响强烈，新华社上海分社、《解放日报》、《图书馆报》、紫牛新闻、《现代快报》、《安徽商报》等各大新闻媒体进行了报道，不少业内专家做出高度评价。

作为对"一卡通"倡议书的积极响应，2020年9月，杨浦区图书馆携手苏、浙、皖11家图书馆共同发起成立"长三角公共图书馆网借图书服务联盟"，旨在推进全民阅读和书香社会建设，加强馆际合作和业务研究，促进公共文化融合发展。

（三）专业深化，打造多维度高层次联盟

为提升公共图书馆各项服务的水准，长三角地区各参与省馆基于现有发展基础及相对优势领域，分别牵头推进专项业务联盟。本着"新建联盟做强做大"的原则，上海图书馆充分发挥各业务领域的优势，协助配合各兄弟省馆搭建专业平台、实现紧密合作、创新服务模式。

1. 既有服务做深做精

由上海图书馆牵头负责的长三角地区"公共图书馆公益讲座联盟""公共图书馆公益巡展联盟""网上联合知识导航联盟"皆有10多年的运行经验，在长三角地区公共图书馆界具有较高知名度与美誉度。据不完全统计，2019—2020年，上图讲座为长三角地区图书馆输送讲座13场、8场讲座视频；上图展览共举办巡回展览6场。

2. 新建联盟做大做强

2019年10月，由上海图书馆发起，浙江图书馆牵头成立的长三角地区"图书馆信用服务联盟"正式成立，旨在聚焦长三角地区公共服务的普惠便利，总结图书馆信用服务的成就经验，探索未来信用服务的实践路径。2020年5月，由南京图书馆发起的"长三角公共图书馆智库服务联盟"签约成立，对促进长三角公共图书馆智库服务成果的共建共享，全面提升长三角公共图书馆决策咨询服务能力贡献更多智慧和力量。在少儿阅读方面，由上海少年儿童图书馆于2019年6月牵头成立"长三角少儿阅读联盟"，整合四地少儿阅读资源优势，提升少儿服务水平。

3. 创新模式跨界合作

由浙江图书馆牵头负责的长三角地区"有声阅读联盟"实现跨界合作，不仅汇聚了三省一市公共图书馆，同时吸纳四地朗诵协会，聚焦全媒体、立体式阅读推广，打造有声阅读空间，结合数字图书馆的传播渠道，开展丰富多彩的有声阅读推广活动，让更多读者感受到有声阅读的魅力。

（四）携手共进，开展多元化多样化活动

长三角地区公共图书馆开展战略合作以来，着力深化项目合作，通过共同举办

阅读推广活动，促进区域联动、扩大区域影响力。

1. 大型赛事推动文化交流

作为首个落地的跨区域阅读推广联动项目，每年春秋两次的"阅读马拉松"受到各地读者的热烈追捧。2020年受疫情影响，春季"阅马赛"从线下搬至线上，由上海图书馆携手鄂苏浙皖四省及其他地区的公共图书馆共同举办的"我的战疫"阅读马拉松线上快闪赛，共有338家图书馆参与，短短四天，就招募了来自全国各地的15 545名读者。9月，2020长三角阅读马拉松大赛拉开帷幕，沪苏浙皖四地（特别邀请昆明图书馆参赛）111个赛点、980支团队、4 900名选手共同展示阅读的力量。

2. 多彩活动促进区域融合

长三角少儿阅读联盟的主打项目"长三角地区亲子阅读档案征集活动"则延展到浙江宁波、嘉兴，江苏南通，安徽合肥等区域，长三角地区累计5.7万个家庭记录了温馨美妙的亲子共读。宝山区图书馆借由"陈伯吹国际儿童文学奖"品牌影响力，联合沪苏浙皖7家地市级图书馆共同推动"诵读经典·点亮童心"系列活动。

2020年受疫情影响，各地图书馆纷纷携手拓展各种线上活动。4月，嘉定区图书馆、嘉兴市图书馆、昆山市图书馆、铜陵市图书馆线上共同启动"红色文化"游记征集活动；4—6月，由青浦区图书馆、吴江区图书馆、嘉善县图书馆共同主办的"长三角'书香三城·百书微荐'全民征集活动"顺利开展。8—10月，由静安区图书馆、长宁区图书馆、嘉定区图书馆、徐汇区图书馆、宝山区图书馆主办，闵行区图书馆、青浦区图书馆、奉贤区图书馆、张元济图书馆、盐城市图书馆、吴江图书馆联合主办的第七届"阅读的力量"长三角阅读摄影大赛活动举行。

（五）凝心聚力，聚焦智慧化便利化服务

作为长三角地区公共服务便利共享的重要领域之一，公共图书馆肩负着推动长三角区域公共文化便利共享的重要使命。未来，长三角地区的公共图书馆将继续践行图书馆服务与建设过程中的创新实践，进一步推动长三角一体化高质量发展。

1. 加强交流，深化合作机制

随着长三角一体化工作的不断推进，长三角地区公共图书馆之间已初步确立了联动机制、构建起交流平台、推进了项目合作。2020年，上海市青浦区、江苏省苏州市吴江区、浙江省嘉兴市嘉善县多次召开联合会议，就"长三角绿色生态一体化示范区图书借阅一体化"进行沟通研讨，根据读者需求和三地公共图书馆的发展特性，充分挖掘各市、区、县的优势资源，求同存异、互惠互利，最终实现服务便利与资源共享，以社会保障卡为载体，推动实现公共图书馆服务同城待遇。

在疫情常态化的当下，长三角地区的公共图书馆、情报院所、情报学会、图书馆学（协）会将在做好防疫工作的基础上加强交流，开展互访研讨，进一步深入对接深化合作。

2. 转型升级，推进智慧阅读

图书馆的发展已迈入向智慧转型的关键期。下一步将立足互联网时代读者的智慧阅读需求，以公共图书馆的服务更具有可及性和便捷性为动力，优化长三角地区公共图书馆服务整体和独体的框架结构，构建长三角智慧图书馆协调发展新机制，率先形成长三角智慧阅读新格局。

长三角一体化发展战略的扎实推进为区域联合发展奠定了基础，通过面向"十四五"和2035远景目标的智能化总体战略构想，大力推进长三角智慧阅读、提高长三角地区全民阅读的能级和水平、提升智慧赋能公共图书馆的服务与管理质量、促进长三角地区公共图书馆高质量一体化发展，打造长三角智慧阅读新生态，共筑人民智慧文化生活新图景。

撰稿人	袁文岚，上海图书馆（上海科学技术情报研究所）协调辅导处，馆员。 研究方向：长三角图情发展、文献资源建设。

二 | 诵读经典　点亮童心

——上海市宝山区图书馆长三角儿童文学阅读联盟

2014年，国内首个国际性的儿童文学奖项和上海重要的文化品牌之一——"陈伯吹国际儿童文学奖"在上海市新闻出版局、宝山区人民政府、陈伯吹儿童文学基金专业委员会的三方合作下正式成立。该奖项的前身是设立于1981年、以"东方安徒生"陈伯吹的名字命名的"陈伯吹儿童文学奖"。

2019年，为进一步提升"陈伯吹国际儿童文学奖"的品牌影响力，对标"长三角一体化"国家发展战略，上海市宝山区图书馆倡议成立"诵读经典·点亮童心"长三角阅读联盟（以下简称"长三角阅读联盟"），该联盟由上海、江苏、浙江、安徽等地的7家公共图书馆共同组建而成，以公共图书馆总分馆服务体系为载体，以陈伯吹国际儿童文学奖系列活动为依托，通过开展阅读推广、经验分享、馆际交流等相关活动，深入推进长三角地区全民阅读工作融合发展新模式。

（一）多域联动协作，打造优质共享阅读空间

自2019年长三角阅读联盟成立以来，宝山区图书馆与联盟图书馆展开多方联动合作。2020上海书展开幕当天，长三角阅读联盟推出新举措，"陈伯吹国际儿童文学奖作品专架"在长三角阅读联盟首批江浙沪6家图书馆挂牌，包括江苏省盐城市图书馆、浙江省张元济图书馆、长宁区图书馆、嘉定区图书馆、金山区图书馆和宝山区图书馆。以陈伯吹国际儿童文学奖作品为媒介，打造以"陈伯吹儿童文学"为特色的阅读空间，让更多长三角地区的读者在第一时间读到荣获陈伯吹国际儿童文学奖的优质童书，不断引领广大市民和青少年儿童关注优秀儿童读物，让小读者们在更广阔的天地里共同感受阅读给成长带来的快乐，营造全民阅读的浓厚氛围。

同年，为进一步加强地域间的文化交流，宝山区图书馆携手张元济图书馆、浙江图书馆、嘉兴市图书馆共同开展"金秋写意·诗话江南——南北湖文化旅游节三地诗会"，加深馆际交流学习，发挥文化联动效应。

（二）系列活动延展，提升阅读品牌活动效能

宝山区图书馆以陈伯吹国际儿童文学奖"1+6+X"系列活动①为载体，通过陈伯吹国际儿童文学奖经典作品诵读展演，"笔尖上的童心"陈伯吹儿童文学创作大赛，中外儿童文学名家进图书馆、进校园等活动，将系列活动覆盖面延展至长三角阅读联盟各成员馆所在地及全国各地，一方面扩大了活动范围、丰富了活动内涵、提升了品牌影响力、增强了读者获得感，另一方面也创新了长三角阅读联盟的合作方式，有助于形成公共图书馆区域长效协调联动机制。

1. 陈伯吹国际儿童文学奖经典作品诵读活动

该活动启动于2015年，自2019年起由长三角阅读联盟联合全国各省、市公共图书馆共同发动，全国范围内的青少年、儿童、学生家庭及外国友人积极参与，实现了全社会征集、全语种参与，作品数量从第一届的49件到第六届的近2 000件，展演现场线上线下观看人数达35万余人。

2. 中外儿童文学名家进图书馆、进校园活动

来自世界各地的著名儿童文学作家、评论家、插画家等走进宝山区图书馆，为读者们推荐优秀儿童绘本，展示童年真善美的力量；深入学校课堂，在交流互动中为孩子们播撒儿童文学梦想的种子。中外儿童文学名家齐聚一堂，长三角阅读联盟馆员代表和读者交流探讨，通过分享儿童文学作品创作背后的故事，进一步碰撞儿童文学火花，搭建读者与儿童文学、创作者与儿童文学、图书馆员与儿童文学以及图书馆员与读者之间交流的新平台。

3."笔尖上的童心"陈伯吹儿童文学创作大赛

该活动从2015年开展以来，参与人数逐年上升，2015年收到参赛作品862篇，经过长三角阅读联盟的宣传与发动，2020年收到来自长三角等全国各地参赛作品

---

① "1"是11月开展的陈伯吹国际儿童文学奖颁奖活动。"6"是6项重点系列活动，包括：上海书展：陈伯吹童书屋；陈伯吹国际儿童文学奖经典作品诵读展演活动；陈伯吹国际儿童文学奖原创插画展；国际儿童文学名作家进校园活动；"笔尖上的童心"——陈伯吹儿童文学创作大赛；原创儿童剧创排。"X"是贯穿全年、覆盖全区的百余项阅读推广活动。

1 718篇，六年来共产生获奖作品144篇。该项活动在激发文学爱好者的创作热情的同时，繁荣了儿童文学艺术创作，并大大促进了长三角地区乃至全国各地儿童文学爱好者的交流。

此外，同样由长三角阅读联盟发动的长三角公共图书馆阅读摄影大赛也吸引了越来越多读者的积极参与，通过摄影作品的拍摄和巡展活动，长三角读者用镜头记录下阅读的力量，呈现出全民阅读时代精彩纷呈的文化风貌。同时，宝山区图书馆还借助宝山儿童文学名家工作室、宝山市民美育大课堂的平台和资源，充分发挥名家所带来的文化辐射效应，从构筑宝山的战略优势出发，努力把文化品牌建设融入城市血脉、根植市民心中，向长三角区域输出优质儿童文学资源和经典艺术导赏，提升阅读品牌活动质量和文化品牌标识度，进一步推动长三角区域全民阅读活动的有效联动。

（三）品牌节展提质，助力全民阅读服务推广

以文化品牌节展提质行动为契机，携手长三角阅读联盟，重点开展"4·23世界读书日"、上海书展等系列活动，进一步整合品牌资源、深化品牌内涵，进一步推动全民阅读活动向纵深发展。

2020上海书展期间，长三角阅读联盟成员馆共同开展了"魔法真绘玩——亲子7天乐"活动，邀请国内外重量级绘本创作者，以线上互动展示的形式，揭秘绘本创作背后的故事，教授读者不一样的绘本玩法，创作属于自己的插图小品，同时向小读者征集绘画作品，对遴选出的优秀作品进行了集中展示。活动阅读总量超50万人次，《解放日报》、上观新闻等市级媒体相继报道与转载，进一步丰富了市民的文化生活。

（四）思考探索引领，推动阅读服务理念更新

通过"长三角阅读联盟"品牌建设的实践探索，我们清晰地认识到图书馆文化品牌的培育与发展是一项系统工程，需要宏观的策略、科学的定位、长远的眼光和持之以恒的努力。要以宏观的角度出发，对品牌终极目标进行规划，建立品牌的评价体系，提升品牌的核心竞争力，让品牌有更持久的发展。

为深入推动全民阅读，助力书香社会建设，长三角阅读联盟将力争形成区域文化协调联动机制，吸纳长三角地区公共图书馆以及其他社会力量的积极参与，致力于引领儿童文学阅读风尚，打造集儿童阅读推广、创作人才培养、作品孵化转型于一体的儿童文学阅读聚合平台。通过资源共享、协同合作，贯彻落实"长三角一体化"国家发展战略，进一步发挥长三角地区图书馆在全民阅读中的引领作用，以项目品牌为载体和平台，促进联盟成员单位更好地展示、交流和发展。各成员单位将努力提升聚合效应，更新服务理念，提升服务效能，激发创新活力，不断扩大联盟的影响力，全力推动全民阅读工作迈上更高台阶。

撰稿人	李君，上海市宝山区图书馆，馆长。 研究方向：阅读推广、长三角阅读联盟体系建设。

三 | 示范区引领阅读推广"同城待遇"

——上海市青浦区图书馆长三角一体化阅读联盟

2019年4月17日,由上海市青浦区联合苏州市吴江区、嘉兴市嘉善县发起成立"长三角一体化阅读联盟",三地图书馆率先加入其中。随着2021年太仓市、昆山市图书馆两位新成员的加入,未来共五家地市级公共图书馆成为联盟馆。联盟旨在贯彻落实长三角一体化发展的国家战略,并根据长三角生态绿色一体化发展要求,凝聚联盟内各成员共识,打造资源共享、协作共赢的图书馆网络组织,积极开展阅读推广服务共享和馆际业务交流,促进公共文化服务高质量发展。

"长三角一体化阅读联盟"充分发挥长三角生态绿色一体化示范区引领作用的理念,始终致力于在示范区这块一体化制度的热土上,融合各地优势资源,探索创新方式,激活联盟发展的内生动力。自联盟成立以来,在顶层设计、机制完善、平台建构、资源调配、组织方式、阅读推广等方面进行了开拓和创新,签署联盟项目合作协议、制定联席会议等制度,并开展了多次联动活动的尝试,取得了不少宝贵的经验。

(一)助推长三角向"阅读"更进一步

习近平总书记在扎实推进长三角一体化发展座谈会上指出,要探索以社会保障卡为载体建立居民服务"一卡通",在交通出行、旅游观光、文化体验等方面率先实现"同城待遇"。"长三角一体化阅读联盟"正是落实总书记指示精神,逐步实现长三角地区居民享有图书馆服务、阅读活动等的"同城待遇"。"长三角一体化阅读联盟"坚持以江南文化为统领,通过开展主题丰富的阅读推广活动,相互借鉴经验做法,积极促进阅读推广服务从一体化示范区向整个长三角地区辐射,让阅读润泽更多人。

1. 依托江南文化底蕴，形成优势互补局面

五个成员馆所在的青浦、嘉善、吴江、昆山、太仓地区都是传统意义上江南水乡的核心区域，有着江南文化这一长三角区域共同的文化基因和共有的精神家园，为"长三角一体化阅读联盟"的形式打下坚实的基础，创造合作发展的条件。各地独特的人文优势和地方发展特色，又能形成优势互补，为后续联盟的活动开展、业务发展提供了无限的可能。

2. 签署项目合作协议，开展阅读服务交流

青浦、昆山、太仓、吴江、嘉善五地共同签订《2021年长三角一体化阅读联盟项目合作协议》，遵循平等自愿、友好协商、共同发展的原则，积极开展阅读推广服务的共享和馆际业务的交流。2021年召开的长三角一体化阅读联盟工作会议上，各方就资源共享、活动联办、人才共育、业务交流等方面进行了多层次、深度化的交流，按照各地优势资源进行合理分工，形成了一套切实可行的五地联动的合作机制。

3. 制定联盟组织原则，摸索共同发展模式

联盟在实践中逐步制定了组织原则，各联盟成员的法律地位平等，在遵守联盟协议的前提下可自愿加入或自由退出联盟。根据联盟需要和图书馆事业发展需求，分工合作，自愿协商，权利义务对等，形成共享利益、共担风险、共同发展的利益共同体。并可根据成员馆的决议，定期吸收新成员加盟。

4. 发布联盟目标任务，激活联盟发展动力

联盟建立伊始，按照优势互补进行合理分工，以融合资源、探索引领、激活联盟的发展动力为目标。发布了讲师、原创、展览等资源共享，举办主题联办、游学互访等活动，采用专家授课、技能培训等人才培育方式，进行成员馆联席会议等业务交流途径的四项联盟基本任务。联盟目标与任务的制定与发布，加强了联盟馆之间的合作，资源共享、互通有无、优势互补，提升馆员的阅读推广能力，探索出图书馆业务更多的发展模式，满足市民文化需求。

（二）融入长三角看"阅读"推广实践

为推动长三角地区更高质量一体化发展，促进长三角区域公共服务供给便利化取得新突破，依托"长三角一体化阅读联盟"，在长三角地区创新联合开展了青少年阅马挑战赛、百书微荐、诗文朗诵会等活动。

1. 青少年阅马挑战赛

联盟发起的"2019年长三角三城青少年阅马挑战赛",吸引三地300名小读者参与。比赛选用华东师范大学出版社出版的《新说山海经》的第五卷——古国卷。通过三个小时的阅读,小读者们顺利地完成了阅读任务读完并写下读后感想。此次活动注重培养他们的阅读习惯,并以此为契机推广全民阅读,倡导深度阅读。

2. 百书微荐征集活动

2020年世界读书日,联盟举办了"书香三城·百书微荐"全民征集活动。通过征集百本优秀读物,以"读"抗疫,为战胜疫情增添鼓舞人心的人文力量。三地图书馆特设"书香三城·百书微荐"专架,将入围读者的微荐书和微朗读将以二维码形式与图书共同展示,获奖书目被编印成册,在三地图书馆发放,并择优在三地图书馆新媒体宣传推广。活动受到三地大小读者的积极响应,经评审特别评选出55篇优秀微荐书,"最佳荐书奖"40篇,"征文奖"15篇。

3. 图书馆摄影作品征集

"阅美·图书馆"长三角一体化阅读联盟摄影作品征集活动是青浦、昆山、太仓、吴江、嘉善五地联盟图书馆的首次合作,通过摄影的方式,展现五地公共图书馆、农家书屋、城市书房等公共图书馆总分馆制服务体系下的建筑之美、空间之美、阅读之美,引领全民阅读新风尚,感受"知识"推动社会发展的奋进力量。

4. 线上原创资源共享

为进一步推动长三角城市图书馆之间区域联动,加强长三角一体化阅读联盟的资源共享,图书馆也在不断探索新型传播媒体、自媒体等推广手段在阅读推广上的运用。联盟成员馆自主开发的线上原创资源将进行共享,以期为当地读者提供更为丰富的线上资源,同时有效节约了各馆线上资源制作的成本投入。

5. 少儿阅读推广人大赛

近年来,阅读推广人正在成长为一支全民阅读推广工作的重要力量。为更好地促进业务的交流,形成"比学赶超"的氛围,吴江区图书馆主办了长三角一体化阅读联盟少儿阅读推广人大赛。五家联盟馆图书馆馆员、各联盟分馆和街道、村图书管理员通过前期选拔,精选13位选手参与本次大赛。此次比赛充分利用联盟的人才资源优势,给阅读推广人一个交流的平台,促进了全民阅读工作在长三角五城的深入开展。

(三）展望长三角拓"文化"新边际

阅读活动的开展、原创资源的共享只是一个开端，"长三角一体化阅读联盟"致力于把阅读真正培育为特色文化，让联盟作为长三角一体化发展和文化交流的载体，充分发挥长三角生态绿色一体化发展示范区建设带来的资源优势、政策优势，推动图书馆业务与品牌阅读活动的多方联动，不断提升图书馆总分馆体系建设和服务效能，促进公共文化服务的高质量发展。

1. 落实同城待遇，打造文化服务新模式

为推进积极落实《长江三角洲区域一体化发展规划纲要》提出的"城市阅读一卡通"要求，上海图书馆、南京图书馆等几家图书馆联合发出了"城市阅读一卡通"的倡议，长三角一体化示范区执委会也在推进"小三角"青浦、吴江、嘉善的各项便民服务。目前青浦区、吴江区、嘉善县以第三代社会保障卡为载体，率先实现长三角"城市阅读一卡通"同城待遇。此项工作顺利开展，让三地爱书人一路走来一路读。联盟还将从百姓的需求入手，结合各地图书馆的特色资源、服务、活动，在区域内实现更多的"同城待遇"。

2. 探索培训机制，凝聚阅读推广新力量

为进一步加强长三角区域阅读推广人的综合能力，联盟还将进一步探索阅读推广人培育方法与机制。充分利用联盟资源，打造阅读推广人培育基地，举办各类阅读推广人培训，课程涉及儿童哲学、阅读教学、阅读推广等综合学科内容和实践项目，将各地馆员、阅读推广人、有志参与阅读推广工作的社会人员、志愿者纳入培训体系，深入推动阅读推广人队伍向专业化、正规化方向发展。

3. 建立共享方案，促进智慧服务新发展

在数字化转型发展的大势下，开放合作将为长三角区域图书馆的数字化转型带来无限可能。联盟将充分结合各成员馆自身特点与实际情况，围绕智慧场馆、阵地服务数字化、数字化内容建设，建立资源共建共享方案。将图书馆数字服务与公共数字平台有效结合起来，在融合实践中全面推进数字化转型，促进智慧图书馆的建设，开展面向长三角区域的智慧服务。

在长三角一体化发展上升为国家战略背景下，长三角一体化示范区迎来了前所未有的发展机遇。"长三角一体化阅读联盟"在"十四五"期间，将紧扣"高质量发展"使命任务，积极探索新的合作形式，整合区域文化资源优势，通过共同开展更多的阅读推广活动、加大人才培育力度、增强服务能力，提升文化合力，以高质

量的文化供给,持续为"示范区"区域引领提供强大的精神动力和智力支撑。持续增强读者的文化获得感与幸福感,让"爱读书、读好书、善读书"的阅读风尚更加深入人心。

| 撰稿人 | 陈亮,上海市青浦区图书馆信息资源中心,馆长助理,馆员。
研究方向:少儿阅读推广。 |

四丨智慧互联　开放共享

——上海市杨浦区图书馆长三角网借服务联盟

为贯彻落实《长江三角洲区域一体化发展规划纲要》提出的要求，全面提升区域公共文化服务水平，响应上海图书馆、南京图书馆、浙江图书馆和安徽省图书馆共同向长三角区域三省一市公共图书馆发出的"城市阅读一卡通"倡议书。2020年9月15日，由杨浦区图书馆倡议，"长三角"地区昆山市图书馆，苏州市吴江图书馆、吴中区图书馆，扬州市图书馆，六安市图书馆，宁波市鄞州区图书馆，常州市武进图书馆，南京市金陵图书馆、六合区图书馆、江北新区图书馆，无锡市锡山区图书馆等12家公共图书馆共同发起成立"长三角公共图书馆网借图书服务联盟"。

联盟旨在推进全民阅读和书香社会建设，加强馆际合作和业务研究，促进公共文化融合发展。打造"优势互补、功能复合、智慧互联、开放共享"的图书馆联盟，努力实践满足人民群众对美好生活的需求，让触手可及的文化服务成为可能。

（一）网借服务联盟借阅情况

1.联盟成员馆基本情况

表11.1　长三角公共图书馆网借服务联盟基本情况

成员馆名称	地理位置	网借服务品牌	图书自助借阅服务点数量（包含社区服务点）（个）	电子证可借图书数量（册）	持有时间（加续借）（天）
杨浦区图书馆	上海市杨浦区	书界	48	10	56
昆山图书馆	江苏省昆山市	书香鹿城	46	5	80
金陵图书馆	江苏省南京市	信用网借想借就借	9	5	60

（续表）

成员馆名称	地理位置	网借服务品牌	图书自助借阅服务点数量（包含社区服务点）（个）	电子证可借图书数量（册）	持有时间（加续借）（天）
南京江北新区图书馆	江苏省南京市江北新区	书服到家	11	5	60
六合图书馆	江苏省南京市六合区	书服到家	4	5	60
吴中区图书馆	江苏省苏州市吴中区	网上借阅社区投递	100	5	60
吴江图书馆	江苏省苏州市吴江区	悦读吴江	12	5	56
鄞州区图书馆	浙江省宁波鄞州区	网约书	14	15	60
扬州市图书馆	江苏省扬州市	扬州速递悦读书房	13	5	75
六安市图书馆	安徽省六安市	网上借阅服务	1	10	40
武进图书馆	江苏省常州市武进区	书服到家	1	5	60
无锡市锡山区图书馆	江苏省无锡市锡山区	网上借书	7	5	56

长三角公共图书馆网借服务联盟馆都有开展基于O2O网借图书平台技术的服务项目，每个公共图书馆根据自身的特色，发展成自己的网借服务品牌，成为城市文化新的亮点。

2. 联盟服务借阅数据

目前长三角公共图书馆网借服务联盟馆成员共12家，在长三角地区已设立近266个图书自助借阅服务网点（含社区服务点），信用读者达35万人，累计借阅量达70万册，年增长率达到40%。

（二）跨地区的联合阅读推广

自长三角公共图书馆网借服务联盟成立后，各馆积极参与共同举办"悦读长三角"阅读推广相关的活动，为长三角地区的读者提供一个认识长三角地区地域特色，了解长三角地区风俗文化的融合平台。

已经举办的活动有展现各馆风景文旅特色的"打卡三角洲旅程，际遇最美藏书票"活动；有以唐诗为引，激发各地读者邀请同伴中秋共同读书赏月的"邀友解锁千古佳句,共集古风藏书佳票"活动;有分享疫情影响下阅读心得体会的"不平凡的2020"读书笔记活动;有趣味知识竞赛的"最江南"学识大晒;迎接"4·23世界读书日"的"解锁吧,我的阅读百态"线上翻牌活动;有分享所在城市文旅特色兼阅读打卡的"走读长三角——阅读的旅程"互动读书打卡活动,共计6场,累计参与人数33 233人次。

表11.2　2019—2020年长三角公共图书馆网借服务联盟馆阅读推广

活动名称	活动类型	参与人数
打卡三角洲旅程,际遇最美藏书票	文旅藏书票	20 000+
邀友解锁千古佳句,共集古风藏书佳票	线上拼图、线下集票	10 000+
"不平凡的2020"读书笔记征集	书评活动	55
"最江南"学识大晒	知识竞答	519
解锁吧,我的阅读百态	翻牌活动	2 500+
走读长三角——阅读的旅程	读书打卡活动	149
长三角阅读直播间	线上直播、录播	策划中

1."打卡三角洲旅程,际遇最美藏书票"

伴随长三角公共图书馆网借服务联盟的成立,为挖掘联盟各馆自身文化旅游特色,打造服务品牌,以各地民俗文旅为切入点,辅以文创元素,以藏书票为媒介,展示当地的非遗、戏曲、名人、古镇、建筑、风景等。为此,各联盟馆同时发行长三角网借联盟纪念版藏书票一套,包含杨浦区图书馆门楼、昆曲、玄武湖、桂子山、老山国家森林公园、二十四桥、洞庭东山、同里古镇、荡口古镇、阿育王寺、宝林禅寺、大别山主风景区等具有各馆当地特色的藏书票12张。

读者通过线上借阅书籍进行藏书票收集,集齐相应量藏书票即可换取不同特色的文创奖品;通过集藏书票的方式"走"遍长三角,将阅读与景点融合,看到哪走到哪,目之所及皆是风景,不同城市的读者因为交换藏书票连接在了一起,读者参与度空前高涨,整个活动吸引了两万多人参与。

2."不平凡的2020"读书笔记征集活动

"不平凡的2020"是在2020年新冠疫情特殊背景下特别策划的读书笔记分享活动。和传统的读后感分享不同,各馆读者通过同一个活动平台可以提交自己这一年来的阅读心得、好书分享及图片作品,通过后台审核后,发布的内容即时就能在活动平台上展示,读者在点开活动入口的同时就能看到其他读者的作品,并可以通过点赞、分享朋友圈等操作进行互动传播。在活动分享平台上,各地读者心连心,共同分享一年之内因为阅读发生的故事，记录2020年的读书点滴，留下生活印记。

3."'最江南'学识大晒"活动

"'最江南'学识大晒"是为了普及地方文旅知识所策划的知识竞赛活动，各馆分别整理了各自地方特色有趣的问题，集合线上答题题库；精心挑选了与长三角有关的文创奖品，如代表上海的桂花刺绣香囊、代表浙江的"寻味南京"小众香水、苏州博物馆的建筑密码立体书等文创产品作为活动奖品；设计了借阅图书、分享朋友圈等增加答题机会的功能。本次活动，共有519人参与，为谁是"最江南"展开了激烈的角逐，读者们通过答题学习了有关长三角地区民俗、文化特色的知识，还赢得了心仪的文创奖品，活动对图书馆也起到了良好的宣传推广作用。

4."走读长三角"——阅读的旅程（沉浸式交互阅读体验）

"养成一个习惯的最短时间是21天"，"走读长三角"阅读21天打卡活动目的是为了读者通过参与活动，养成每天阅读的习惯。活动通过联盟的读者，借阅一本和长三角城市有关的书籍，坚持21天与大家分享当地文旅特色、读书阅读感悟。活动期间，参与打卡读者149位，完成21天打卡21人，7次以上打卡的19人，共收到704条打卡记录。在读者发表阅读体会的同时，会互相鼓励，互相督促，互相探讨对书的理解，介绍城市美景、美食及文化。活动实现阅读感受实时分享，激发读者对于阅读的积极性，此活动也是对跨地区打造沉浸式交互阅读体验的新尝试。

（三）联盟成立的意义和影响

1. 促进网借图书服务共建共享

联盟成立后，推进阅读服务资源的共建共享，实现分工协作、优势互补，为开展"悦读长三角"系列活动提供各类资源保障。

联盟打通跨地区读者获取图书借阅方式的局限性，不同地区读者使用同一平台，即可方便快捷获取所要借阅的书籍，还可通过全国物流还书到图书所属馆到网借书库。可以降低读者在时间、空间上的限制，优化读者体验，节约交通成本，并给予读者更多个性化获取到图书的渠道。

2. 成为阅读推广模式新方向

阅读推广活动在多个城市共同举行，不但能突破地域束缚，节约服务推广成本，其辐射力也将发挥最大效用。在阅读推广活动中体现文旅融合的优势，积累经验，由阅读推广先行，从而推及联盟其他业务。联盟在建设"悦读长三角"阅读服务品牌的同时保持和发展地域文化的特色和优势。

（四）联盟未来发展方向

1. 完善管理制度，发展联盟新成员

联盟的发展离不开联盟馆的共同努力，但是要保持可持续发展，亦需要不断地加强各馆合作交流，组织馆际交流学习、馆员培训等活动；发掘各馆特色文化资源，创建协作管理机制，确保各项阅读推广活动工作顺利开展；实现资源共享、信息交融，有组织地推进阅读推广项目，持续强化品牌建设的同时，加快信息化平台建设，完善推广一流的跨省阅读服务体验，增强联盟辐射面和影响力，吸引更多公共图书馆加入网借图书馆联盟，一同为"长三角图书馆一体化"新发展格局贡献力量。

2. 拓展阅读新模式，打造精品活动

联盟合作背景下阅读推广的途径突破与模式构建必将有利于阅读推广向新的领域拓展，不断开辟新的活动方式，扩充活动内容，提高活动的生命力，为跨地区联合阅读推广新模式做探索与努力。未来，各馆可集中优势资源打造品牌活动，每期由一个馆牵头开展，其他馆联合推广，扩大活动的覆盖面，提高影响力。重点打造受读者欢迎的精品活动，在各馆推出系列栏目，定期推送，有效打造长三角网借阅读推广品牌。

3. 畅通交互渠道，优化读者体验

联盟努力实现为长三角地区读者找到交流和分享的渠道，在读者和图书馆、读者和读者之间建立一个C2C（Customer-to-Customer）的交互平台。一方面利用新媒体技术构建内容独特、形式多样、资源共享的线上活动平台，全面优化读者体验。另一方面，及时采集读者对于长三角图书馆网借服务的意见与建议，增加与读者直接对话的渠道，真正做到服务读者，服务长三角图书馆一体化建设。

在长三角网借联盟背景下跨地区合作模式的阅读推广的优势日趋显著，其发展走向不仅拓宽了图书馆服务的边界，也为阅读推广活动内涵之提升贡献了新的视域。随着活动日益精细化与品牌的树立推广，联盟合作无论从文化传承、提高国民素质与创新能力，还是从图书馆拓展发展空间的角度而言，都具有重要意义。

撰稿人	李易喆，上海市杨浦区图书馆，网络资源服务部。 研究方向：长三角公共图书馆网借服务联盟。

第十二章
全龄友好跨鸿沟

让每一个生活在上海的人都能感受到这座城市的关怀和温暖，关注未成年人、老年人、残障人士和流动人员等群体，是全龄友好、包容社会建设的重中之重，如何根据特殊群体的特点和需求，提供更具针对性和包容性的服务，值得公共图书馆人不断思考和探索。

本章整合了上海市公共图书馆行业的为老服务现状，选取了上海市中心图书馆成员馆中部分颇具特色的代表性案例，如上海图书馆的无障碍阅读服务、虹口区图书馆的"菜场书屋"、长宁区图书馆的"长耳兔俱乐部"、闵行区图书馆的"闵图妈妈小屋"、金山区图书馆的绘本阅读等服务项目，推动形成文化服务益贫、共享、普惠的包容性氛围，让孩子开心、令老人舒心、使特殊群体暖心。

一 | 跨越数字鸿沟　享受智能化便利

——上海市公共图书馆行业为老服务纪实

《中华人民共和国公共图书馆法》指出，政府设立的公共图书馆应当考虑老年人等群体的特点，积极创造条件，提供适合其需要的文献信息、无障碍设施设备和服务等。上海是全国最早进入人口老龄化且老龄化程度最高的城市，截止2020年底，全市户籍60岁以上老年人口533.49万人，占户籍总人口的36.1%；众多老年人不会上网、不会使用智能手机，不能充分地享受智能化服务带来的便利。2020年11月，国务院办公厅印发了《关于切实解决老年人运用智能技术困难的实施方案》(国办发〔2020〕45号，以下简称《实施方案》)，就进一步推动解决老年人在运用智能技术方面遇到的困难，坚持传统服务方式与智能化服务创新并行，为老年人提供更周全、更贴心、更直接的便利化服务作出部署。对标《实施方案》中提出的"便利老年人文体活动，包括提高文体场所服务适老化程度、丰富老年人参加文体活动的智能化渠道"，结合公共图书馆的功能职责，上海地区公共图书馆将积极采取措施，帮助老年人解决智能技术应用困难，做实做细为老年人服务的各项工作，让老年人在信息化发展中有更多获得感、幸福感、安全感。

（一）贴心体现在行动上

1. 保留传统预约方式

2020年3月中旬上海市市、区、街道（乡镇）公共图书馆陆续恢复开放以来，对于运用智能技术有困难、无法进行线上预约和出示"随申码"的老年读者，均允许通过电话预约、现场预约等传统预约方式来馆阅读。这些读者只需佩戴口罩，持有效身份证件进行信息登记，签订"健康承诺书"，经测量体温无异常即可入馆。闵行区图书馆还为有长期阅览报纸杂志需求的读者办理了长期阅览证，无须通过电话预约，凭证就能出入图书馆。

2020年疫情期间，上海图书馆通过电话预约和现场预约的读者中70%以上来自老年读者和使用智能手机不便的人群。

2. 允许他人代为预约

老年人在通过家人、朋友帮助代为预约后，凭当日有效预约码等截图，即可进入图书馆借阅或参加各类活动。

3. 提供人工帮扶

在场馆入口处安排工作人员、志愿者以及安保人员，帮助老年人进行"健康码"、预约码等查询操作，为老年人解决运用智能技术困难等问题提供帮扶。

4. 做好信息引导

在场馆入口处使用电子大屏幕滚动播放或放置公告板、易拉宝等设施，公告馆舍开放时间、预约流程、入馆指南和常态化防疫等内容；采用线上+线下结合的发布模式，在馆入口处放置活动信息海报，服务台发放每月活动安排折页，方便不会使用智能手机的老年人获取信息；在服务台便民服务中安排专供老年人、肢体残障人士使用的轮椅等。

5. 开展各类智能应用培训

随着图书馆很多服务转移到线上，图书馆为满足老年读者的需要，定期开展各类针对老年人的培训，如：上海图书馆开设了"如何使用电子书阅读器""如何在家看电子书""教你玩转上海图书馆新媒体矩阵"等课程，教老年人使用各种智能化设备、看电子书、听书和看视频、通过微信公众号进行图书续借以及报名参加活动等。嘉定区图书馆"老年人电脑培训班""老年人智能手机使用培训班""数字资源使用培训班"，虹口区图书馆"e厘米"信息素养培训项目中针对中老年人的"星期四课堂"，奉贤区图书馆为老年人开设的"生活中的智能操作"培训课程，徐汇区图书馆的馆藏数字资源使用系列讲座，内容涵盖计算机软硬件、操作系统、软件安装、浏览器使用等基础知识及手机、平板电脑APP的安装使用、电纸书体验等内容，帮助老年人适应智能时代，提高老年人的信息数字资源使用能力和素养，更好地利用公共图书馆各项文化资源。

（二）特色体现在专业上

1. 强化馆舍环境及便民措施

改善阅览环境或专设老年阅览室，将老年读者的阅读空间安排在较为宽敞明亮、光线充足、通风良好的区域；无法专设老年阅览室的，也设立了"爱心专座""尊老专座"等老年专用区域。青浦区图书馆通过二期扩容改造，改进了老年读者较为集中的报刊阅览室；徐汇区图书馆在一楼专设老年阅览室，并为70岁以上老人免押金办理借书证。

考虑到老年读者视力较弱，大部分图书馆提供有老花镜、放大镜等辅助工具，同时放大导向型标志，让老年读者享受到更贴心、细致的服务。崇明区图书馆还为视力不佳的老年读者提供了阳光读屏软件——根据语音提示开展上网操作。

2. 优化馆藏建设

图书馆在进行书籍采选的过程中充分考虑到老年读者的阅读需求，征订大量适合老年读者阅览的报刊书籍以及文学、历史、养生、人物传记、社科类大字版读物，方便老年读者阅读，并不断完善馆藏数字资源数据库建设及数字资源的指导、推广服务，方便老年读者通过图书馆网站或微信公众号等渠道，足不出户使用图书馆线上资源服务进行网上学习。

3. 举办适老讲座

根据老年读者的需求，设有健康类、生活类主题专题讲座，聘请国内知名的专家学者讲授老年读者感兴趣的内容，如医疗护理、养生保健、心理健康、社会潮流、时事政策、法律维权、历史政治、地域文化等。徐汇区图书馆汇讲坛·周日老年健康知识讲座已经有十年的历史；青浦区图书馆的青溪讲坛，常年设有健康、生活类、手机使用和常用APP安全使用的专题讲座；杨浦区图书馆充分利用馆内品牌活动，为老年读者策划举办健康讲座、戏剧赏析等专题讲座；崇明区图书馆以"园艺""健康养生"等为主题的线下讲座，采用线上+线下并进的报名方式，方便老年读者报名参加。

4. 延伸服务半径

将服务延伸到各街道（乡镇）和社区，与街道（乡镇）、企业、公益性机构等合作开展符合老年人兴趣爱好的健康讲座、书画展览、戏剧赏析等线下阅读活动，丰富老年人的精神文化生活，让老年人"老有所学，老有所乐"。

(三)包容体现在理念上

1. 加大场馆线下为老服务力度

在疫情常态化背景下,为老年人专设服务通道,针对老年群体加大线下服务导引和活动说明。既使用微博、微信、网站等线上平台,又用好折页、宣传栏、电子屏等传统平台。

2. 保留传统卡证夯实为老服务

在加速推进"随申码"图书馆应用的同时,为老年群体保留传统的卡证服务,拓展"社会保障卡"等传统实体证件的借书服务,并保留人工服务,更好地帮助老年人。

3. 强化适老智能技术应用培训

在已有老年人培训班的基础上,继续针对辖区内老年人应用智能技术的高频事项和应用场景,设计简单易学的培训课程、使用指南。

4. 开展适老数字阅读文化体验

在调研老年读者文化需求的基础上,开展老年读者适应的、喜爱的线上或线下阅读推广活动,搭建老年读者求知与交流的平台;针对老年人在戏曲、歌咏、书画等方面的需求,举办讲座、展览、图书推荐等阅读活动,提升阅读体验,丰富精神生活;开展适老化智能应用,帮助老年人便捷享受在线听讲座、在线阅读等智能化服务;丰富线上文化供给,利用微信、抖音等平台,为老年读者提供线上直播课、线上展览、馆藏资源推荐等,方便老年人得到多元阅读体验。

5. 加强为老制度规范标准建设

组织场馆工作人员、志愿者进行培训,统一思想认识,提高服务水平,做好智能技术简易操作方法的指导,切实满足老年人等运用智能技术困难人群的实际需求。

上海市公共图书馆将继续创新思维,积极探索图书馆服务的适老化"改进",打造线上线下一体化、贴合老年人需要的文化产品和服务,帮助老年人跟上信息时代、弥合数字鸿沟,把公共图书馆打造成为老年人向往的文化学习、娱乐休闲中心,提升老年人的获得感、幸福感和安全感。

撰稿人	孙健,上海图书馆(上海科学技术情报研究所),协调辅导处,馆员。 研究方向:图书馆公共服务体系研究。

二 | 书香扶残、智慧助残、服务慧残

——上海图书馆无障碍阅读服务

截至2010年,全国共有8 502万残疾人[1],其中视障人群有1 263万人[2]。在《中华人民共和国公共图书馆法》第34条中要求:政府设立的公共图书馆应当考虑老年人、残疾人等群体的特点,积极创造条件,提供适合其需求的文献信息、无障碍设施和服务等[3]。如何为广大残障读者提供无障碍阅读服务,是公共图书馆需要思考的一个课题。

上海图书馆一直努力致力于践行无障碍图书馆建设,坚持文化助残、扶残工作,以保障残障读者的基本文化权益、丰富残疾人文化生活为目的,不断创新文化助残服务载体,牵手残疾读者走进图书馆,共享公共文化成果,不断引入新技术和专业服务团队,满足广大残疾人日益增长的文化需求,努力把上海图书馆建设成为残疾读者的精神家园。

(一)迎合视障读者需求,探索视障服务创新之路

在所有残障人士中,阅读障碍最大的是视障人群。视力障碍阻碍了很多视障人群求知的道路。早在2001年,上海图书馆就推出了视障读者服务,是国内较早开展视障读者服务的公共图书馆之一。

1. 增配盲文及有声读物馆藏资源

上海图书馆从设立盲人阅览室开始,就不断增加盲文图书、期刊、磁带为载体

---

[1] 中国残疾人联合会.中国残疾人事业统计年鉴[M].北京:中国统计出版社,2020:211.
[2] 中国残疾人联合会.中国残疾人事业统计年鉴[M].北京:中国统计出版社,2020:211.
[3] 中华人民共和国公共图书馆法[M].北京:人民出版社,2017:12.

的有声读物等盲文馆藏资源配置。之后顺应技术发展和读者需求的变化，配置CD、DVD、MP3格式的有声读物。再根据视障读者需求，配置有声电子书、电子期刊、数字音乐等电子资源。通过盲文馆藏资源建设，满足视障读者的借阅需求。

上海图书馆目前提供借阅的盲文图书共计9 058册；CD、DVD、MP3、磁带等音像制品2.5万多盒（盘）；供视觉障碍者点播的各类讲座120部；无障碍电影354部；有声数据库4个，共有电子图书约4 000册、期刊约300种、数字音乐近2万首。这些馆藏盲文文献资源，为上海图书馆视障读者服务创造了条件。在过去的20多年的视障服务中，为无数视障读者提供了精神食粮。

2. 创新服务模式

上海图书馆视障读者服务顺应读者需求，不断创新服务方式。从最初馆内提供盲文资料阅览服务，到推出视障读者免费送书上门服务，再在全国率先推出听书机外借服务，提供有声读物拷贝服务，2020年因为疫情，又开通了免费快递借还听书机、更新有声读物服务。

2001年开设视障阅览区，当时因条件受限，仅在阅览室开设了一个视障读者阅览专区，配备一名兼职馆员，为视障读者提供到馆盲文文献在馆阅览服务。

2002年在全国公共图书馆界率先推出了视障读者免费邮寄盲包送书上门服务，经过二十余年的探索与实践，服务范围从最初市区3个区到覆盖上海所有区县，从最初15位注册读者，发展到现在1 500余名注册读者，通过邮政系统，目前累计为视障读者送书1.5万余人次，提供盲文图书、有声读物外借5万多册/盒。在网上有声听书服务还没有兴起的年代，上海图书馆的免费邮寄盲文书、有声读物的服务，让很多视障读者实现了足不出户，即可享受"看"书、听书的服务。

随着智慧城市的建设和发展，数字阅读对人们的阅读方式、内容均带来了前所未有的冲击和变化，视障群体对图书馆数字化服务也提出了新的要求。2010年，随着视障人士听书机的出现，上海图书馆购置了第一代"阳光听书郎"听书机，面向视障读者免费提供外借服务，第一批100台设备几天内就被一借而空。之后，每年投入经费购买听书机，截至2019年累计购买第一代及第二代"阳光听书郎"听书机近650台，2020年由于"盲人数字阅读推广工程"的支持，又新购了第三代"阳光听书郎"听书机900台，投入到日常服务中。截至2020年底，累计为视障读者提供听书机外借服务近1.3万台次。

有了听书设备，视障读者希望能有更多的听书资源可以享受。为满足视障读者的这一需求，馆员联系采编部门增加有声电子书元数据的采购，并在国内率先推出了有声电子书拷贝服务。截至2020年底，累计为视障读者拷贝电子书近40万册。

不断升级改变的服务模式,都是为了能让视障读者无障碍获取信息,满足其"看"书、听书的需求。"想要阅读,到上海图书馆去"已成为很多视障读者生活的一部分。

(二)打造品牌活动,丰富残障读者精神文化生活

1. 无障碍电影,打开残障读者"观"影新体验

2009年,上海市残疾人联合会、上海图书馆、上海市电影评论协会共同成立了"无障碍电影工作室",将挑选出的优秀电影,制作成无障碍电影,以满足视障人群和聋哑人群的电影艺术欣赏的精神文化需求。上海图书馆还成了"无障碍电影放映点",从2009年开始,每逢单月的第一个周三的无障碍电影欣赏活动,已经成为视障和听障读者最喜欢的文化活动之一。此举不仅丰富了残障读者的文化生活,也让他们通过这一文化活动不断融入社会。

2. 与残联及各类残疾人协会合作,合力打造丰富的残疾人文化活动

上海图书馆与市残联携手合作,积极为残疾群体搭建文化平台,举办征文、演讲、竞赛、才艺展示、读书沙龙等形式多样、内容丰富的文化活动,受到了广大残疾读者的欢迎和喜爱。2009年,上海图书馆与市残联共同成立"上海市残疾人读书指导委员会",先后开展了"城市,让残疾人生活更美好""书香人生,美好家园"等残疾人读书系列活动。

上海图书馆还与市盲人协会开展了多年的结对共建,举办不同主题、形式多样的文化活动。每年举办各类征文活动、唱歌比赛、器乐比赛、盲人按摩知识竞赛、盲人中医基础知识竞赛等职业技能比赛,还为视障读者安排"爱眼讲座"、民乐欣赏等专场讲座活动。各类文化活动不仅促进了残障读者参与社会活动的积极性,同时也培养了残障读者乐观向上的精神。

3. 举办技能培训班,促进视障读者增长生活、学习技能

为了让视障读者提升他们的技能,增强他们和社会的联系,拓展他们融入社会的能力,上海图书馆每年会针对视障读者设置无障碍智能手机和无障碍计算机操作初级和中级培训班。此类培训班为视障读者教授基本的手机和计算机操作知识,教会他们用智能手机或通过操作电脑使用聊天软件跟朋友聊天、上网冲浪、上网购物等。视障读者在培训班不仅能学会技能,还能与身边的视障朋友交流讨论,互相学习,形成了愉快的互动氛围。每周除了上课外,周五下午在上海图书馆视障阅览室,学员们还自发组成学习沙龙,相互交流学习心得,还有志愿者在现场指导,这样的培训和沙龙活动让很多视障读者有很大的收获感。

(三)上海图书馆东馆无障碍服务展望

1. 场馆无障碍建设

上海图书馆东馆在建设之初,为满足各类残障读者使用图书馆的需求,就充分考虑了建筑无障碍设施的建设。停车场配备无障碍停车位,各个入口有无障碍通道且满足无障碍出入需求,1楼入口到无障碍阅览室配备了盲道,电梯配备盲点提示、语音报站、低位按钮,每层配备无障碍洗手间,服务台、检索台配备高低台,各阅览室配备可升降的无障碍阅览桌,馆内配备轮椅,馆内设置轮椅停放点等服务。

在上海图书馆东馆可以真正实现各类残障读者停车、通行、阅读无障碍。

2. 无障碍服务拓展

上海图书馆东馆的残障读者服务将有所拓展,除了继续服务好视障读者人群外,还将为听障读者、肢残读者等提供各类阅读服务。

针对听障人群,无障碍阅览室配备了手语馆员,方便沟通需求。提供到馆导引、代查代检服务。定期为听障读者播放无障碍电影。与上海市聋哑人协会合作,举办各类听障读者文化娱乐活动。定期在无障碍阅览室举办阅读沙龙服务,让无障碍阅览室成为听障人群沟通交流的空间和平台。

针对肢残读者人群,无障碍阅览室馆员将为他们提供馆内代查、代检、代借服务。肢残读者可以通过网上申请所需借阅图书,图书馆通过快递提供送书上门。无障碍阅览室也将定期为肢残读者群体举办各类阅读推广活动,丰富他们的精神文化生活。

3. 信息无障碍服务延续

上海图书馆东馆残障服务,还将继续致力于推进残障读者的信息无障碍服务。为视障读者举办无障碍计算机培训。为视障、听障、肢残读者举办各类智能手机培训班,让他们在数字化时代的当下,通过智能手机等设备,能更方便地获取信息,跨越数字化鸿沟。

继续推进上海图书馆无障碍数字图书馆平台及内容建设,让更多残疾读者足不出户就能享受图书馆提供的数字化阅读服务。

撰稿人	谢影,上海图书馆(上海科学技术情报研究所),读者服务中心副主任,馆员。研究方向:阅读推广、残障服务研究。

三 | 文韵"蔬"香满市集

——上海市虹口区图书馆菜场书屋项目

虹口区于2010年创立了"菜场书屋"项目，在菜市场内开设相对独立的阅读文化空间，通过配送文献资源、文化活动，在外来人口集聚地搭建文化平台，让菜场务工人员足不出户，就能享受公共文化服务。菜场书屋项目2013年5月被列入上海市公共文化优秀示范项目，2014年被评为上海市公共文化建设创新项目，2016年又入选上海市公共文化服务体系示范项目，2017年再获中国（上海）社会治理创新实践案例"优秀案例"称号。目前，菜场书屋项目覆盖了虹口区8个街道的18家菜场，满足了外来务工群体"最后一公里"的文化需求，成了外来务工群体的精神家园。

（一）共建菜场里的精神家园

1. 聚焦外来务工群体

外来务工者，一群大城市中不可或缺的人群，背井离乡在陌生的环境为生活打拼，他们是城市的建设者，也是城市中的弱势群体。菜场作为城市外来务工人口导入的高地，聚集了大量外来务工者，他们拖家带口驻扎菜场，一天工作十几个小时、基本全年无休；他们收入有限，家庭生计重担压肩；由于信息不对称、加之一些外来人员自我设置的心理门槛，使得他们很难真正享受到优质的文化服务。

2010年，虹口区图书馆与江湾镇街道图书馆以上海世博会为契机，将300册世博主题图书送入江湾镇街道福赐菜场，供外来务工者免费借阅，深受大家的欢迎和喜爱。于是，虹口区图书馆将目光聚焦菜场，希望在外来人口集聚地搭建文化平台，为这里的外来务工者建立一个精神家园。2010年，虹口区图书馆向福赐菜场投放600册图书，虹口区第1家菜场书屋应运而生。2011年，在多方协作下，首批16家菜场书屋同步启用，共同为外来务工群体构建身边的阅读文化空间。

2. 多方合作建立菜场书屋

每一家菜场书屋的设立都离不开政府部门和企事业单位的共同努力，虹口区文化和旅游局统筹协调、虹口区商务委保障书屋场地空间、虹口区图书馆提供文献资源、各街道落实桌椅电视等硬件配置、虹口区相关部门优势互补配送活动资源。根据菜场外来务工群体的作息规律和文化需求，菜场书屋施行标准化管理。书屋场地大多靠近摊位且拥有不少于10平方米的独立空间，方便菜场摊主就近借阅。每家书屋开放之初都配有2个书架、1个杂志架、1个报架及液晶电视等多媒体设备，至少配备500册图书。书屋每天的开放时长不少于2小时，开放时段定在每天午后，那段时间是菜场摊主一天中难得的闲暇时光。每家菜场书屋配有1名志愿者作为书刊资源的管理员，及时为菜场摊主提供图书借阅服务，并登记及统计图书借阅情况，根据外来务工人员的需求，定期更换书籍、安排活动。

截至2020年底，虹口区文化和旅游局累计向菜场书屋投入50万元，主要用于文献资源、书架配送、各类标识制作；虹口区各街道累计投入9.7万余元，用于报刊征订及配置液晶电视、DVD机等设备。2014—2018年，"菜场书屋"项目成为"虹口区社区公益服务项目"，获批"虹口区社会组织发展专项资金"134万余元，主要用于建立专职志愿者队伍、组织各类文化活动及开展相关宣传。2019—2021年，累计申请虹口区宣传文化事业专项资金共计127万余元，在经费投入上持续保障菜场书屋的日常运营和活动开展。

3. 引入第三方提升管理

2019年，菜场书屋项目委托第三方民非组织"上海多阅公益文化发展中心"运行管理。为提升菜场书屋的统一标识度，在虹口区图书馆的指导下，上海多阅公益文化发展中心为菜场书屋设计了全新Logo，Logo是由各色果蔬和文化符号组成一本打开的书页，寓意在菜场这样一个熙熙攘攘、充满烟火气的地方，书屋将成为社区链结共创的阵地，令文化无处不在，成长人人可得。此外，虹口区图书馆还与上海多阅公益文化发展中心共同制订了《虹口区菜场书屋管理人员手册》，进一步明确：书屋管理人员须确保日常开放时间、做好借阅登记、协助活动开展、配合调研评估等，每月都会通过标准化的综合考核、以分值的形式评估每个书屋的运行情况。每年至少会对现有的菜场书屋开展一次全面调研，梳理每个书屋的场地条件，分析适合开展何种形式的活动，了解书屋所在菜场的摊主人数及文化需求，定制更有针对性的服务方案、提供更为精准的文化服务。与此同时，定期排摸各家菜场外来务工人员来沪子女的人数及入学情况，面向不同年龄段的少年儿童开展差异化的阅读陪伴。

4. 社会力量注入活力

（1）形式推陈出新

2014—2015年，虹口区图书馆将暑期电影放映送入菜场书屋，为外来务工群体播放电影150场，参与观影2 788人次。之后，虹口区图书馆的品牌活动"彩虹屋的奇妙之旅""e厘米信息素养培训""虹图大讲坛"也相继被引入菜场书屋。结合知识普及与手工制作的"二十四节气歌""阿拉一起读童谣唱童谣"等少儿活动，深受菜场外来务工人员子女的喜爱。与上海市中医药大学附属岳阳中西结合医院、上海市中西医结合医院的医生面对面，聆听养生保健等科普专题讲座，受到了菜场务工者的一致好评。虹口区图书馆还通过安装特制的无线服务器"e厘米掌上图书馆"，将馆藏数字资源输送到各菜场，各类优质数字文化资源在手机端即可一站式获取。

2019年，菜场书屋引入了上海师范大学、华东理工大学、同济大学等高校的学生作为志愿者，为菜场的文化活动注入了新的活力。志愿者们每月会在外来务工人员子女间开展"阅读陪伴"；2019年，在高校志愿者的陪伴下，外来务工人员子女参与了"阅在虹图"夏令营，还参加了"上海书展"的活动。同时，面向菜场摊主开展的财商沙龙"好好赚钱"，深入浅出地分析时下财经动态，教授摊主们运用营销学推广摊位生意；舒压减压活动"你好，鸭梨！"分享如何以科学的方式调节身心、舒缓压力……新颖的活动形式和内容令外来务工人员获得多样化的文化体验。策划中的《城市微观——菜场人文》摄影展，将以虹口区虹湾路菜场的摊主们作为拍摄对象，由高校学生和青年白领组成的摄影志愿者团队利用业余时间，观察、访谈摊主们的真实生活，用摄影作品记录摊主们的生活瞬间，用文字呈现摊主们的生活经历与书香感悟。

（2）空间改造升级

菜场书屋也吸引到热心公益的社会力量的大力支持。连阳菜场书屋地处北外滩地块，也是最早一批菜场书屋之一，在嘉民管理咨询（上海）有限公司的赞助支持下，书屋进行了整体装修。初步计划2021年4月23日"世界读书日"当天，推出以连阳菜场书屋为代表的升级版菜场书屋，作为整合社会力量提升公共文化服务能效的一次有益尝试。

2020年，已完成了8家菜场书屋的环境美化，对菜场书屋的空间改造一直不曾停歇，从墙面装饰到更新桌椅书架，空间不断改善的菜场书屋希望能吸引更多外来务工者在此驻足，身心愉悦地享受家门口的公共文化服务。

（二）直面书屋运营中的挑战

1. 市政拆迁影响书屋建设

从2010年的第1家菜场书屋到2013年的第26家，菜场书屋项目自创设之初，就期望逐步实现虹口区所有街道、所有菜场全覆盖，从而惠及越来越多的外来务工群体。但随着城区建设、标准化菜场改建，许多菜场面临市政拆迁，菜场书屋也随之关闭，首创于福赐菜场的虹口区第1家菜场书屋也因此消失。目前，虹口区拥有菜场书屋18家，随着北外滩建设步伐的加快，隶属于该区域的两家菜场书屋也面临拆迁。菜场的经营效益与书屋场地、运维投入之间的矛盾，是推广菜场书屋项目所要面对的一大挑战。

2. 数字媒介影响纸质书需求

随着智能手机的兴起，抖音、哔哩哔哩等短视频APP的出现，使得越来越多的人开始追求快节奏的快餐文化。菜场内外来务工人员本就存在文化差异，一些年轻人更愿意选择看短视频，更容易被碎片化的信息吸引，很难沉下心来翻阅纸质图书。而各类手机阅读APP的涌现，也使得纸质图书的吸引力逐年降低。"如何留住菜场书屋的读者？"是摆在项目运营方面前的另一个挑战。2020年新冠疫情防控期间，虹口区图书馆尝试通过指导手册、现场教学等方式普及免费电子资源的获取方式，引导菜场摊主使用智能手机访问虹口区图书馆微信端的数字资源，免费听书、看书，并尝试将菜场书屋的纸质书与部分电子书相结合，引导菜场务工者从阅读电子书到阅读同一作者更多的纸质书作品。

（三）思考书屋未来规划发展

创立10年来，菜场书屋项目始终秉持与时俱进的理念，力求在空间属性和承载功能上有所拓展。考虑到仅仅满足文化需求，可能会因功能的单一性阻碍菜场书屋发展的可持续性，虹口区图书馆未来将积极推动菜场书屋的多元化功能建设，从试点开始，充分利用书屋这一平台空间拓展服务功能、吸引更多人群走进书屋。菜场书屋将尝试与社区党群服务中心关联，将书屋纳入党群服务的范畴，定期向菜场书屋配送红色书籍，供菜场内的党员、群众开展阅读学习；及时向外来务工群体传达时政信息、宣讲政策法规，让外来务工人员第一时间了解上海的惠民举措。同时，拓展服务对象，不只局限于菜场内的外来务工人员，而是通过植入更多实用性、公益性的服务项目，吸纳菜场周边的外来务工群体走进书屋，扩大受益人群。进一步整合区域内各相关条线的资源，输送到菜场书屋这一基层社会空间中去，逐步将菜场书屋打造成服务多渠道、功能多元化的社区共享空间，将菜场书屋建设成普惠更多外来务工群体的精神家园。

撰稿人	陆燕，上海市虹口区图书馆，辅导部，助理馆员。 研究方向：外来务工群体服务研究。

四 | 阅读、分享、成长、快乐

——上海市长宁区少年儿童图书馆长耳兔阅读俱乐部

少年儿童作为国家的未来，他们的发展与国家命运密切相关。阅读不仅可以提升个人素质，同时也是了解人生和获取知识的最好途径。为鼓励更多的青少年儿童一起参与到阅读活动中，真正实现长宁区少年儿童图书馆的社会教育职能，不断凝聚各行各业的力量，整合社会资源，2017年，长宁区少年儿童图书馆以"长儿图"之谐音取名成立长耳兔阅读俱乐部，俱乐部秉持"阅读、分享、成长、快乐"的理念，引入华东师范大学教育学专业力量，通过线上、线下相结合的独立化、体系化机制手段，引入"项目学习""合作学习""游戏学习"等教育理念和做法，不断拓展长宁区少年儿童图书馆的功能内涵和品位，进一步丰富青少年儿童的文化生活，引导少年儿童爱上阅读、学会阅读、享受阅读、终身阅读。

（一）经验特色

1. 打造专业化团队，实现体系化运作

长耳兔阅读俱乐部与具备华东师范大学教育学专业背景的专业团队合作，旨在将俱乐部打造成为独属于全体少年儿童的一座没有疆界的知识宝库、一个全年无休的文化乐园、一张未成年人的工作名片。专业团队分成核心团队（华东师范大学教育学专业团队）、师资团队（华东师范大学优秀师资团队）及专家团队（华东师范大学教授、少年儿童工作专家、少年儿童专业作家），各团队各司其职，实现体系化运作。其中核心团队负责俱乐部课程的开发，师资团队负责课程的现场讲授，专家团队依托高校、幼儿园、教育机构、儿童保健医院等资源就儿童及家长关心的经典阅读及养育问题进行授课。

为鼓励少年儿童持续参与阅读活动，营造良好的阅读文化环境，长耳兔阅读俱

乐部以会员制为基础开展活动。已在长宁区少年儿童图书馆办理读者证且符合相关规定的读者和家长，可向俱乐部提交申请免费成为会员，依据俱乐部相关规定免费参加各类活动。同时，长耳兔阅读俱乐部通过企业微信号组建了俱乐部会员群，定时开展各类线上活动，加强家长与俱乐部的用户黏度。

2. 分龄定制专属服务，打造长宁特色品牌

（1）量身定制分龄阅读课程

长耳兔阅读俱乐部根据儿童的不同年龄与发展程度专属设计，量身定制阅读推广课程。针对3至6岁儿童，设置经典绘本导读、《格林童话》经典文本导读等，通过浸润式师幼共读，结合"听一听、讲一讲、练一练、演一演"等四大环节，辅以小组竞赛、手工操作、绘本表演等拓展互动相结合的形式，实现阅读力、信息力、协作力、想象力、表达力的多方面发展，旨在激发儿童的阅读兴趣、提高与阅读相关的能力与素养。俱乐部后期又结合了优质获奖绘本开展绘本精读课程，结合"封面里的大秘密""绘本故事真好听""想一想""再想一想"等四大板块展开"深度阅读系列课程"，内容涵盖词语语境训练、故事细节描述、体悟人物情感以及肢体语言表达，让每一个小读者在创造力、信息力、阅读力、协作力、逻辑力以及表达力上获得进步与提高。

除了学龄前幼儿外，长耳兔阅读俱乐部同时面向中小学生推出了"走进经典"及"亲子大讲堂"系列讲座，围绕"少儿文学"及"亲子阅读"两大主题，丰富少年儿童的文学知识、促进亲子间的高质量阅读互动，让孩子们以书为媒，在知识的宝库中发现世界的美与神奇。

（2）线上+线下开展阅读打卡

为激励广大少年儿童坚持阅读，养成良好的阅读习惯，长耳兔阅读俱乐部于2019年推出"阅兔长跑"阅读打卡活动。活动以"盖章打卡"的方式，为家长挑选百本优秀绘本精选书单，并通过线上与线下相结合打卡激励，鼓励小读者记录每日的阅读故事，激发其阅读积极性，让阅读成为习惯。

"线上打卡"主要通过长宁区少年儿童图书馆微信公众号进入"长耳兔阅读打卡"小程序，"线下打卡"通过"阅兔长跑地图"记录线下活动参与情况，凡是报名参加长耳兔绘本课程、讲座活动及少儿馆其他阅读活动的家庭，也可在"阅兔长跑地图"上盖章打卡。

（3）设计专属视觉识别系统

为了让家长与小朋友们更了解长耳兔阅读俱乐部的课程，使长耳兔阅读俱乐部这一品牌更深入人心，长耳兔俱乐部设计了专属的视觉识别系统，包括Logo、字

体以及生动可爱的长耳兔吉祥物形象等，并以此制作了活动记录册、小印章、小徽章、雨伞、玩偶、布袋、杯挂、手账本、手拿包等文创产品，鼓励会员积极参与。2018年，长耳兔俱乐部推出了原创童谣《我们的好伙伴长耳兔》，朗朗上口的歌谣进一步增加了长耳兔阅读俱乐部的品牌亲近感，让更多的小读者们记住和喜欢。

3. 注重家长作用，科学导入亲子阅读

阅读习惯的培养，家长的作用不可替代。为进一步帮助家长在亲子阅读的过程中科学有效地指导孩子，加强亲子沟通，长耳兔阅读俱乐部为家长们以"少年儿童教育"为主题开展"亲子大讲堂"系列讲座。讲座围绕"0至3岁儿童保育""少年儿童心理健康""亲子游戏"等主题，帮助家长从实际层面解决亲子共读中存在的难题及入园焦虑等问题。家长在系列讲座中能近距离地与专家和教师进行交互，对儿童发展与经典阅读的热点话题进行讨论，俱乐部同步提供线上课程资源，方便没有报名成功的家长与儿童也能享受到俱乐部的活动服务，形成了优质服务、正面口碑、高参与度的良性循环。

同时，长耳兔阅读俱乐部为方便家长与家长之间、家长与老师之间的交流沟通，搭建了专属微信号，为家长们提供了互动咨询平台，另外，长耳兔阅读俱乐部定期对家长们开展问卷调查，从而了解家长和孩子对活动的想法和需求，进一步提升活动质量。

（二）思考与发展

长耳兔阅读俱乐部创办至今，通过各类阅读推广活动，得到了服务公众的一致认可，成了长宁区少年儿童图书馆的阅读服务品牌。在"阅读好习惯""认识书世界""奇妙科学界""格林童话""100本绘本精读""深度阅读"等系列课程及"世界读书日""阅兔长跑"等主题活动中，我们一起见证了儿童们的成长。同时，"走进经典"与"亲子大讲堂"系列讲座更是推陈出新，紧跟教育热点，为少年儿童提供了优质的课外学习生活，为家长们献上了一个高质量的育儿平台。截至2020年底，长耳兔阅读俱乐部会员总人数达到1 987人，服务儿童及其家长近万人次。

如何真正把"长耳兔阅读俱乐部"这一阅读品牌长期保持下去，我们认为需要做到以下几点：

1. 丰富线上课程，扩大服务人群

在俱乐部运行的几年间，服务了不少读者。由于俱乐部活动都实行小班化管理，每次活动人数有限，很多读者反映想来参加活动但报不上名。如何进一步提高参与人群，让更多的读者获取优质阅读资源，激发阅读兴趣，是长耳兔阅读俱乐部一直面临的问题。

为进一步提高俱乐部受众人群，调动俱乐部成员及家长参与活动的积极性，长耳兔阅读俱乐部将进一步利用各类"线上平台"，丰富"云课堂"资源，通过"线下活动+线上课堂"相结合的手段，让读者打破参与人数限制，更大程度地满足读者对长耳兔阅读俱乐部活动资源的获取利用。

2. 保证师源师资，严格把关质量

长耳兔阅读俱乐部的师资团队主要来源于高校学生，由于专业和经验上的差距，教学水平存在参差不齐的情况；同时，教师间的流动性较大，优秀的师资资源不能稳定。今后，对于长耳兔阅读俱乐部师资力量将严格把关，确保讲师的优质高效。定期开展优秀教师评选，对于优秀教师进行奖励，稳定师资队伍。同时，在保留与华师大团队合作的同时，积极吸纳优秀的阅读推广人加入到长耳兔阅读俱乐部师资队伍中来。

3. 根据读者需求，创新活动模式

近年来，长耳兔阅读俱乐部的活动模式逐渐固化。为进一步提升俱乐部活动的内容和质量，长耳兔阅读俱乐部将结合社会热点，创新服务模式，做好现有各类活动的同时，注重信息收集，根据读者及市场阅读需求，合理、有序地推出新栏目，进一步树立长耳兔阅读俱乐部阅读品牌效应。探索与学校、社区等共建单位合作新模式，以学校推荐图书为导读内容，开展"图书导读"活动，依托高校、教育机构等资源，邀请少儿作家、阅读指导推广人与相关学者进行专业阅读指导，培养学生的阅读兴趣和习惯，提高同学的阅读质量和能力，创新服务模式，提升公共图书馆服务效能。

（三）结语

长耳兔阅读俱乐部一直致力于开展形式多样、内容专业丰富的阅读活动，引导少年儿童爱上阅读、学会阅读、享受阅读、终身阅读。今后，俱乐部将再接再厉，总结经验，扩大服务面并保持传统品牌活动质量，同时进一步优化活动组织、创新形式与内容，秉持俱乐部宗旨不断向前迈进。

撰稿人	钱虹，上海市长宁区少年儿童图书馆，宣传辅导部，助理馆员。 研究方向：少儿阅读指导。 茅来娣，上海市长宁区少年儿童图书馆，宣传辅导部，馆员。 研究方向：少儿阅读指导。

五 | 志愿同行共筑亲子阅读平台

——上海市闵行区图书馆"闵图妈妈小屋"亲子阅读系列活动

（一）搭建互动平台，激发阅读兴趣

公共图书馆作为政府公益性机构，承担了广泛而基础的精神文化传播任务，是社会文化教育组成的一部分。其中少儿读者作为公共图书馆中占一定比重的群体，如何正确指导孩子科学地阅读，引导孩子激发对阅读的兴趣爱好，是公共图书馆的职责所在，这是引导未来社会阅读能力的重任。在除了打造理想阅读环境，甄选适龄好书，正确使用图书馆检索工具这些基础服务外，公共图书馆应当打破传统的阅读阵地服务，有效整合周边社会资源，有计划地定期开展儿童阅读的实践活动。

2014年3月，闵行区图书馆在积累一定组织活动经验的基础后，精心打造了主旨为"丰富未成年人阅读体验，呵护自我成长"的"闵图妈妈小屋"系列亲子阅读平台。"闵图妈妈小屋"系列活动将以往阅读活动化零为整，集中了多方社会公益组织，利用周末以亲子互动阅读为开展方式，引领少儿体验深阅读。

（二）甄选专业团队，打造特色板块

"闵图妈妈小屋"坚持"丰富阅读体验，呵护自我成长"的阅读推广理念，整合社会资源，致力长远打造一个适合周末亲子共处的活动平台。"闵图妈妈小屋"系列亲子阅读平台活动内容丰富，涉及知识面广泛，以绘本阅读为基础，主题涵盖手工活动、自然探究、文化传承、科普知识，迎合少年儿童喜闻乐见的知识点。

1. 线下活动丰富多彩

"阅读越精彩"和"朗读天使"以"让更多的孩子爱上阅读，为孩子期许一个精彩未来"为宗旨，每月结合当月农历节气和节假日确定主题，选取配套经典绘本故事，采用不同的演绎形式，分享绘本故事，通过故事会给予孩子们高品质的阅读陪伴，启动孩子们无穷的想象力和创造力；"和普英语故事会"启蒙幼儿对英语阅读的兴趣，以原版绘本故事加上英语游戏儿歌的形式展开；活动能在图书馆中营造轻松语境，让孩子们接触到有趣英语读本，爱上课外阅读，锻炼口语表达；"亲子手工坊"通过绘本分享和手工制作相结合，收获一份手工成果的同时共享亲子时光；"趣读中华文化"活动集合了中华上下五千年悠久历史，民族文化及智慧的壮丽瑰宝，通过故事分享让传统的智慧与毅力代代相传；"自然课堂户外导赏课"以自然为主题，将环境、生物保护作为宗旨，带领小朋友走进郊野，感悟自然，共读经典。"第一次遇见科学"重在科学方法论的训练、科学思维的塑造以及科学精神的培育。

2. 线上活动小试牛刀

2020年受疫情影响，闵行区图书馆暂停了线下活动，转型制定了2020年线上阅读系列活动计划。融合抖音、微信、微博等多个线上媒体平台，闭馆期间继续开展线上阅读推广活动，使大小读者通过参与一系列线上互动、分享、学习，在逐渐复苏的城市角落体味线上阅读活动的乐趣。闵行区图书馆在疫情期间开通了抖音官方平台，结合微信视频号，计划每月1期"少儿线上荐书"、2~3期活动短视频制作、1期线上活动直播。2020年5月31日，闵图妈妈小屋首次尝试在抖音账号及闵行文化云平台直播少儿故事会——"防疫归来、好久不见"。当日直播观摩数量达3 000余人，互动点赞量达100余次；6月20日与闵行区融媒体合作直播"朗读天使"——"老爸的肩膀是我人生的第一眺望台"播放量为5 000余次，在活动直播起步阶段达到喜人的效果。

（三）社会团队协同，提升品牌价值

闵图妈妈小屋平台自建立起，志愿团队即于2014年3月起进行招募，通过这些年平台影响力日益增大，志愿队的队伍也随之壮大。志愿服务有付出同时也有收获，闵图妈妈小屋志愿团队获得了外界的一致肯定和认同。

1. 队伍建设与管理

平台长期秉持"呵护少儿成长，丰富七彩童年"的理念面向全社会招募故事志愿者/团队，通过不断完善志愿团队档案，建立工作计划总结，制定闵图妈妈小屋志愿队活动时间安排，明确了志愿者/团队相对应的活动任务、志愿者/团队享有的权利、志愿者/团队的服务内容、志愿者/团队报名基本条件等，使队伍逐渐步入轨道。

2. 两级管理制度

每次志愿活动，由闵图妈妈小屋年初统一安排，再由每支团队进行具体的志愿者招募、培训，最后再将参与当天志愿者名单汇总至闵行区图书馆，由闵行区图书馆活动负责人与志愿团队进行直接联系。两级管理之间密切沟通联系，保证志愿服务工作的顺利开展。每次活动前，对参与的志愿者进行活动彩排，强调细节处理及现场应急情况。服务结束后，与团队参与志愿者进行活动总结。

3."服务次数"记录制度

对于志愿者的服务时间，推行"服务次数"记录制度，将服务标准具体量化，对整体志愿团队服务时间的计算以及对服务队的指导和监督，团队人人参与横向更有可比性，更能提升服务水平。

4. 统一着装、挂牌上岗制度

志愿团队开展活动当天身着代表该团队明显标识的服装，若团队本身没有服装，将统一穿着闵行区图书馆志愿者的绿色马甲并佩戴志愿者挂牌。统一着装、挂牌上岗更从形象上代表了闵图妈妈小屋志愿团队的专业及责任。

5. 工作例会制度（考核及奖励机制）

工作例会是及时交流沟通，互相学习反思的机会，是提出问题、解决问题的最佳时刻。每年年末，闵行区图书馆召开志愿者工作例会，对年度志愿者工作进行总结，对优秀志愿者及团队进行表彰，并布置来年的志愿者工作。对年度表现优秀最受读者喜爱的志愿团队，参照《闵行区图书馆志愿者考核办法》及《闵行区图书馆志愿者表彰办法》进行表彰，并授予证书。

6. 注册制度

闵行区图书馆对前来报名的活动志愿者及团队进行在册登记。无论是个人还是团队，都需登记包括姓名、联系方式、身份证号码、特长等信息，并对其个人信息进行保密。

目前闵图妈妈小屋共计注册志愿团队8组，志愿者数量达150人。志愿者团队集合了大批的优秀阅读推广人，不仅包括"阅读越精彩""朗读天使""和普公益"等优秀阅读推广公益组织，还有作曲家易凤林、上海东方电视台主持人巩晓亮、复旦大学中国史博士后朗静、中国诗词大会命题人方笑一教授、沪剧名家徐蓉等名人名家。

（四）收获良好口碑，取得社会效应

七年来，"闵图妈妈小屋"共开展活动292场，读者参与25 747人。平台成功注册自身品牌，尝试利用多渠道、多媒体对活动进行宣传，每期活动有预告、有报道，为进一步推广少儿阅读开辟了新路径。除了在馆内开展活动外，还利用区图书馆的辐射影响，牵手社区街道（乡镇）、学校、剧院，实现资源共享阅读推广，开展"妈妈小屋进校园""妈妈小屋进暑托班""妈妈小屋进社区""妈妈小屋进剧院"等活动，进一步推动少儿阅读影响力。

"闵图妈妈小屋"活动得到闵行区妇联、闵行区共青团委、新闻媒体的大力支持。"3·5锋尚志愿者活动项目"、微博公众号"上海发布"、"闵行发布"、电台FM102.7《闵行直通车》、闵行电视台《成长ing》栏目、《闵行报》、《文汇报》相应专栏都进行了宣传报道，扩大了影响力。

"闵图妈妈小屋"还曾先后荣获2014全国全民阅读年会阅读案例二等奖，2015年全国少年儿童阅读年亲子阅读推广优秀案例三等奖，2016年上海图书馆学会优秀阅读推广组织，2017年上海图书馆优秀案例等奖项，2020年度全国文化和旅游志愿者服务项目线上大赛三等奖。

撰稿人	宣寅颖，上海市闵行区图书馆，外借部，馆员。 研究方向：少儿阅读推广。

六 | 由绘本爱上阅读

——上海市金山区图书馆绘本阅读系列品牌活动

绘本作为一种适合儿童阅读启蒙的优选读本,其图文并茂、内涵丰富,符合低幼年龄段儿童的认识规律和思维习惯,成为众多儿童读物中家长和孩子们的首选,在儿童的成长过程中扮演着重要的角色。作为金山地区重要的公共文化服务场所,金山区图书馆聚焦绘本,经过五年多的实践探索,发展出了一套集优质绘本典藏、中英文绘本读书会、绘本宣传与培训、线上线下绘本解读的阅读推广模式,突破了传统阅读推广方法的单向性,融合"看、听、说、想、画、做"等多种元素,全方位引导家长和儿童走近绘本,激发儿童的阅读兴趣,帮助孩子们从小养成爱阅读的好习惯。

(一)特色品牌活动

金山区图书馆2015年迁入新馆后随即成立少儿部,2018年6月根据公共图书馆的发展变化,将原少儿部升级更名为少儿活动部,在此基础上,不断丰富绘本馆藏,做到数量多、质量优、有特色。将获凯迪克大奖、安徒生大奖、丰子恺图画书奖等国际大奖的系列绘本作为重点入藏绘本,国内著名绘本品牌出版方,如爱心树、蒲蒲兰、启发等出版的绘本也积极入藏。在此基础上,以"由绘本爱上阅读"为理念,逐年开发培育诸如"亲亲悦读会""绘阅读""悠儿读书会""给孩子·荐书""阅读种子盲盒""少儿七巧板"等绘本阅读活动,发展成为内容生动、形式新颖、特色鲜明的绘本阅读品牌活动,为孩子们营造快乐、温馨的阅读氛围,借助于总分馆体系,有效推进金山地区绘本阅读活动的开展。

1. "亲亲悦读会"——亲子阅读,携手家庭共读经典绘本故事

"亲亲悦读会"是金山区图书馆绘本阅读推广的重要载体。从2015年6月开始,至今已举办近三百余期。"亲亲悦读会"是一项与社会组织互相合作,资源共享的亲子阅读推广活动。"故事爸妈"是来自于各行各业、热心公益事业、热爱阅读的志愿者，他们用热情和服务为广大的孩子和家长，讲故事、推荐书籍，培养家长们的亲子阅读习惯与技巧。每周组织绘本活动1~2场次，每场活动限定20个家庭，活动时长为1小时，每场活动中留有15~30分钟的实践板块供亲子家庭共读。"亲亲悦读会"现拥有了一批忠实的阅读粉丝，培养了一批热爱阅读的家长和孩子，使阅读的种子从图书馆播撒到了家庭，成了图书馆绘本活动的品牌项目。

2. "绘阅读"——绘本直播间，提升媒介素养的讲绘本活动

2020年疫情初期，鉴于读者不能参与线下活动，金山区图书馆策划开发出了"绘阅读"，以直播间的形式，邀请小读者来图书馆现场拍摄绘本阅读节目，借助微信公众号以及学习强国等移动网络平台进行线上推广。每月录制与推荐均不少于两期。此举有效拓展了少儿阅读活动的范围以及影响力，使金山区图书馆在疫情初期仍能继续开展阅读活动。"绘阅读"这一活动，为金山区图书馆在全区图书馆，特别是疫情防控阶段，图书馆如何持续开展阅读活动做出了示范引领。

3. "悠儿读书会"——英语绘本故事会，寓教于乐听故事学英语

"悠儿读书会"携手留学归国的志愿者团队，该团队经验丰富，除了有扎实的英语文学基础之外，还拥有海外留学的生活经历。每周一期英文绘本故事会，用45分钟的时间与孩子们共读英文绘本。在绘本中学习自然拼读法、日常交流用语以及英语国家的文化习俗，活动全程用英语交流。每期的英文绘本故事会主要由音乐互动、绘本演绎、游戏环节等几个环节组成，在志愿者老师的带领下，帮助小朋友们在快乐有趣的互动游戏中了解英文绘本故事，同时促进小朋友英语阅读及表达能力的提升，激发少儿及家长阅读原版绘本的兴趣。

4. "给孩子荐书"——精挑细选，小朋友亲身在线推荐绘本

2020年，金山区图书馆采取以视频制作为基础，定期邀请小读者来到图书馆参与优质童书推荐的录制工作，以视频说书解读的形式，每月给金山区少儿读者推荐7本优质绘本，此举既满足了疫情防控的需要，避免了聚集现象；也充分借助了微信公众号、学习强国等一批新媒体进行在线传播，为金山区图书馆打造了一个新的阅读推广平台，也为金山区儿童提供了一档真实可信的绘本类荐书节目。

5. "阅读种子盲盒"——45天不间断，见证绘本阅读种子发芽

"阅读种子盲盒"融入了"盲盒"元素，由未知的种子和未知的绘本故事组成，让小读者们对阅读充满惊喜和期待。每年的"4·23世界读书日"期间，免费为500组家庭各提供一个阅读盲盒，盲盒上贴有二维码，里面藏着一个未知的绘本有声故事。需要小读者们亲手打开盲盒，种下未知的种子，在阅读的陪伴下，等待

种子发芽和成长。除了盲盒申领外，金山区图书馆还为申领盲盒的亲子家庭准备了45天亲子共读计划。通过线上分享阅读的方式，每天为小读者解读推送绘本故事，满足小读者的爱好和需求。通过"阅读种子盲盒"活动让孩子养成阅读习惯，在期待未知植物发芽和生长的过程中，在孩子心中播下热爱阅读的种子。

6. "少儿七巧板"——绘本动手做，与孩子一起开展绘本DIY活动

"少儿七巧板"活动自2015年以来，已开展两百余期，活动以三至五岁幼儿读者为活动对象，围绕绘本开展活动，如绘本DIY。绘本制作活动可以极大地发挥孩子们的主观创意。每期活动由图书馆有经验的馆员负责制作教学，通过教学，孩子们可掌握四页书、卷轴书、折叠书、方形书、蒙古包书、毛毛虫书等的制作方法，在此基础上，孩子们还可以发挥自己的想象力，创作出属于自己的绘本。

（二）阅读推广经验

打造成功的绘本阅读活动必须经过精心策划设计、组织实施、打造经营，才能得到读者的认可。

1. 打造品牌化绘本读书活动

打造品牌化绘本活动可以塑造亲子活动品牌，提高读者的认知度和忠诚度，强化活动的持续性和有效性，提高活动的整体质量。如金山区图书馆的"亲亲悦读会"设计了Logo，应用于开展活动的玻璃房背景墙、宣传专栏、专用奖品，并制定了活动系列奖励措施，凡参加活动的小读者每次可加盖一枚图书馆点赞章，集有5枚点赞章的小读者可获得图书馆赠送的小奖品，每个季度统计一次兑换小奖品人数，兑换次数多的小朋友将被评为"小书迷"，届时将他们的照片张贴在少儿借阅区的墙上，并由图书馆举行颁奖仪式进行表彰。品牌化绘本活动的系列配套措施加强了活动效果，提升了活动档次，扩大了活动影响力。

2. 创新绘本阅读活动的内容和形式

丰富的内容、生动的形式是培养阅读兴趣的最佳方式和途径。金山区图书馆开展的"阅读种子盲盒"活动，借由"盲盒"这个时尚概念，将种植与阅读两种行为紧密结合在一起，孩子在观察记录种子发芽成长的过程中，扫一扫盲盒上的故事二维码，在家就可以听到金山区图书馆馆员每天讲读的绘本故事，引起孩子们的阅读兴趣，促进孩子们坚持阅读。因此，尊重儿童阅读的特殊性、顺从儿童天性，才能激发孩子好奇心，调动他们的阅读积极性。

3. 根据参与读者特点分类设计绘本活动

不同年龄段的儿童在认知发展、语言能力、阅读能力等方面，存在着不同的特

点和发展水平。金山区图书馆在开展绘本活动时，将绘本活动分类整合，邀请不同年龄段儿童参加不同类型的绘本活动。对于2~3岁的儿童，他们不再只是被动的听众，而是开始学着互动，可以使用一些内容简短或有不断反复词句的故事，促进孩子学说话，加深对故事的印象，可参加"少儿七巧板"等互动性强的绘本活动；对于3~6岁的儿童，其讲话能力较2~3岁的儿童大有提高，能够倾听更长的故事并且全身心地投入其中，需要学习交友与自我认同等，则推荐参与"亲亲悦读会"等表达性强的绘本活动。有针对性的绘本活动使幼儿更易于接受，大大增强了活动的效果。

4. 寓教于乐让绘本活动有趣有料

绘本活动流程的构建应遵循生动、活泼的原则，主要目的是让儿童在一种愉悦的氛围中培养对图书和阅读的认知和喜爱。"悠儿读书会"是全英文的绘本故事会，为使孩子们无障碍参与其中，馆方和志愿者精心策划安排，活动开始采用热身操，中间的故事部分和现场的小朋友们积极互动，采用如角色扮演、提问、故事复述、创编故事、小游戏、共同朗读等方式来激发幼儿的兴趣，通过看、听、读、说、做来帮助他们全面深入理解绘本内容，提升相应的英文表达能力。

5. 利用移动互联网开展绘本活动

绘本活动借助网络的力量，拓展绘本活动的参与方式。如"绘阅读""给孩子·荐书"等绘本在线活动，将传统线下活动，结合拍摄剪辑制作搬上了互联网，让孩子在学习绘本知识的同时，也培养了媒介素养能力，类似于直播间的表演形式，使他们产生了浓厚的兴趣。直播间的形式在绘本活动中的应用有效地刺激了儿童的表达欲望，激发了他们的阅读兴趣，让孩子们在快乐中学习阅读，在阅读中慢慢成长。

（二）结语

目前，绘本阅读推广工作已成为金山区图书馆开展阅读推广工作的重要工作领域，如何做好这项工作，为广大小读者服务，金山区图书馆一直在不断探索和实践。已经培育的一系列绘本活动品牌，为金山地区开展绘本读书活动提供了一个典范，努力引领孩子们从绘本阅读起步并爱上阅读，从阅读中充实，在阅读中圆梦，收获幸福童年。

撰稿人	卢伟，上海市金山区图书馆，少儿活动部助理馆员。 研究方向：少儿阅读、书友会发展。

上海市公共图书馆行业2020年度大事记

	1月份
17日	为深入贯彻落实文化部等五部委联合印发的《关于推进县级文化馆图书馆总分馆制建设的指导意见》文件精神，上海市文化和旅游局公共服务处、上海图书馆行业协会和上海图书馆联合开展的总分馆制建设验收工作圆满完成。
18日	奉贤区图书馆修缮工程顺利完工并正式对外开放。开放首日，奉贤区图书馆举办"心有所鼠、指上年味"奉贤区"一镇一品"迎新展互动交流暨开馆活动。
24日	为全力做好新冠疫情联防联控工作，本市各级公共图书馆实行临时闭馆。闭馆期间，公共服务转型线上，馆员通过居家办公、到岗轮班、总值班等方式确保工作正常开展，并以多种志愿者形式积极参与社区防疫。
	2月份
6日	上海市中心图书馆发"致各级成员馆的一封信"，对全市公共图书馆全体从业人员全力做好闭馆期间读者服务工作、积极参与地区疫情防控志愿服务等表示崇高的敬意和诚挚的慰问。
22日	上海图书馆联手湖北省图书馆为武汉方舱医院的患者和医务人员开通"上图方舱数字图书馆"，把"上海书展·阅读的力量"2020特别网聚活动和上图优质资源送进方舱医院。
	3月份
5日	由上海图书馆、湖北省图书馆、武汉图书馆、南京图书馆、浙江图书馆、安徽省图书馆和阅读马拉松组委会主办，四省一市以及其他地区的338家图书馆共同承办的线上阅读活动——2020"我的战疫"阅读马拉松线上快闪赛正式开赛，以线上阅读为武汉战疫送去寄语。
13日	为严格贯彻落实上海市委、市政府对于疫情常态化防控要求，在保障市民读者健康安全的前提下，3月13日起，上海市各级公共图书馆图书馆分批分阶段有序推进实体场馆服务的开放，并通过线上预约、电话预约和现场预约相结合的方式，严格控制场馆人流。开放期间，各馆严格执行消杀制度、应急管理制度、读者信息登记和随身码出示制度、读者个人防护制度。
28日	普陀区图书馆"云上系列文化活动"正式启动，开展"苏州河书房·云上报告厅"线上阅读推广活动。结合疫情防控形势，在确保防疫要求的情况下，联合申活馆推出"苏州河书房·悦读申活"线下阅读活动。

（续表）

28日	2020年上海市民文化节开幕。本市各级公共图书馆根据行业特点积极落实承办、协办等工作，普陀区图书馆"我的健康我做主"知识大赛、嘉定区图书馆青少年传统文化知识大赛、宝山区图书馆"侬好！小康"创意设计大赛等主题赛事，向市民提供了可看、可听、可赛、可品、可互动的文化服务新体验、新阅读。
4月份	
1日	上海图书馆东馆获颁三星级绿色建筑设计标识证书。绿色建筑三星是中国绿色建筑评估标准中的最高级别。
2—26日	崇明区图书馆举办魔法乐读节，以"科学引领，知识战疫"主题有奖竞答、在线闯关拆盲盒、绘本直播课、"问答小当家全民竞答"等活动推动线上阅读。
5—30日	静安区图书馆启动"静图约书"网借服务，通过"手机＋物流"的服务形式，打通图书借阅"最后一公里"。
23日	"砥砺前行——2020年各界名家抗疫寄语手稿展"在上海图书馆开幕。展览展出了97件各界名家应邀写赠上海图书馆的抗疫寄语手稿及37件来自抗疫一线工作者和集体捐赠的具有文献收藏价值的抗疫实物。
23日	上海图书馆推出"'世界读书日'上图之夜——阅读点亮城市"特别直播活动，携手中国作协副主席何建明、敦煌研究院名誉院长樊锦诗现场座谈畅议阅读之美；带领读者"云逛展"；并发布《上海市公共图书馆2019阅读报告》。
23日	"4·23世界读书日"暨"书香·奉贤"第十届奉贤区阅读节（线上）启动。"众志成城 抗击疫情，我们在行动"征文及线上朗诵会、"中华问答小当家"竞答、奉图悦读会、非遗小课堂、523线上亲子故事会等多项阅读活动由线下转为线上。
23日	由宝山区图书馆筹建的上海市宝山区作家协会成立。上海市宝山区作家协会成立大会暨第一届第一次会员大会在上海宝山国际民间艺术博览馆召开。
23日	虹口区图书馆发布《2019年度虹口区公共图书馆成人阅读报告》并推出"4·23世界读书日"系列主题活动。
23日	"书香温润浦东，阅读通达未来"第十届浦东图书馆读书节开幕式暨"寻找最美书香人"活动正式启动。活动从线下转为线上，并通过哔哩哔哩、超星、浦东观察、浦东工会通等平台同步直播。
23日	杨浦区图书馆以"书香助力战'疫'，阅读通达未来"为主题，在"4·23世界读书日"开展"静思讲坛"、"悦音书话"、张卫东"书法公益课"等十余场线上主题活动。
23日	2020年长宁区读书节开幕，以"阅读，心力量"为主题，推出"樊登读书×长宁区图书馆联合推荐书单"、"我的'战疫'阅读故事征集""长图云上讲堂""艺术'心'殿堂""21天阅读打卡学习计划"等系列线上主题活动。
23日	松江区图书馆启动线上"文明修身 文化寻根"——家庭阅读系列活动。活动推出线上"打卡松江"系列，涵盖了松江地区24个文博场馆，增加了"最美读书目的地"，并为残疾人线上参与提供了便利。活动从4月持续到8月，共计约14.6万人次在微信平台上参与互动，842人参与答题活动，其中有10名为残疾人选手。

(续表)

4月	杨浦区图书馆荣获"2018—2019年度上海志愿者服务先进集体"。
4月	第十四届青浦区市民读书节开启,以"生活,'阅'读越美好!"为主题,立足服务长三角区域一体化发展战略,依托"长三角一体化阅读联盟",以"世界读书日""上海书展""市民文化节"等重要节点,举办一系列形式多样、内容丰富的公益惠民读书活动,让书香传递温暖与力量,构筑起青浦城市的魅力人文风景线。
5月份	
25日	上海图书馆、南京图书馆、浙江图书馆和安徽省图书馆共同向长三角区域三省一市的公共图书馆发出"城市阅读一卡通"倡议书,号召各馆通力协作、开放创新,共同实现"借阅办证零门槛,文献传递无边界,个性服务通全域,通借通还重实效"。
26日	上海少年儿童图书馆新馆主体结构封顶。
26日	2020年长三角文化和旅游联盟联席会议在常州溧阳举行。上海图书馆与南京图书馆、浙江图书馆、安徽省图书馆共同签约,成立"长三角公共图书馆智库服务联盟",通过科学统筹长三角公共图书馆资源配置,全面提升长三角公共图书馆决策咨询服务能力。
5月	浦东图书馆荣获全国妇联家庭和儿童工作部颁发的第二批"全国家庭亲子阅读体验基地"称号。
6月份	
1日	2020上海童话节线上开幕。联合全市各区公共(少儿)图书馆、学校图书馆及社会主体,推出线上、线下共160余场活动。《2019上海市少年儿童阅读报告》发布。
5日	第49个"世界环境日"期间,虹口区图书馆联合虹口区生态环境局,推出以"美丽中国,我是行动者"为主题的系列宣传活动,直播在线观看达956人次。同期还推出为期1个月的"六·五环境日"环保类专题图书推荐。
24日	上海宋庆龄研究会与上海图书馆举行战略合作签约仪式。
27日	第九届虹口区青少年阅读节活动开幕。阅读节以"这个暑假云上见"为主题,推出了"云开幕、云展览、云科普、云诵读、云手作"等十大云上系列活动,共举办活动18场,累计参与4 627人次,为虹口的青少年奉上了一场别开生面的云上文化盛宴。
28日	经过一年多的修缮,黄浦区明复图书馆恢复开放。开馆活动采取线上线下相结合的形式开展:包括"明复讲堂"、"罗希贤石库门风俗四十八图"作品展、石库门建筑介绍及体验互动、"遇见黄浦"主题活动颁奖仪式、"智编牛"少儿编程系列课程等。
6月	上海图书馆被认定为"碑刻传拓及拓片装裱记忆(第五批)""古籍修复技艺(第六批)"两项非遗项目保护单位。
27月	第九届虹口区青少年阅读节活动开幕。阅读节以"这个暑假云上见"为主题,推出了"云开幕、云展览、云科普、云诵读、云手作"等十大云上系列活动,共举办活动18场,累计参与4 627人次,为虹口的青少年奉上了一场别开生面的云上文化盛宴。

(续表)

	7月份
6日	"同舟共济 一卡通行"第五届公共图书馆"一卡通"服务研讨会在上海图书馆召开，会议以线上线下相结合的方式进行。
10日	上海图书馆开放数据竞赛亮相2020世界人工智能大会，副馆所长刘炜参加2020第六届上海开放数据创新应用大赛（SODA大赛）启动仪式和开放数据赛事联盟倡议发布。
12日	徐汇区图书馆智慧阅读灯塔书房启动仪式暨绿色阅读生活方式体验活动在"初心汇"龙南佳苑党群服务站举行。
21日	普陀区图书馆、普陀区少年儿童图书馆延长西路分部装修完成，开始试运营并恢复部分服务。后将根据疫情防控进展，逐步扩大开放。
28日	长宁区图书馆与科世达（上海）管理有限公司合作共建的智能·科技主题分馆"科世达阅享空间"正式签约揭牌。
30日	上海市图书馆行业协会在上海图书馆召开第三届第三次会员大会。
7月—10月	杨浦区图书馆"寻根家源"项目携手良渚博物院、苏州博物馆、上海历史博物馆、吴镇纪念馆等长三角文博资源，开展4期大讲堂系列讲座及4期配套微型展。
	8月份
7日	第六届美罗大厦白领读书月开幕式在美罗嘉苑启动并举行徐汇区图书馆—美罗创新服务点揭牌仪式。
10日	由浦东图书馆与中国中福会出版社共同主办的"《儿童时代》杂志70周年特展"在儿童与青少年阅读中心展出。展览通过回顾《儿童时代》发展历程，让广大读者在时光穿梭中领略上海儿童文学经久不衰的独特魅力。
11日	中共中央政治局委员、上海市委书记李强到上海图书馆东馆建设工地调研，听取上图东馆整体规划和建设进展汇报，深入了解建筑设计、材料工艺以及项目定位、运营方案等情况，并就重大文化项目如何促进文化交流、彰显文化魅力等做指示。市领导翁祖亮、周慧琳、诸葛宇杰、宗明等参加调研。馆所党委书记楼巍作上图东馆工作汇报。
11日	闵行区全民阅读活动启动仪式在仲盛世界商城拉开帷幕。开幕式以"闵行阅读地图"主题宣传片为切入点，向市民展示了全区个性化阅读空间、阅读氛围和发展方向。现场还为两处"闵行文化新空间"授牌、为"阅读推广人"颁证。
12日	由上海图书馆承编的《上海市志·图书·文博分志·图书馆事业卷（1978-2010）》正式通过上海市地方志办公室验收。这是第41部通过验收、全面完成编纂工作的志书。验收会由上海市地方志编纂委员会办公室党组书记、主任洪民荣主持。
12—18日	2020上海书展活动暨"书香中国"上海周在全市疫情防控有力有效的基础上线上线下同步进行。上海各级公共图书馆全力配合书展工作，以内容丰富、形式多样的阅读活动营造书香上海。在此期间，上海图书馆、宝山区图书馆、闵行区图书馆、奉贤区图书馆、虹口区图书馆、普陀区图书馆、长宁区图书馆成为书展分会场，举办了丰富多彩的活动。

(续表)

14日	上海图书馆"航头保存本书库项目"获得市建设主管部门出具的《建筑工程综合竣工验收合格通知书》,项目建设阶段已正式结束,达到可交付使用状态。
26日	"携手同行二十载,初心不改再出发"——上海市中心图书馆二十周年读者座谈会在上海图书馆召开。上海图书馆副馆所长林峻、虹口区图书馆副馆长包晔出席会议,近30名读者代表参加会议。大家围绕中心馆资源利用现状、一线服务中的热点问题、对未来图书馆的展望和期盼等内容进行了热烈的交流座谈。
9月份	
12日	由上海图书馆、安徽省图书馆、浙江图书馆、南京图书馆和阅读马拉松组委会共同主办的"2020长三角阅读马拉松大赛"在沪苏浙皖一市三省111个赛点同时开赛。
16日	"携手同行二十载,初心不改再出发"——上海市中心图书馆事业发展座谈会在上海图书馆召开。市委宣传部副部长高韵斐、市文化和旅游局一级巡视员王玮出席会议并讲话,馆所原党委书记缪国琴,全国文化行业专家资源库成员、馆所原党委副书记、上海市图书馆学会原理事长王世伟,中国科学院上海生命科学信息中心主任于建荣等本市图书馆专家学者及上海市中心图书馆各成员馆代表出席。馆所党委书记楼巍致辞,馆所长陈超以"守正创新、行稳致远"为题作专题报告。缪国琴、王世伟等同志发言回顾中心图书馆从建设初期一路走来的历程,各中心图书馆代表作了发言。
17日	2020上海童话节在上海少年儿童图书馆闭幕。
20—21日	2020年长三角公共图书馆系列活动在安徽省马鞍山市举行,活动包括"2020长三角阅读马拉松大赛"颁奖典礼、长三角公共图书馆信用服务年会和长三角地区公共图书馆战略合作年会。
22日	"敢为人先的浦东人——浦东地方文献中心主题展"在浦东图书馆展出。展览精选了60位敢为天下先的浦东历史人物代表的简介、照片和部分实物,让更多市民认识了解并传承发扬浦东前辈敢为人先的创新精神,展览持续到10月中旬。
24日	"智慧、开放、包容的第三代智慧图书馆服务平台研讨会"在上海图书馆召开。上海市图书馆行业协会FOLIO技术及应用联盟成员单位、上海行业情报发展联盟成员单位、上海市中心图书馆以及来自中国人民大学图书馆、上海交通大学图书馆、深圳大学图书馆、延安大学图书馆等4所高校图书馆和来自首都图书馆、四川省图书馆、重庆图书馆、广西桂林图书馆、山东省图书馆等11家公共图书馆总计50多个图情相关机构120余位代表参加了研讨会,近2 000人次通过线上直播平台参加了会议。
26日	上海市中心图书馆成立二十周年读者活动之"寻书香·探秘馆迹"线下决赛活动在上海图书馆举行。上海图书馆副馆所长林峻、协调辅导处处长葛菁、市文旅局公共服务处副处级调研员金荣彪出席活动。
28日	杨浦区图书馆联合昆山图书馆、吴江图书馆、吴中区图书馆、扬州市图书馆、六安市图书馆、鄞州区图书馆、武进图书馆、金陵图书馆、六合区图书馆、江北新区图书馆、无锡市锡山图书馆共同发起成立"长三角公共图书馆网借图书服务联盟"。

(续表)

29日	上海图书馆馆所长陈超应邀参加国际图联线上"领袖论坛"——后疫情世界的公共图书馆。
29日—30日	由上海图书馆学会、山东省图书馆学会、上海图书馆、山东省图书馆联合主办的第七届图书馆微服务研讨会在上海图书馆和山东省图书馆双主会场召开。会议聚焦"微融合 新常态"的主题,围绕新媒体发展趋势,探讨了图书馆微服务的现在和未来发展趋势。
9月	根据世界知识产权组织和国家知识产权局评估意见,上海图书馆作为第三批技术与创新支持中心获同意正式运行并授牌。上海图书馆递交的《打造"资源+专家+工具+场地"四位一体的创业公益服务模式》案例被国家知识产权局评选为2020年全国知识产权信息服务十大优秀案例,并且还将作为中国知识产权信息服务的两个优秀典型案例之一推荐给世界知识产权组织。
9月	宝山区图书馆新增吴淞街道桃园新村和宝山区滨江驿站两个服务点。宝山区滨江驿站服务点以滨江邮轮港为特色,依托电子借书柜为游客及工作人员提供阅读服务新模式。
10月份	
1日	上海市金山区图书馆举办"缥缃呈彩"——江南藏书文化·金山特展,现场展出金山图书馆馆藏中最能呈现区域藏书文化脉络的代表性古籍文献、民国古旧书及藏书类衍生文物近80件,展览将持续至2021年3月31日。截至2020年底参展人数已达20 000余人次。
11日	"书香少儿馆 溢满童书梦"长宁区少年儿童图书馆西馆开馆活动启动。上海市文化和旅游局公共服务处处长萧烨璎、副调研员金荣彪、上海图书馆协调辅导处处长葛菁、上海少年儿童图书馆馆长卢秋勤、中共长宁区区委宣传部副部长、长宁区区文化和旅游局党组书记朱剑伟、长宁区区文化和旅游局局长方雷、副局长王友生、陈丰等出席活动。长宁区少年儿童图书馆西馆于10月13日正式对外开放。
14—16日	以"图书馆的新时代:坚守、转型、颠覆"为主题的第十届上海国际图书馆论坛(SILF 2020)在上海图书馆召开。上海市委宣传部副部长高韵斐,馆所党委书记楼巍,澳门大学图书馆馆长吴建中,国际图联(IFLA)图书馆建筑与设备委员会常委张甲,湖北省图书馆党委书记、馆长刘伟成,湖北省图书馆副馆长王涛,广东东莞图书馆馆长李东来,上海图书馆副馆所长何毅、周德明、林峻、刘炜等出席开幕式。中国国家图书馆馆长饶权发来致辞视频并作主旨报告。10余个国家和地区的近百位代表通过线上线下研讨互动、网络会议与多平台直播相结合的形式出席本届论坛,20余位国内外专家作学术分享,超过1.8万人次在线参与。
19—20日	以"积淀与超越:数字人文与中华文化"为主题的2020数字人文年会在上海图书馆举行。会议采用线上线下"云交流"对话形式开展。中国索引协会理事长、东华大学党委书记刘承功,中国索引协会秘书长杨光辉,馆所党委书记楼巍,副馆所长何毅、周德明、林峻、刘炜等专家出席开幕式。国际数字人文机构联盟主席Elisabeth Burr教授在线参与会议并致辞。会议设立三个主题论坛、一个分论坛和八场线上研讨会,为各位同仁开展思想交流和理论探讨提供了有益平台。

20—25日	上海图书馆联合万代南梦宫（中国）举办"融汇古今，乐创未来——非遗技艺体验课"系列公益活动。著名碑刻传拓专家、非遗继承人赵嘉福先生及其传人——上海图书馆历史文献中心文献保护修复部主任张品芳和上图修复师团队一起带领体验者们亲身感受、学习"古籍修复""碑刻传拓及拓片装裱"两项非遗技艺。副馆所长周德明参与活动并致辞。
22日	闵图妈妈小屋系列活动获"2020年全国文化和旅游志愿服务项目线上大赛"三等奖。
23—30日	奉贤区图书馆举办2020第四届东方美谷艺术节总结会暨"东方美谷·诗漫贤城诗歌节"开幕音乐会及诗歌节系列活动。
26日	杨浦区图书馆"行走杨浦·城市阅读""青春飞驰"项目荣获2020年杨浦区青年中心十佳品牌项目。
28日	由盐城市图书馆主办、宝山区图书馆承办的"世遗精灵 吉祥麋鹿——杨国美麋鹿摄影作品展"在宝山图书馆开幕。
10月	杨浦区图书馆荣获"全民阅读先进单位"。
11月份	
2日	2020年上海图书馆馆藏精品文献大展——"文明互鉴：上海图书馆徐家汇藏书楼藏珍稀文献展"开幕。104种珍稀文献以"文明互鉴"为视角，展现了"文明因多样而交流，因交流而互鉴，因互鉴而发展"的历史进程。副馆所长周德明等为展览图录首发揭幕。
3日	上海市图书馆学会联合湖北省图书馆学会主办，上海图书馆和湖北省图书馆承办第十期图书馆参考咨询业务培训班。
11月12日—12月20日	由上海市作家协会儿童文学委员会与浦东图书馆联合主办的"百年上海儿童文学展"在浦东图书馆举行。展览从百年发展历程、作家群像展示、捐赠馆藏展示、基地工作回顾、互动交流五个单元，展示了百年来上海儿童文学的丰硕成果。其中，展柜部分展示了上海儿童文学基地自2019年筹建以来的珍贵馆藏，涉及40多位作家的300件资料。展览期间，共接待大小读者数万名，并迎来众多儿童文学专家及中国作协、国际儿童读物联盟、上海市作协的领导莅临观展指导，获得了社会各界的高度关注和一致好评。
13日	上海图书馆63部古籍入选国家文化和旅游部公布的第六批《国家珍贵古籍名录》（752部）。其中，宋刻本《杜工部草堂诗笺》、元至正十四年（1354）翠岩精舍刻本《书籍传辑录纂注》均为古籍普查中的新发现，是近年来上图古籍保护工作取得的重要成果。
13—29日	上海市徐汇区旅游公共服务中心和徐汇区图书馆在武康路旅游咨询中心·徐汇老房子艺术中心举办"阅来阅美"——长三角美丽书店展示周。会展期间还举办"海派爵十三重奏"爵士乐演奏与分享会活动。
18日	宝山区图书馆新增宝山区新时代文明实践中心为服务点。

(续表)

18日	金山区"阅读有你"残障阅读推广人培育计划成果展示暨经典诵读展演在金山区融媒体中心举行。该计划共分为"飞书"志愿者行动、"最美阅读瞬间"主题征文及"用爱发声 让梦发光"经典诵读大赛三部分，全区200多名残障人士参与了培育计划，征集到书评、读后感、朗诵等作品共80余篇。
20日	长三角一体化苏州赴上海对接说明会和苏州城市推介会成功召开，上海图书馆与苏州图书馆签订馆际交流合作协议，开启了沪苏公共图书馆服务"双城记"。
20日	学四史、守初心——"书香月"系列活动在松江区东鼎购物中心南广场举行。活动由中共松江区委宣传部指导，松江区文化和旅游局主办，松江区图书馆、各街道（乡镇）社区文化活动中心、区图书馆各街道（乡镇）分馆承办。活动评选出第二批"最美读书目的地"。
25日	中国和意大利建交50周年"意大利之窗"落成仪式在上海图书馆举行。意大利驻华大使方澜意、意大利驻沪总领事馆领事陈琪、上海市人民政府外事办公室副主任傅继红、上海图书馆副馆所长周德明共同为"意大利之窗"揭牌。
26日	虹口区图书馆曲阳分馆完成修缮工程重新开放。此次修缮在解决设施老旧问题的同时，还对馆舍原有功能布局作了调整，在馆舍面积不变的情况下，读者开放区域的面积增加了200多平方米。
27日	世界技能博物馆青少年教育论坛在杨浦区图书馆举办。
11月	浦东图书馆荣获"全国文明单位"称号。
11月	2020年"书香城市（区县级）"发现活动授牌仪式在宁波举行，共14个城市（区县）获评"书香城市"，浦东新区被中国图书馆学会授予"书香城市"称号，是上海唯一入选的城区。
11月	杨浦区图书馆获评"图书馆杯"主题图像创意设计征集活动"创意设计示范基地"。该活动由中国图书馆学会阅读推广委员会举办。
12月份	
2日	上海图书馆"碑刻传拓与修复装裱技艺"项目入选第五批上海市非物质文化遗产代表性项目。
4日	由上海图书馆主办，南京图书馆、无锡市图书馆协办的2020年度长三角地区"网上联合知识导航站"年会顺利举行。会议聚焦"便利、智慧、一体化"主题，总结一年工作，寻求2021年图书馆参考业务合作新思路。上海图书馆副馆所长周德明、南京图书馆副馆长许建业、无锡市文化广电和旅游局副局长张曙峰参加会议。
8日	以"新使命 新内涵 谱写图书馆发展新篇章"为主题的浦东图书馆新馆10周年发展大会暨第十一届浦东图书馆学术论坛在浦东图书馆举行。上海市文化和旅游局、浦东区委宣传部等部门相关领导，浦东图书馆理事、浦东新区图书馆学会理事，以及上海各区县图书馆馆长、各高校图书馆、街道（乡镇）级图书馆、中小学图书馆代表，历届馆领导、合作单位代表、浦东图书馆馆员等共计300多人参加会议。
9日	上海图书馆与中国移动通信集团上海有限公司在5G全球创新港举行"5G+智慧图书馆合作框架协议"签约仪式，共同推进5G智慧图书馆建设。

（续表）

15日	"南方艳阳：长三角当代水墨作品巡回展（上海站）"在长宁区图书馆开幕。该展览由上海市长宁区图书馆、芜湖市美术馆（书画院）、南通市文化馆、南通大学艺术学院美术馆、嘉兴美术馆、苏州市工艺美术职业技术学院瑞耕堂美术馆、太仓美术馆联合主办。
22日	浦东新区三林镇懿德社区文化中心（浦东图书馆懿德科艺主题分馆）正式开馆，浦东图书馆成为国内首家以全委托方式承接街（镇）社区文化活动中心运营的市辖区图书馆。
23日	盐城市图书馆、崇明区图书馆联合主办的"世遗精灵 吉祥麋鹿"——杨国美麋鹿摄影展开展。
25日	上海市中心图书馆、上海市公共数字文化工程、上海市文献资源共建共享协作网总结表彰大会在普陀区图书馆召开。馆所党委书记楼巍、副馆所长何毅、林峻、刘炜，市文旅局公共文化处处长萧烨璎、普陀区文旅局副局长马俊营及各区、街道（乡镇）级图书馆约200名代表参加大会。
28日	上海市科技情报学会举行换届大会，听取了学会第九届理事会工作报告、监事报告，表决通过了《上海市科技情报学会章程》修改草案和上海市科技情报学会财务报告，并选举了新一届理事会成员。近40家会员单位共计170余名会员代表共同参加大会。
31日	2021"浦东图书馆奇妙夜"开启，以"跨阅百年"为主题，通过展示、表演、互动体验、现场直播等形式，带领读者"重走"中国共产党成立迄今的百年红色之路，在书香之中不忘初心、砥砺前行，拥抱新年更美好的生活。

附录 2

统计指标说明

本报告中的统计数据主要来源于上海市图书馆行业协会年报。其中,"一卡通"数据来源于上海市中心图书馆知识管理与服务系统,"各级行政区划数"来源于上海发布的《上海行政区域情况统计表》,"常住人口"数据来源于上海市统计局的《上海市第七次全国人口普查主要数据公报(第二号)》,微信、微博信息发布量来源于各应用平台。由于数据来源多途径,统计样本和口径的多样化,导致反映某一特定情况在不同的角度数据呈现不一致。为了减少误解,我们在此对相关统计指标作进一步说明。指标释义参考了《全国文化文物统计报表-公共图书馆基本情况年报》《第六次全国县级以上公共图书馆评估标准》《中华人民共和国文化行业标准:图书馆数字资源统计规范》(WH/T47-2012),并在上述标准的基础上作补充完善。

一、体系建设相关指标

1. 上海市各级公共图书馆数量(个)

指市级、区级和街道(乡镇)开展公共图书馆服务的机构总数。其中,市级、区级公共图书馆多为事业单位法人;街道(乡镇)级公共图书馆多设在社区文化活动中心内、没有独立法人资质,为图书馆区级总馆的分馆。

2. 市、区、街道(乡镇)公共图书馆馆舍数(个)

指基本实现人财物统一管理、分布在不同区域、开展图书馆业务活动的独立馆舍。包括市、区、街道(乡镇)各级公共图书馆的独立馆舍、具有独立空间的城市书房;不包括24小时自助设备服务点、居委图书室、农家书屋(村图书室)、职工书屋等其他基层服务点。

3. 城市书房(个)

特指服务面积、馆藏图书达到基层服务点最低要求,一般可以开展24小时自助借还服务,在一楼临街、人口集中、交通便利、市政配套设施条件良好的区域选址建设，体现文化建筑氛围特点、时尚精致的公共图书馆设施。如嘉定区"我嘉书房"、闵行区"城市书房"、奉贤区"悦贤坊"、浦东新区"融书房"等。与固定馆舍、基层服务点伴生的城市书房，如与长宁区图书馆、闵行区图书馆、嘉定区图书馆华亭镇分馆伴生的24小时城市书房也计入城市书房总数。

4. 居（村）图书室总数（个）

一般指居委图书室、农家书屋（村图书室）。每天向居（村）民免费开放，提供公益、便捷的公共文化服务；阅读服务是其基本公共文化服务功能之一，并开展常态化运作；能保障特殊人群享受公共文化的权益；依托节日庆典和区域特色文化资源，组织开展群众性文化活动，传承保护非物质文化遗产。

5. 基层服务点（个）

指与各区馆、街道（乡镇）馆签有区级总分馆制基层服务点建设协议的各类创新型服务点、城市书房、居委图书室、农家书屋、职工书屋等。

6. 延伸服务点（个）

指各级图书馆为扩大服务范围、提高社会效益，面向学校、部队、机关、企事业单位、组织或个人，开展常态化服务合作、未纳入总分馆体系的图书室。

7. 其他创新型服务点（个）

指如奉贤区海湾镇火车头阅读空间、嘉定区"百姓书社"、静安区"灰引力"、徐汇区"三室艺厅"、宝山区"众文空间"等创新的服务形式。

二、资源建设相关指标

1. 购书专项经费（万元）

指本馆本年度财政拨款中专门用于购置文献的经费，购书专项经费属于本年度经费收入范畴。

2. 新增藏量购置费（万元）

指图书馆本年度购进图书、报刊、缩微制品和视听文献等藏品所用经费之和，不包括新增数字资源。新增藏量购置费属于本年度经费支出范畴。

3. 新增数字资源配置费（万元）

指图书馆本年度专门用于自建、购买和获得授权的数字资源的经费。新增数字资源购置费属于本年度经费支出范畴。

4. 本年度新增藏量（册/件）

指图书馆在本年度内，通过购买、接受缴送、征集、受捐、交换、竞拍、数字化转换、许可授权等各种方式新入藏的各类型文献资源总量，不包括数字资源。

5. 文献馆藏总量（册/件）

指图书馆通过各种采访渠道获取的各类型文献资源总量。包括已编目的古籍、图书、期刊和报纸的合订本、小册子、手稿，以及缩微制品、录像带、录音带、光盘等视听文献资源，但不包括数字资源。由图书馆长期保存，但因各种原因无编目数据而没有进行系统管理的文献可作为文献馆藏总量的一部分；但不包括从流通系统中剔除以及尚未完成资产处置的文献。

6. "一卡通"文献藏量（万册）

指上海市中心图书馆"一卡通"体系内按条码数量进行统计的馆藏，包括中外文图书、期刊、电子阅读器及音像制品。

7. 数字资源总量（TB）

指图书馆馆藏中所有数字资源，包括图书馆本地拥有的和获得一定期限使用权的数据库和数字文献。包括购买、许可授权、受缴、捐赠、交换、数字化、网络信息采集等方式获得使用权或保存权的数字资源。不包括未签订购买或许可授权合同的试用数字资源；也不包括对网络资源的链接，因为图书馆没有通过合法的协议（例如法定呈缴权）、许可或者其他合约或合作协议来确保其使用权。经图书馆编目、整合并纳入其数据库或数字文献中的免费网络资源单独统计；其他免费网络资源不计入数字资源；开放获取资源被视为免费网络资源。

三、服务效能相关指标

1. 当年发证数（张），即新增持证读者数

指本馆本年度通过新办证、初次使用电子学生证接受过图书馆服务（含到馆服务和非到馆服务）的读者数量，未包括数字资源平台在线注册或者通过第三方互联网平台导入、享受过图书馆服务的读者。

2. 读者证数（张），即持证读者数

指本馆通过读者证、电子学生证接受过图书馆服务（含到馆服务和非到馆服务）的累计持证读者数量。

3. 持证率（张/人）

读者证数÷常住人口数。

4. 总流通量（人次）

指本年度到图书馆场馆接受图书馆服务的总人次，包括借阅书刊、咨询问题，以及参加各类读者活动等。

5. "一卡通"流通量（册次）

指上海市中心图书馆"一卡通"书刊外借册次和还书册次之和。

6. 外借总量（册次）

指读者通过由各级公共图书馆及派出的流动服务点、延伸服务点借出阅读的该馆各类型文献册次。包含读者网上和到馆续借册次、网上预约借书册次，不含对数字资源使用的统计。

7. 外借总人数（人次）

指通过本馆及本馆派出的流动服务点、延伸服务点将本馆

各类文献资源借出阅读的人次。包含读者网上和到馆续借人次、网上预约借书人次，不含对数字资源使用的统计。

8. 人均外借量（册/人）

外借量之和÷常住人口数。

9. 平均每册藏书年流通次数（次），即图书外借率、图书借阅率

图书外借总量÷图书藏量。

10. 集体外借量（册次）

指本馆为各自的基层服务点、延伸服务点（如社区、学校、部队、机关、企事业单位等）通过集体外借形式提供图书馆服务的书刊册次。

11. 图书馆网站年访问量（页人次）

指本年度中图书馆网站中所有网页（含文件及动态网页）被访客浏览的总次数。图书馆网站指有独立域名的web站点，其中包括cn域名和通用顶级域名下的web站点。

12. 数字资源检索量（次）

指各类型数字资源数据库检索量之和，包括自建资源库和外购资源库。

13. 数字资源浏览量（次）

指各类数字资源数据库在线浏览量之和，包括自建资源库和外购资源库。

14. 数字资源下载量（篇次）

读者通过各类型可供下载的数据库将各类数据资源下载到本地设备的篇数或次数之和，包括自建资源库和外购资源库。

15. 各类读书活动

指由本馆举办或与外机构联合、为读者举办的，除讲座、展览和培训之外的其他读书活动，如读书会、读书沙龙、阅读推广等。各馆举办的各类读者活动不包括向所辖分馆和基层服务点配送的活动，也不包括线上活动。

四、人力资源相关指标

1. 从业人员数（人）

由于劳动取酬的多元化，本报告引入了"从业人员"的指标，是指在文化部门主办或实行行业管理的文化机构以及由文化部门主办的其他文化机构中工作，并取得劳动报酬的全部人员，包括职工、再就业的离退休人员、业务外包人员。

2. 在编人员数（人）

指经当地机构编制部门批准，实际在岗的占编人数。根据实际情况，街道（乡镇）级图书馆的在编人员包括社工编制。本报告中对上海市市、区两级公共图书馆的学历结构、职称情况统计以实际在编人数为基础；街道（乡镇）级公共图书馆对从业人员的学历结构和职称情况进行统计。

3. 业务外包及其他人员数（人）

指业务外包人员、外聘人员以及再就业的离退休返聘人员。其中"业务外包人员"特指以项目形式外包，由社会机构聘用、工作地点在图书馆内的人员。外包的物流项目、共用物业（安保、保洁）项目用工人员不计。

4. 学历结构

学历指国家承认的正式学历，不含相当学历。市、区两级公共图书馆针对在编人员统计，街道（乡镇）公共图书馆针对从业人员统计。

5. 职称结构

市、区两级公共图书馆针对在编人员统计，街道（乡镇）公共图书馆针对从业人员统计。

五、总体发展相关指标

1. 每10万人公共图书馆馆舍数（个）

市、区、街道（乡镇）公共图书馆馆舍数之和÷全市常住人口（以万人计）×10。

2. 每10万人拥有公共图书馆面积（平方米）

市、区、街道（乡镇）公共图书馆总面积÷全市常住人口数（以万人计）×10。

3. 人均购书经费（元/人）

市、区、街道（乡镇）公共图书馆购书专项经费之和÷全市常住人口。

4. 人均馆藏拥有量（册、件/人）

市、区、街道（乡镇）公共图书馆总馆藏量（含图书资料、非书资料）÷全市常住人口。

5. 人均图书拥有量（册/人）

市、区、街道（乡镇）公共图书馆馆藏图书总量÷全市常住人口。

6. 平均每册藏书年流通次数，即图书外借率（次）

市、区、街道（乡镇）公共图书馆总外借册次÷市、区、街道（乡镇）公共图书馆馆藏图书总量。

7. 人均外借量（册次）

市、区、街道（乡镇）公共图书馆总外借册次÷全市常住人口。

8. 每位从业人员服务人口数（人）

全市常住人口数÷市、区、街道（乡镇）公共图书馆从业人员数之和。

9. 财政拨款总额（万元）

又称"财政补贴收入"，是指本年度各级财政对公共图书馆的财政拨款，包括本级财政所拨的文献资源购置费、开放运行费、人员经费、基建拨款及其他专项经费等全部拨款。街道（乡镇）级图书馆的财政拨款总额仅包括购书专项经费、活动经费，未包括人员经费，其中活动经费为社区文化活动中心总体活动经费。

图书在版编目（CIP）数据

上海市公共图书馆行业发展报告 .2020/ 上海图书馆，上海市图书馆行业协会编 . —上海：上海科学技术文献出版社，2021
　　ISBN 978-7-5439-8483-7

　　Ⅰ . ① 上… Ⅱ . ① 上… ② 上… Ⅲ . ① 公共图书馆—图书馆事业—研究报告—上海—2020 Ⅳ . ① G259.275.1

　　中国版本图书馆 CIP 数据核字（2021）第 228121 号

责任编辑：李　莺　栾　鑫
封面设计：周　婧

上海市公共图书馆行业发展报告（2020）
SHANGHAISHI GONGGONG TUSHUGUAN HANGYE FAZHAN BAOGAO（2020）
上海图书馆　上海市图书馆行业协会　编
出版发行：上海科学技术文献出版社
地　　址：上海市长乐路 746 号
邮政编码：200040
经　　销：全国新华书店
印　　刷：商务印书馆上海印刷有限公司
开　　本：787mm×1092mm　1/16
印　　张：22
字　　数：392 000
版　　次：2021 年 12 月第 1 版　2021 年 12 月第 1 次印刷
书　　号：ISBN 978-7-5439-8483-7
定　　价：168.00 元
http://www.sstlp.com